高一同學的目標

1. 熟背「高中常用7000字」
2. 月期考得高分
3. 會說流利的英語

1. 「用會話背7000字①」書+ CD 280元

以三個極短句為一組的方式，讓同學背了會話，同時快速增加單字。高一同學要從「國中常用2000字」挑戰「高中常用7000字」，加強單字是第一目標。

2. 「一分鐘背9個單字」書+ CD 280元

利用字首、字尾的排列，讓你快速增加單字。一次背9個比背1個字簡單。

3. rival

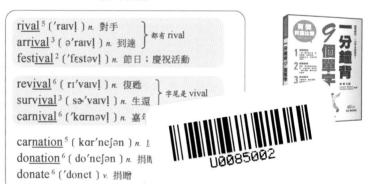

rival⁵ (ˋraɪvḷ) n. 對手
arrival³ (əˋraɪvḷ) n. 到達
festival² (ˋfɛstəvḷ) n. 節日；慶祝活動
〉都有 rival

revival⁶ (rɪˋvaɪvḷ) n. 復甦
survival³ (səˋvaɪvḷ) n. 生還
carnival⁶ (ˋkɑrnəvḷ) n. 嘉年
〉字尾是 vival

carnation⁵ (kɑrˋneʃən) n. 卜
donation⁶ (doˋneʃən) n. 捐則
donate⁶ (ˋdonet) v. 捐贈

3. 「一口氣考試英語」書+ CD 280元

把大學入學考試題目編成會話，背了以後，會說英語，又會考試。

例如：

What a nice surprise! (真令人驚喜！)【常考】
I can't believe my eyes.
(我無法相信我的眼睛。)
Little did I dream of seeing you here.
(做夢也沒想到會在這裡看到你。)【駒澤大】

4.「一口氣背文法」書+ CD 280元
英文文法範圍無限大，規則無限多，誰背得完？
劉毅老師把文法整體的概念，編成216句，背完
了會做文法題、會說英語，也會寫作文。既是一
本文法書，也是一本會話書。

1. 現在簡單式的用法

I *get up* early every day.	我每天早起。
I *understand* this rule now.	我現在了解這條規定了。
Actions *speak* louder than words.	行動勝於言辭。

【二、三句強調實踐早起】

5.「高中英語聽力測驗①」書+ MP3 280元

6.「高中英語聽力測驗進階」書+ MP3 280元
高一月期考聽力佔20%，我們根據大考中心公布的
聽力題型編輯而成。

7.「高一月期考英文試題」書 280元
收集建中、北一女、師大附中、中山、成功、景
美女中等各校試題，並聘請各校名師編寫模擬試
題。

8.「高一英文克漏字測驗」書 180元

9.「高一英文閱讀測驗」書 180元
全部取材自高一月期考試題，英雄
所見略同，重複出現的機率很高。
附有翻譯及詳解，不必查字典，對
錯答案都有明確交待，做完題目，
一看就懂。

高二同學的目標──提早準備考大學

1.「用會話背7000字①②」
書+CD，每冊280元

「用會話背7000字」能夠解決
所有學英文的困難。高二同學
可先從第一冊開始背，第一冊
和第二冊沒有程度上的差異，
背得越多，單字量越多，在腦
海中的短句越多。每一個極短句大多不超過5個字，1個字或
2個字都可以成一個句子，如：「用會話背7000字①」p.184，
每一句都2個字，好背得不得了，而且與生活息息相關，是
每個人都必須知道的知識，例如：成功的祕訣是什麼？

11. *What are the keys to success?*

Be *ambitious*.	要有<u>雄心</u>。
Be *confident*.	要有<u>信心</u>。
Have *determination*.	要有<u>決心</u>。
Be *patient*.	要有<u>耐心</u>。
Be *persistent*.	要有<u>恆心</u>。
Show *sincerity*.	要有<u>誠心</u>。
Be *charitable*.	要有<u>愛心</u>。
Be *modest*.	要<u>虛心</u>。
Have *devotion*.	要<u>專心</u>。

當你背單字的時候，就要有「雄心」，要「決心」背好，對
自己要有「信心」，一定要有「耐心」和「恆心」，背書時
要「專心」。

背完後，腦中有2,160個句子，那不得了，無限多的排列組
合，可以寫作文。有了單字，翻譯、閱讀測驗、克漏字都難
不倒你。高二的時候，要下定決心，把7000字背熟、背
爛。雖然高中課本以7000字為範圍，編書者為了便宜行事，
往往超出7000字，同學背了少用的單字，反倒忽略真正重要
的單字。千萬記住，背就要背「高中常用7000字」，背完之
後，天不怕、地不怕，任何考試都難不倒你。

2.「時速破百單字快速記憶」書 250元

字尾是 try，重音在倒數第三音節上

entry [3] ('ɛntrɪ) *n.* 進入【No entry. 禁止進入。】
country [1] ('kʌntrɪ) *n.* 國家；鄉下【ou 讀 /ʌ/，為例外字】
ministry [4] ('mɪnɪstrɪ) *n.* 部【mini = small】

chemistry [4] ('kɛmɪstrɪ) *n.* 化學
geometry [5] (dʒɪ'amətrɪ) *n.* 幾何學【geo 土地，metry 測量】
industry [2] ('ɪndəstrɪ) *n.* 工業；勤勉【這個字重音常唸錯】

poetry [1] ('po·ɪtrɪ) *n.* 詩
poultry [4] ('poltrɪ) *n.* 家禽 ⎫
pastry [5] ('pestrɪ) *n.* 糕餅 ⎭ 字尾 y 表「集合名詞」

3.「高二英文克漏字測驗」書 180元

4.「高二英文閱讀測驗」書 180元
全部選自各校高二月期考試題精華，英雄所見略同，再出現的機率很高。

5.「7000字學測試題詳解」書 250元
一般模考題為了便宜行事，往往超出7000字範圍，無論做多少份試題，仍然有大量生字，無法進步。唯有鎖定7000字為範圍的試題，才會對準備考試有幫助。每份試題都經「劉毅英文」同學實際考過，效果奇佳。附有詳細解答，單字標明級數，對錯答案都有明確交待，不需要再查字典，做完題目，再看詳解，快樂無比。

6.「高中常用7000字解析【豪華版】」書 390元
按照「大考中心高中英文參考詞彙表」編輯而成。難背的單字有「記憶技巧」、「同義字」及「反義字」，關鍵的單字有「典型考題」。大學入學考試核心單字，以紅色標記。

7.「高中7000字測驗題庫」書 180元
取材自大規模考試，解答詳盡，節省查字典的時間。

序 言

　　大學入學考試的各項考題中，無論是詞彙、克漏字、文意選填、篇章結構、閱讀測驗、翻譯或作文，單字都是解題的基礎。字彙能力若是不夠，在考試時便會因看不懂題目，而無從作答，遑論求取高分！得高分的祕訣除了背單字之外，還是背單字。將歷屆聯考、學測、指考英文試題中的單字挖出來背，是最有效的方法。

頻率表絕佳妙用

　　有鑑於此，我們特以電腦統計的方式，收集歷屆大學入學考試中，出現頻率最高的 1,250 個單字，加以分析整理，編寫成「聯考高頻率單字」。熟讀本書，每分耕耘都有收穫，背好之後，不管參加什麼考試，分數都會立刻增加。本書精心設計的頻率表，不僅能使單字頻率高低一目了然，更具有檢核作用，能使你了解自己的學習成效。在讀完每個章節後，就能發現自己的字彙能力進步神速，從而增進應考實力。

單字記憶速成

　　書中精選之用字範例、同反義字、試題演練，不僅能加深你對單字的印象，得到背單字的最佳績效，更能增加做題經驗，讓你在實際應考時胸有成竹、百戰百勝。只要依據本書使用要點，循序漸進，必可在最短的期間內，獲得最大的成效。

　　本書雖經審慎編校，疏漏之處恐所難免，誠盼各界先進不吝指正。

編者　謹識

本書使用方法

1. 本書共分 25 個單元，各單元第一頁的頻率表上，設有檢索欄。在未進入訓練課程前，請先檢索您原本認識的單字，在 A 欄中作記號。B 欄則爲訓練後檢索學得之單字用的。如此一來，您便可對學習前後的結果，作一對照。

2. A 欄檢索完後，請翻至下一頁的用字範例，以了解單字在句子中的用法。每個例句皆有中文翻譯，以便您對照閱讀。例句後尚附有同反義字，使您觸類旁通，加深印象。

3. 各單字之後附有聯考試題演練，針對此單元所列之單字作一總測驗，請迅速做完後，再對後面的答案。

4. 做錯的題目，請將題號圈起來，再翻回正確答案的用字範例，仔細閱讀。

5. 檢討完畢後，請翻回第一頁的頻率表，在 B 欄中檢索此時認得的生字。您將發現，在本訓練課程之後，您的字彙能力突飛猛進。這是因爲本書的編排方式，是採取最科學的單字記憶速成法，可以使您在最短的時間内，熟記最多的單字。

頻率表 1～50

請您將認識的單字，在A欄中作記號。

A B

□□ accept
□□ believe
□□ complete
□□ concern
□□ provide
□□ quality
□□ business
□□ extreme
□□ general
□□ perfect
□□ rage
□□ accident
□□ amount
□□ appear
□□ attack
□□ attention
□□ beyond
□□ destroy
□□ develop
□□ example
□□ expect
□□ freedom
□□ human
□□ increase
□□ inevitable

A B

□□ judge
□□ modern
□□ produce
□□ proper
□□ public
□□ receive
□□ recent
□□ refuse
□□ regard
□□ require
□□ sense
□□ sign
□□ system
□□ total
□□ achieve
□□ avoid
□□ certain
□□ collect
□□ condition
□□ continue
□□ convince
□□ course
□□ discover
□□ disease
□□ distinguish

≪ 頻率順序 1 ～ 50 ≫

accept 〔ək'sɛpt〕
vt. 接受

He *accepted* a present from his friend. 反 *reject*

他接受了朋友的禮物。

believe 〔bɪ'liv〕
v. 相信

I can't quite *believe* him.
反 *disbelieve*

我不能十分相信他。

complete 〔kəm'plit〕
adj. 完整的

Is this a *complete* story?
反 *incomplete*

這是一個完整的故事嗎？

concern 〔kən'sɝn〕
vt. 與～有關係

Attend to what *concerns* you.
同 *involve*

注意與你自己有關的事。

provide 〔prə'vaɪd〕
vt. 供給 *vi.* 贍養

The trees *provide* us with fruit.

He must *provide* for a large family.

那些樹供給我們水果。

他必須贍養一大家庭。

quality 〔'kwɑlətɪ〕
n. 品質；特性

Quality matters more than quantity.

Is laughter a *quality* of man?

質比量重要。

笑是人的一種特性嗎？

business 〔'bɪznɪs〕
n. 業務；本分

Mind your own *business*.
同 *affair*

管你自己的事；少管閒事。

extreme 〔ɪk'strim〕
adj. 極端的 *n.* 極端

He held *extreme* views.
It's annoying in the *extreme*. 同 *excessive*

他抱偏激的見解。
這真是令人討厭之極。

general 〔'dʒɛnərəl〕
n. 將軍 *adj.* 普遍的

Napoleon was a great *general*.
There is a *general* interest in sports.

拿破崙是一位偉大的將領。
對於運動有普遍的興趣。

perfect 〔'pɝfɪkt〕
adj. 完美的
〔pə'fɛkt〕 *vt.* 使完美

His behavior was *perfect*.
Inventions are *perfected* with time.

他的行為無疵。
發明品隨著時間而漸趨完美。

rage〔redʒ〕 He flew into a *rage*. 他勃然大怒。
n. 憤怒 *vi.* 發怒 A storm is *raging*. 風雨狂作。

accident〔'æksədənt〕He was killed in a car 他在一次車禍中死亡。
n. 意外之事 *accident*. 図 *intention*

amount〔ə'maʊnt〕 The *amount* of today's 今天銷售的總量很可觀。
n. 總數 sales is considerable.
vi. 總計 Our debt *amounts* to two 我們的債共達二百元。
hundred dollars. 同 *sum*

appear〔ə'pɪr〕 The sun *appeared* on the 太陽出現在地平線上。
vi. 出現 horizon.

attack〔ə'tæk〕 They *attacked* the enemy. 他們攻擊敵人。
v. 攻擊 *n.* 攻擊 *Attack* is the best defense.攻擊乃最好之防禦。

attention〔ə'tɛnʃən〕You must pay *attention* to 你當專心讀書。
n. 注意；專心 your study. 図 *carelessness*

beyond〔bɪ'jɑnd〕 He lives *beyond* the sea. 他居住海外。
prep. 越過 *adv.* 在遠處 *Beyond* were the hills. 山在遠處。

destroy〔dɪ'strɔɪ〕 All his hopes were 他所有的希望都破滅了。
v. 毀壞 *destroyed*.

develop〔dɪ'vɛləp〕 Swimming will *develop* 游泳會發達不同的肌肉。
v. 發展 many different muscles.

example〔ɪg'zæmpl〕Give me an *example* of 舉個實例說明你的意思。
n. 實例 what you mean.

expect〔ɪk'spɛkt〕 When do you *expect* him? 你預期他何時可到？
v. 預期 同 *anticipate*

freedom〔'fridəm〕 He was given his *freedom*.他得到了他的自由。
n. 自由 図 *repression; constraint*

human〔'hjumən〕 He is more *human* than 他比他兄弟更富人情味。
adj. 人的；有人性的 his brother. 図 *inhuman*

increase〔ɪn'kris〕 The difficulty is *increasing*.困難越來越大。

v. 增加	反 *decrease*; *diminish*	
inevitable〔ɪn'ɛvətəbḷ〕 adj. 不可避免的	Death is *inevitable*. 同 *unavoidable* 反 *avoidable*	死是不可避免的。
judge〔dʒʌdʒ〕 v. 審判 n. 法官	God will *judge* all men. The prisoner was taken before the *judge*.	上帝會審判一切人。 囚犯被提受審。
modern〔'mɑdən〕 adj. 現代的	Television is a *modern* invention. 反 *ancient*	電視為近代發明。
produce〔prə'djus〕 vt. 製造 〔'prɑdjus〕n. 產品	The factory *produces* cars. Vegetables are a garden's *produce*. 反 *consume*	這工廠製造汽車。 蔬菜是菜園中的產品。
proper〔'prɑpə〕 adj. 適當的	Night is the *proper* time to sleep. 反 *improper*	夜晚是睡眠的適當時機。
public〔'pʌblɪk〕 adj. 公眾的；公開的 n. 民眾	The fact became *public*. This book will appeal to a large *public*. 反 *private*	這事實公開了。 這書將吸引一大群讀者。
receive〔rɪ'siv〕 v. 收到；領收	When did you *receive* the letter? 反 *give*; *repel*	你何時接到那信？
recent〔'risṇt〕 adj. 最近的	The school system has changed a great deal in *recent* years.	近年來學校制度改變了很多。
refuse〔rɪ'fjuz〕 v. 拒絕；謝絕	He *refused* my offer of help. 同 *decline*; *reject*	他拒絕我的幫助。
regard〔rɪ'gɑrd〕 v. 視為 n. 考慮	I *regard* him as a dangerous person. He has no *regard* for the feelings of others.	我認為他是個危險人物。 他不顧慮別人的感情。
require〔rɪ'kwaɪr〕 v. 需要；要求	We shall *require* more help. 同 *need* 反 *refuse*	我們將需要更多的援助。
sense〔sɛns〕	He has a keen *sense* of	他有敏銳的嗅覺。

n. 感官；官能	smell.	
vt. 感知；覺得	She ***sensed*** the danger of her position. 回 *feel*	她感到處境的危險。
sign 〔saɪn〕 *n.* 符號	Words are the ***signs*** of ideas.	語言是思想的符號。
v. 簽字	He forgot to ***sign*** his name.	他忘了簽名。
system〔'sɪstəm〕 *n.* 系統	This book has no ***system*** in it. 回 *scheme*	這本書寫得沒條理。
total 〔'totl〕 *adj.* 全體的 *v.* 加起來	We were in ***total*** darkness. ***Total*** that column of figures. 回 *whole; entire*	我們完全被蒙在鼓裏。 把那一行數字加起來。
achieve〔ə'tʃiv〕 *v.* 完成；實現	You will ***achieve*** your am-bition if you work hard.	若肯苦幹必會如願。
avoid〔ə'vɔɪd〕 *vt.* 避免	We should ***avoid*** bad com-pany. 回 *shun; evade*	我們應避免與惡人爲伍。
certain〔'sɝtn̩〕 *adj.* 確定的	He was ***certain*** he would succeed. 反 *uncertain*	他確信他會成功。
collect〔kə'lɛkt〕 *v.* 集合；聚集	Dust ***collects*** if you don't sweep your room.	你如不打掃房間，灰塵會聚集。
condition 〔kən'dɪʃən〕 *n.* 情形 *vt.* 訓練	Weather ***conditions*** were good. He ***conditioned*** his horse before the race.	天氣情況很好。 他在賽前操練他的馬。
continue〔kən'tɪnjʊ〕 *v.* 繼續；連續	The story will be ***contin-ued*** next week. 回 *last* 反 *discontinue*	這故事下星期續登。
convince〔kən'vɪns〕 *vt.* 使相信；說服	He is ***convinced*** of its truth. 回 *persuade; assure*	他深信這事是眞的。
course 〔kɔrs〕	The ship is on her ***course***.	船依著航線航行。

n. 過程　　　　　The blood *coursed* through 血在他血管中流著。

v. 運行　　　　　his veins.　回 *track*

discover〔dɪˋskʌvɚ〕Columbus *discovered*　哥倫布發現美洲。

v. 發現　　　　　America.　回 *find*　反 *miss*

disease〔dɪˋziz〕　*Disease* is usually caused 疾病常由病菌引起。

n. 病；疾病　　　by germs.　回 *sickness*

distinguish　　　We should *distinguish*　我們應辨別是非。

〔dɪˋstɪŋgwɪʃ〕　right from wrong.

v. 分辨；區別　　回 *detect*

心得筆記欄

聯考試題演練

1. Nobody can _____ such a proposal.　(96、100~102、105、107、108學測, 95、97、
   (A) except　　(B) accept　　(C) access　　(D) excess　101、109指考)

2. Do you _____ in ghosts?　(100~102、104~105學測, 101~104、107~109指考,
   (A) believe　　(B) trust　　(C) belief　　(D) behave　109指考補)

3. He has the _____ works of Shakespeare.　(94、95、97、98、102、103、105、
   (A) complementary　　　　(B) complicated　107、108學測, 100~106、108、
   (C) complete　　　　　　(D) complimentary　109指考, 109指考補)

4. This story is _____ with war and peace.　(102、107、109學測, 103、105指考,
   (A) conceived　(B) concerned　(C) conceited　(D) concerted　109指考補)

5. The hotel _____ good meals for guests.　(102~107、109學測, 102~109指考,
   (A) divides　　(B) decides　　(C) propels　　(D) provides　109指考補)

6. Poor _____ goods won't sell easily.　(93、95~98、100、102、103、105、
   (A) sensibility　　　　　(B) responsibility　109學測, 95、98、99、104、105、
   (C) quality　　　　　　(D) equality　107、108指考, 93指考補)

7. He left Tokyo for New York on _____.　(99、101、105、106學測, 100~105、
   (A) neediness　(B) burglar　(C) business　(D) bury　109指考, 109指考補)

8. The innocent man was sentenced to the _____ penalty.(85、86日大, 92、
   (A) extreme　　　　　　(B) extravagant　95、103、107學測, 91~93、96、
   (C) extensive　　　　　(D) extract　97、105、107指考, 109指考補)

9. The _____ opinion is against the war.　(104、105、107、109學測, 104、106~
   (A) generate　(B) general　(C) gentle　(D) final　109指考, 109指考補)

10. You might as well know that I'm not _____.　(80、82、83、86日大, 95、98、
    (A) affect　　　　　　(B) defect　103、105、109學測, 91、94、95、
    (C) effect　　　　　　(D) perfect　106、107指考, 93指考補)

11. He regretted that he said such a thing in a _____ .　(92、107學測,
　　(A) rage　　　　(B) garage　　　(C) page　　　(D) average　　95指考)

12. There was an automobile _____ yesterday.　(92~95、99、101、103、
　　(A) accident　(B) accidental　(C) accidence　105、106、109學測, 93、94、
　　(D) accidentalism　　　　　　　　　　　　　98、108、109指考, 93、109指考補)

13. I received one thousand dollars in _____ .　(79~81、83、85、87、88日大、
　　(A) count　　　(B) account　　　(C) amount　92、97、99、100、102、104、105、
　　(D) discount　　　　　　　　　　107學測, 93、101、102、105、106、109指考)

14. They _____ to have misunderstood me.　(82、85日大, 84夜大, 94、95、98、
　　(A) tear　　　　(B) appear　　　(C) clear　100、101、103、106~109學測, 93、99、
　　(D) hear　　　　　　　　　　　　　100~102、104~107指考, 93指考補)

15. _____ is the best defense.　(85日大, 93~95、100、103學測, 92、95、101、102、
　　(A) Attack　　　(B) Attain　　　(C) Attend　　　(D) Attract　　104指考)

16. You must pay _____ to your studies.　(84、85、90日大, 95、96、100、101、
　　(A) attendance　(B) attention　(C) attainment　105學測, 91、92、94、97、98、
　　(D) attempt　　　　　　　　　　100~103、105、107~109指考, 93、109指考補)

17. The beautiful scenery of Taiwan is _____ description.(85日大, 90、
　　(A) before　　　(B) beside　　　(C) behind　93、100、102、106~109學測, 93、
　　(D) beyond　　　　　　　　　　　97、103、104、106、107指考)

18. Don't _____ that box ; it may be useful.　(83、87~89日大, 84夜大, 90、
　　(A) annoy　　　(B) destroy　　　(C) employ　96、97、100、104、105學測,
　　(D) convoy　　　　　　　　　　　96~99、101~103、109指考)

19. The exercise _____ feet muscles.　(87~89日大, 92、94~96、98、101~104、
　　(A) envelops　(B) detains　　　(C) develops　106~109學測, 92~95、97~101、
　　(D) detects　　　　　　　　　　103、104、107、109指考, 93指考補)

20. Give me an _____ of what you mean.　(75、77、79、81、86、89、90日大,
　　(A) temple　　　(B) sample　　　(C) purple　92~94、96~109學測, 91~94、
　　(D) example　　　　　　　　　　　98~106、109指考, 109指考補)

21. We could not _____ him to come.

(A) suspect   (B) defect   (C) expect   (90日大, 94、96~99、101、106學測,

(D) prospect   91、92、94、95、100、102、104~107指考, 93、109指考補)

22. In those days many people fought for _____ of speech.

   (A) freedom   (B) liberative   (C) free   (67~69、73、81、88日大,

   (D) liberation   70、75、76夜大, 94學測, 98、106指考)

23. The mystery of space is beyond _____ knowledge.

   (A) humanity   (B) humanly   (C) humankind   (94、96、97、100、101、103~

   (D) human   107學測, 93~95、99、100、101、103~109指考, 93指考補)

24. The Liberal Democratic Party has _____ its votes.(90、92~94、96~

   (A) ceased   (B) teased   (C) increased   99、101、103、104、106、107、

   (D) pleased   109學測, 91、92、94、95、97、98、100、102~109指考, 93、109指考補)

25. The situation is _____ for all of us.   (67、68日大, 66、69、70、75夜大,

   (A) inevitable   (B) irritable   (C) vegetable   93、94指考)

   (D) countable

26. We should not _____ people by the color of their skin.

   (A) change   (B) judge   (C) indulge   (86、88日大, 92、94、95、100學測,

   (D) arrange   91、93、95、98、102、105、106指考, 93指考補)

27. The house has all the _____ conveniences. (81、84、87、88日大, 90、98~

   (A) modest   (B) modern   (C) moderate   100、103、104、106、109學測,

   (D) modified   92~94、97、100、102~105、107~109指考, 93指考補)

28. This mine _____ plenty of coal.   (86~90日大, 90、93~100、103、

   (A) proclaims   (B) produces   (C) profits   105~107學測, 91~93、97、99、

   (D) professes   102、104~106、108指考, 109指考補)

29. You should deal with the problem in a _____ way. (87、88日大, 90、

   (A) proper   (B) temper   (C) prosper   93、99、101、106、108學測, 91、

   (D) whisper   92、99、100、103、104指考, 93指考補)

30. It is a matter of _____ importance that laws should be

   obeyed.   (80、85日大, 93~96、100、101、105、107、109學測, 91、93~95、100~104、

   (A) academic   (B) comic   (C) public   106~109指考, 109指考補)

(D) organic

31. He _____ a good education.　(77、80、84、86~88、90日大, 82台大夜, 90、93、96、
(A) deceived　　(B) perceived　　(C) conceived　　99、100、103~107學測, 91~93、
(D) received　　　　　　　　　　　　　　　　98~104、106~109指考, 93、109指考補)

32. In _____ years jogging has become popular in Taiwan.　(90、93、95、
(A) descent　　(B) recent　　(C) magnificent　　96、99、101、102、104、105、
(D) innocent　　　　　　　108、109學測, 92、94、97、100~105、108、109指考, 93指考補)

33. He stubbornly _____ to admit the fact.　(66、69、72、73、80日大, 69、
(A) diffused　　(B) excused　　(C) confused　　74夜大, 100、101、103~105、
(D) refused　　　　　　　　　　　　　　108學測, 92、100~102指考)

34. They _____ their Father as God.　(80、81、84、87、88日大, 93、95、99、101、
(A) regard　　(B) reform　　(C) refer　　102、104、106、109學測, 93~95、97、
(D) relax　　　　　　　　　100、101、104~106、108、109指考, 93、109指考補)

35. We did all that was _____ of us.　(87、90日大, 90、93、99、100~103、105、
(A) requiring　　(B) requirable　　(C) required　　107~109學測, 91~94、98、
(D) requirement　　　　　　　100、104、106~108指考, 93指考補)

36. I thought you had more _____ than to do such a foolish thing.
(A) sense　　(B) sensitive　　(C) sensibility　　(87、90日大, 90、93、100、
(D) sensible　　　　　　　105~107學測, 91~93、100、101、103、105~109指考)

37. He has forgotten to _____ his name.　(89、90日大, 93、96、98、100、101、
(A) sign　　(B) sing　　(C) signal　　103、104、106、107、109學測, 91、95、
(D) single　　　　　　　　99、105~109指考, 93、109指考補)

38. Under this _____, fewer telephone operators are required.
(A) item　　(B) system　　(C) problem　　(94~96、98、100、101、103、104、
(D) rhythm　　108、109學測, 92~95、97、98、100~103、106、108、109指考, 93、109指考補)

39. The energy project was a _____ failure.　(67~69、71~73、80、84日大,
(A) dental　　(B) capital　　(C) mental　　93、95、100、108學測,
(D) total　　　　　　　　　　109指考, 109指考補)

40. Nobody but he could _____ this great work.

(A) relieve   (B) achieve   (C) believe   (87、88、90日大, 93、98、106學測,
(D) delieve   92、93、97、102~104、106、107、109指考)

41. On the continent there is one topic which should be _____
the weather.   (74、78、86~88日大, 71夜大, 93~95、97、98、102~104學測, 91、92、95、
(A) avoided   (B) avoidance   (C) avoidable   98、101、105、106指考)
(D) avoidless

42. I want your advice on a _____ delicate problem.   (93~96、100、101、
(A) sustain   (B) certain   (C) entertain   103、105、106、108學測, 94、
(D) obtain   95、98、101、102、104、105~108指考, 93指考補)

43. My hobby is _____ foreign stamps.   (75日大, 79、84夜大, 92、94、95、
(A) electing   (B) intellect   (C) collecting   102、104、105、107學測, 91、94、
(D) neglecting   98、100、103、104、107、109指考, 109指考補)

44. The astronauts soon got used to the _____ of weightlessness.
(A) condition   (B) contradiction   (95、98、99、104~107、109學測, 94、
(C) prediction   (D) interdiction   97、100、107、108指考, 109指考補)

45. You should _____ studying through life.   (85、87、89、90日大, 92~100、
(A) continue   (B) contradict   (C) contract   103、107、108學測, 91、94、95、
(D) contest   98~100、102~104、106指考, 109指考補)

46. We were _____ of our team's win.   (94、96、97、105~107學測, 98、101、105、
(A) victorious   (B) convinced   (C) convicted   (D) persuaded   107指考)

47. The _____ of the ship was directly south.   (79、81、90日大, 93、94、96、
(A) cover   (B) crash   (C) direction   97、103、107~109學測, 93~
(D) course   95、107~109指考, 93、109指考補)

48. Who _____ America in 1492？   (102、106學測, 102、103、105、106、108、109指考,
(A) disclosed   (B) floundered   (C) discovered   (D) founded   109指考補)

49. _____ is usually caused by germs.   (107~109學測, 106、107、109指考,
(A) Purchase   (B) Increase   (C) Disease   (D) Decrease   109指考補)

50. Nobody could _____ him from his brother.   (104、106學測, 105、106、
(A) disrupt   (B) distinguish   (C) dissolve   (D) diminish   108、109指考)

【解答】

1.(B)	2.(A)	3.(C)	4.(B)	5.(D)	6.(C)	7.(C)	8.(A)	9.(B)	10.(D)
11.(A)	12.(A)	13.(C)	14.(B)	15.(A)	16.(B)	17.(D)	18.(B)	19.(C)	20.(D)
21.(C)	22.(A)	23.(D)	24.(C)	25.(A)	26.(B)	27.(B)	28.(B)	29.(A)	30.(C)
31.(D)	32.(B)	33.(D)	34.(A)	35.(C)	36.(A)	37.(A)	38.(B)	39.(D)	40.(B)
41.(A)	42.(B)	43.(C)	44.(A)	45.(A)	46.(B)	47.(D)	48.(C)	49.(C)	50.(B)

• 心得筆記欄 •

請您將認識的單字，
在 A 欄中作記號。

A B

☐☐ education

☐☐ effective

☐☐ emphasize

☐☐ entire

☐☐ essential

☐☐ evidence

☐☐ failure

☐☐ final

☐☐ growth

☐☐ improve

☐☐ independent

☐☐ indicate

☐☐ labor

☐☐ major

☐☐ natural

☐☐ offer

☐☐ pass

☐☐ past

☐☐ plenty

☐☐ previous

☐☐ promise

☐☐ proposal

☐☐ record

☐☐ remain

☐☐ reply

A B

☐☐ rush

☐☐ standard

☐☐ state

☐☐ suppose

☐☐ telephone

☐☐ accurate

☐☐ add

☐☐ advice

☐☐ affect

☐☐ aggressive

☐☐ agree

☐☐ apparent

☐☐ blame

☐☐ career

☐☐ careful

☐☐ carry

☐☐ challenge

☐☐ circumstance

☐☐ common

☐☐ confidence

☐☐ confine

☐☐ contribute

☐☐ conversation

☐☐ create

☐☐ decide

===================== ≪頻率順序 51～100≫ ~~~~~~~~~~~~~~~~~~~~~~~~~~~

education〔͵ɛdʒə'keʃən〕*Education* is an important 教育是重要的事。
　n. 教育；訓練　　　thing. 回 *teach*；*instruct*

effective〔ə'fɛktɪv〕The law becomes *effective*該法於午夜生效。
　adj. 有效的　　　at midnight. 反 *ineffective*

emphasize〔'ɛmfə͵saɪz〕He *emphasized* the impor-他強調小心駕駛的重要。
　vt. 強調；著重；重讀 tance of careful driving.

entire〔ɪn'taɪr〕　The original property is 原有產業仍完整無缺。
　adj. 整個的；全部的 still *entire*.

essential〔ə'sɛnʃəl〕Exercise is *essential* to 運動對保健是必要的。
　adj. 基本的；必要的 the preservation of health.
　n. 本質；精髓　These are the *essentials* 這些是英文法的要義。
　　　　　　　　　　　of English grammar.

evidence〔'ɛvədəns〕The *evidence* is not enough.證據不充分。
　n. 證據　　　　　Her smiles *evidenced* her 她的微笑顯示她的快樂。
　vt. 顯示　　　　　pleasure.

failure〔'feljɚ〕　What was the cause of his 他失敗的原因為何？
　n. 失敗　　　　　*failure*？ 反 *success*

final〔'faɪnl〕　My judgment is *final*. 我的判斷是確定的。
　adj. 決定的；最終的 She was busily preparing 她忙於準備期末考。
　n. 期末考；決賽　for the *finals*. 回 *last*

growth〔groθ〕　Childhood is a period of 幼年是生長迅速的時期。
　n. 生長；發展　　rapid *growth*.

improve〔ɪm'pruv〕I wish to *improve* myself 我希望在英文方面使自
　v. 改良；改善　　in English. 回 *better* 己進步。

independent The Republic of China is 中華民國是獨立國。
　〔͵ɪndɪ'pɛndənt〕an *independent* country.
　adj. 獨立的；自立的 回 *self-reliant*

indicate〔'ɪndə,ket〕 A thermometer **indicates** 溫度計顯示溫度。
vt. 指出；指示　　temperature.

labor〔'lebɚ〕 Most people earn their 大多數人靠勞力過活。
n. 勞動；勞作　　living by manual **labor**.
v. 勞動；努力　　He **labors** for the 他爲人類幸福勞動。
happiness of mankind.

major〔'medʒɚ〕 The **major** part of the 此城的大部分已成廢墟。
adj. 主要的；較多的 town was ruined.
n. 主修課程　　What is your **major**? 你主修什麼？

natural〔'nætʃərəl〕 The scenery has **natural** 這風景有自然的美。
adj. 天然的；自然的 beauty.　回 *genuine*

offer〔'ɑfɚ,'ɔfɚ〕 I shall come if opportu- 如果有機會的話我就來。
v. 提供；給與　　nity **offers**.
n. 提供　　Thank you for your kind 感謝你的援助。
offer of help.

pass〔pæs；pɑs〕 You will **pass** the post 你會經過郵局。
v. 經過；走過　　office.
n. 通行；走過　　No one can get in the 沒通行證不能過要塞。
fort without a **pass**.

past〔pæst；pɑst〕 Our troubles are **past**. 我們的困難過去了。
adj. 過去的　　We can not change the 我們無法改變過去。
n. 過去；往時　　**past**.
prep. 走過；越過　He walked **past** the 他走過大門。
gate.　回 *ended*；*former*

plenty〔'plɛntɪ〕 We have **plenty** of food. 我們有充分的食糧。
n. 充分；豐富　　Six potatoes will be 六個馬鈴薯夠了。
adj. 足夠的　　**plenty**.

previous〔'privɪəs〕 The **previous** lesson was 前面一課很難。
adj. 在前的；先前的 hard.　囻 *following*

promise〔'prɑmɪs〕
　　n. 諾言；約定
　　v. 答應；允諾

He never keeps his
promises.

他從不守諾言。

I can not *promise*.

我不能答應。

proposal〔prə'pozl〕
　　n. 建議；提議

The *proposal* was
rejected.

這提議被否決了。

record〔rɪ'kɔrd〕
　　v. 記錄
　　〔'rɛkəd〕
　　n. 記錄；報告

We *record* history in
books.

我們將歷史記載在書上。

She had a fine *record* at
school.　回 *write*

她在學校有良好的記錄。

remain〔rɪ'men〕
　　vi. 停留；居住

I shall *remain* here all
the summer.

整個夏天我將居此。

reply〔rɪ'plaɪ〕
　　v. 回答；答覆
　　n. 回答；答覆

I wrote, but he did not
reply.

我寫信給他,但他沒回。

He made no *reply*.
回 *answer* ; *respond*

他無答覆。

rush〔rʌʃ〕
　　v. 猛衝；使急進
　　n. 激流；突進

They *rushed* out of the
room.

他們衝出屋子。

He was swept away by the
rush of the river.

他被急流沖走。

standard
　　〔'stændəd〕
　　n. 標準；模範

Your work is not up to
standard.
回 *model* ; *symbol*

你的工作不夠標準。

state〔stet〕
　　n. 情形；狀態
　　adj. 國家的；正式

Everything was in a
state of disorder.

一切都處於紊亂狀態。

suppose〔sə'poz〕
　　v. 想像；假定

What do you *suppose*
he will do ?
回 *consider* ; *assume*

你想他要做什麼?

telephone〔'tɛlə,fon〕We don't have a *telephone* 我們還沒裝電話。
  n. 電話　　　　　　yet.
  v. 打電話　　　　　*Telephone* me tomorrow.　明天打電話給我。

accurate〔'ækjərɪt〕 She is a very *accurate* 她是個標準的打字員。
  adj. 正確的;準確的 typist. 回 *perfect*

add〔æd〕　　　　　Three *added* to four 三加四等於七。
  v. 增加　　　　　makes seven.

advice〔əd'vaɪs〕 Let me give you a piece 容我勸你。
  n. 勸告;忠告　　of *advice*.

affect〔ə'fɛkt〕 Some plants are 有些植物受寒冷的影響。
  vt. 影響;感動　*affected* by cold.
  vt. 假裝;愛好　He *affected* great zeal 他假裝熱心做這事。
  　　　　　　　to do this. 回 *influence*

aggressive An *aggressive* country 一個侵略性的國家永遠
  〔ə'grɛsɪv〕 is always ready to 準備發動戰爭。
  adj. 侵略的;進取的 start a war.

agree〔ə'gri〕 They *agreed* among 他們彼此意見一致。
  v. 同意;承認　　themselves. 回 *consent*

apparent〔ə'pærənt; His guilt is *apparent*. 他的罪惡昭彰。
  ə'pɛrənt〕 回 *obvious* ; *evident*
  adj. 明顯的;可見的

blame〔blem〕 I *blame* the accident 我將這意外歸咎於他。
  v. 譴責;歸咎　on him.
  n. 過失　　　　He is free from *blame*. 他沒有過失。

career〔kə'rɪr〕 She abandoned her stage 她放棄了舞台生涯。
  n. 生涯;職業　*career*.
  v. 急馳;飛奔　The horse *careered* 馬在街上奔跑。
  　　　　　　　through the streets.
  　　　　　　　回 *vocation* ; *occupation*

careful〔'kɛrfəl〕　He is *careful* at his work.他用心從事工作。
adj. 謹慎的;小心的圓 *watchful* ; *cautious*

carry〔'kærɪ〕　He *carries* his change in　他將零錢放在口袋中。
v. 運送;攜帶　　his pocket.
n. 射程;途程　　圓 *take* ; *transport*

challenge　　　They *challenge* us to a　他們邀我們做游泳比賽。
〔'tʃælɪndʒ〕　　swimming contest.
v. 挑戰;盤問　　to give (accept) a　挑戰(接受挑戰)
n. 挑戰;盤問　　*challenge*

circumstance　His financial *circum-*　他的經濟情況每況愈下。
〔'sɝkəm,stæns〕 *stance* is from bad to
n. 情形;狀況　　worse. 圓 *condition*

common〔'kɑmən〕 Parks in a town are　城中的公園是公有財產。
adj. 公有的;共有的 *common* property.
n. 公共;公地　　We have much in　我們有很多相同的嗜好。
　　　　　　　　common in taste.

confidence　　She has great *confidence* 她極自信能成功。
〔'kɑnfədəns〕　in her success.
n. 信賴;信任　　囻 *distrust* ; *diffidence*

confine〔kən'faɪn〕 He *confines* his activi-　他的活動僅於教育界。
vt. 限制;監禁　　ties in educational
〔'kɑnfaɪn〕　　circles.
n. 疆界;境界　　He is on the *confines* of 他在破產邊緣　。
　　　　　　　　bankruptcy. 圓 *enclose*

contribute　　Good health *contributed* 良好的健康促成他的成
〔kən'trɪbjʊt〕　to his success.　　功。
v. 捐助;貢獻

conversation　They carried on *conver-*　他們用英語交談。
〔,kɑnvɚ'seʃən〕 *sation* in English.
n. 會話;談話

create〔krɪ'et〕　　She *created* the garden　她在沙漠中建造了這個
　v. 創造；建立　　　in the desert.　　　　花園。

decide〔dɪ'saɪd〕　Nothing is *decided* yet.　一切均未決定。
　v. 決定；決心

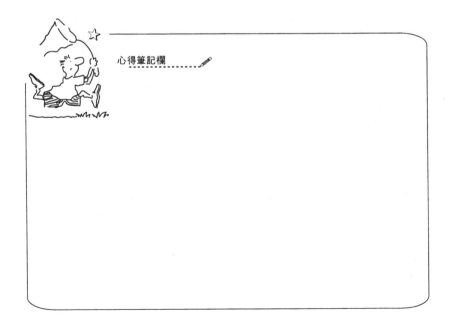

心得筆記欄

聯考試題演練

1. She got a good _____ in her school days. (80、82、87日大, 92、95、96、100、102~105學測, 92、94、98、102、105~109指考)
   (A) invitation (B) quotation (C) education
   (D) exaggeration

2. We have to take _____ measures to solve the problem. (96、99、101、104、107、108學測, 98、103~105、108、109指考, 109指考補)
   (A) exclusive (B) talkative (C) effective
   (D) defective

3. The salesman _____ the merits of the machine. (88日大, 82夜大, 97~99、102學測, 93、109指考, 109指考補)
   (A) emphasized (B) civilized (C) specialized
   (D) organized

4. We felt like hearing the _____ story of the accident. (86、87日大, 97、101、102、105、107、108學測, 96、99、104、106、107指考, 93指考補)
   (A) energetic (B) entire (C) endurant
   (D) envious

5. Imagination is _____ to human action. (87日大, 95、96、99、100、102、104、108學測, 99、103、104、107、109指考, 109指考補)
   (A) artificial (B) racial (C) genial
   (D) essential

6. There was no _____ that she was guilty. (68、71、72、76、78、87、89日大, 75夜大, 94、95、105~109學測, 91、95、100、104~107、109指考, 109指考補)
   (A) evidence (B) absence
   (C) confidence (D) innocence

7. His plan ended in _____. (87日大, 90、98、105學測, 91、107指考, 93指考補)
   (A) creature (B) mixture (C) failure (D) pressure

8. My judgement is _____. (86日大, 92、94、97、98學測, 91、92、94、98、101、102指考)
   (A) financial (B) final (C) spinal (D) finished

9. The degree of economic _____ is an index of the level of living. (87日大, 75、77、78夜大, 93、95~97、105學測, 93、95、98、102、107~109指考)
   (A) death (B) stealth (C) strength
   (D) growth

10. She promised her mother to _____ her bad manners. (98、104、107、108學測, 92、94、97、99、100~102、104~109指考, 93、109指考補)
    (A) improve (B) reprove (C) disprove
    (D) approve

11. The young girl wants to be _____ of her parents. (69、72、86日大, 66、
    (A) ardent   (B) insolent   (C) independent   70、72夜大, 109學測,
    (D) obedient   93、97、101、106指考)

12. A signpost_____the right road for us to follow. (108學測,109指考、指考補)
    (A) congratulated   (B) isolated   (C) fascinated   (D) indicated

13. He _____ to complete the task within a week. (105、106、108學測,102、
    (A) labored   (B) lapsed   (C) laved   (D) lavished   105指考)

14. His _____ objective in Poland is to study philosphy. (92、93、95、96、
    (A) junior   (B) major   (C) senior   98、102、103、105、107學測,
    (D) inferior   92~94、99、100、101、104、106、108指考, 93、109指考補)

15. The scenery has _____ beauty. (97~100、107~109學測, 97、99、100、103、108指考,
    (A) bagel   (B) doctoral   (C) aerial   (D) natural   109指考補)

16. He kindly _____ to lend me the money. (69、70、79、81、86、90日大, 70、72、
    (A) offered   (B) glittered   77~79夜大, 96、99、103~107、109學測,
    (C) pattered   (D) wavered   92、93、95、98~105指考, 93、109指考補)

17. Because of the large crowd in the street the car was unable to
    _____ . (80、84、86、89日大, 93、102、104、107~109學測, 94、98、101~103、105~109指考,
    (A) pare   (B) prepare   (C) pass   (D) parade   109指考補)

18. Our troubles are _____ . (95、96、101、103、109學測, 97、100、102、103、105~107指考,
    (A) partial   (B) past   (C) passive   (D) patient   93指考補)

19. We have _____ of food. (71、73、74、79、86日大, 70、79夜大, 97學測, 91、94、99指考)
    (A) poverty   (B) plenty   (C) propriety   (D) anxiety

20. She said that she had met him on the _____ day. (72日大, 67~69、72、
    (A) glorious   (B) previous   (C) laborious   83夜大, 93、107學測, 95、
    (D) tremulous   104、105、108、109指考)

21. She _____ me never to tell a lie. (75、79日大, 71夜大, 94、96、97、107學測,
    (A) civilized   (B) organized   (C) promised   (D) utilized   91指考)

22. The _____ was rejected. (87日大, 74夜大, 95、102、107學測, 101、103指考, 93指考補)
    (A) projection   (B) promote   (C) profit   (D) proposal

23. He broke a_____in this competition. (99、100、101、105、109學測, 101~105、
   (A) cord   (B) discord   (C) concord   (D) record   107指考)

24. Only a few houses_____in that village after the big fire.
   (A) remained   (B) recalled   (C) rebelled   (D) received
     (90、93、95、97、99、100、104、107~109學測, 95、97、98、101~103、105~109指考, 109指考補)

25. She didn't_____to my letter. (74、77、80、88日大, 90、92、95、103學測, 92、94指考)
   (A) record   (B) reduce   (C) reply   (D) reform

26. The police_____towards the demonstrators.
   (A) blushed   (B) rushed   (C) published   (D) punish
     (67、68、75、84、85、87、89日大, 68、75夜大, 83、85、86、89學測, 95指考)

27. The_____of living has improved. (102、104學測, 103、107、109指考, 109指考補)
   (A) coward   (B) standard   (C) steward   (D) sluggard

28. I_____my parents will like this pretty dog.   (75、88日大, 80、84夜大,
   (A) support   (B) suffer   (C) suppose   92、95、99、101、102學測,
   (D) suggest   106、107指考)

29. Someone_____when you were out.   (75、86日大, 93、94、102學測, 97指考)
   (A) telegraphed   (B) telephoned   (C) telexed   (D) televised

30. The New York Times is known for_____reporting.   (70、71、85日大,
   (A) accurate   (B) temperate   (C) considerate 71夜大, 82台大夜, 93、
   (D) fortunate   99學測, 95、105指考)

31. Ocean research will_____to our knowledge of climate conditions.
   (A) addict   (B) admire   (C) add   (D) adapt   (85、89日大,
     93、98~100、104、107、109學測, 91、95、98、99、105、106、109指考, 93、109指考補)

32. He asked for my_____on his studies.   (97、98、101、107、109學測, 92、103、
   (A) devise   (B) device   (C) advice   (D) revise   105指考)

33. A rise in prices severely_____the lives of people.   (74日大, 78夜大,
   (A) affects   (B) afflicts   (C) affirms   93、95、97、98、101、102、
   (D) affords   105學測, 94、95、97、100、107指考, 109指考補)

34. An _____ country is always ready to start a war. (72、73、79日大,
 (A) imaginative   (B) initiative   70、75夜大, 100學測, 93、
 (C) talkative   (D) aggressive   95、96、101、104、109指考)

35. All _____ to that conclusion. (84、86日大, 89、96、97學測, 91、92、94、95、105、
 (A) aggress (B) aggrieve (C) agree (D) aggravate 107指考)

36. It was _____ to all of us that he would pass the examina-
 tion.   (67、71、86日大, 69、71、81、84夜大, 101、103指考, 93指考補)
 (A) apparent (B) prudent (C) insolent (D) obedient

37. They _____ George for neglect of his duty. (89、90日大, 73、75夜大,
 (A) blanched   (B) blamed   105、107學測, 97、107指考)
 (C) blessed   (D) blared

38. He has a brilliant _____ as a statesman. (101、104、106學測, 97~99、101、
 (A) volunteer (B) career (C) pioneer (D) engineer 104、106指考)

39. He is very _____ with his work. (89日大, 98、103學測, 92、94、101、102指考,
 (A) peaceful (B) careful (C) painful (D) wakeful 93指考補)

40. I _____ my change in my pocket. (96、98、100、102、107、109學測, 103、104、
 (A) carry (B) marry (C) hurry (D) parry 106、108、109指考)

41. My little sister _____ me to another race. (69、77、90日大, 70、75夜大,
 (A) changed   (B) revenged 92、95、96、98、102、104、109學測,
 (C) avenged   (D) challenged 91、95、100、101、103~108指考)

42. Whether I can go abroad or not depends on _____ . (69、83日大,
 (A) circumstances (B) appearances 68、69、72夜大, 90、92、102學測,
 (C) countenances (D) temperances 97、98、101、103指考)

43. Respiration is _____ to all kinds of animals. (81、88、90日大, 83夜大,
 (A) commercial (B) communal 95、97、99~102、104~109學測, 95~
 (C) common   (D) commutable 102、104、106、107指考, 109指考補)

44. I don't have much _____ in what he says. (68、69、73、87日大, 67夜大,
 (A) presence   (B) violence 83、104學測, 91、94、97、98指考)
 (C) confidence   (D) audience

45. He is_____ to his room. (72、88日大, 67夜大, 101、105學測)

  (A) refined   (B) confined   (C) defined   (D) imagined

46. His knowledge and experience_____to the progress of the work. (87日大, 90、93、99、102、104、106學測, 93、95、96、98、101、102、104指考, 109指考補)

  (A) absoluted   (B) computed   (C) resoluted   (D) contributed

47. In England train passengers usually prefer reading to_____.

    (68、71、88、89日大, 70、73、82夜大, 92、97學測, 96、102~104、108指考)

  (A) conversation   (B) expectation

  (C) motivation   (D) consideration

48. Advertising_____a desire in your mind by appealing to your emotions. (86~90日大, 90、92、94、95、99、101~109學測, 91、93~95、97~108指考,

  (A) vibrates   (B) isolates   (C) originates   (D) creates 93、109指考補)

49. He_____to postpone his departure. (98、101~106學測, 98~102、104指考,

  (A) declaimed   (B) describe   (C) decided   (D) decreased 109指考補)

【解答】

1.(C)	2.(C)	3.(A)	4.(B)	5.(D)	6.(A)	7.(C)	8.(B)	9.(D)	10.(A)
11.(C)	12.(D)	13.(A)	14.(B)	15.(D)	16.(A)	17.(C)	18.(B)	19.(B)	20.(B)
21.(C)	22.(D)	23.(D)	24.(A)	25.(C)	26.(B)	27.(B)	28.(C)	29.(B)	30.(A)
31.(C)	32.(C)	33.(A)	34.(D)	35.(C)	36.(A)	37.(B)	38.(B)	39.(B)	40.(A)
41.(D)	42.(A)	43.(C)	44.(C)	45.(B)	46.(D)	47.(A)	48.(D)	49.(C)	

 心得筆記欄

頻率表 101 ～ 150

A B

☐☐ degree
☐☐ depend
☐☐ devote
☐☐ directly
☐☐ effect
☐☐ effort
☐☐ endure
☐☐ establish
☐☐ explore
☐☐ express
☐☐ force
☐☐ frank
☐☐ ground
☐☐ guarantee
☐☐ immediate
☐☐ insist
☐☐ lack
☐☐ maintain
☐☐ manage
☐☐ mind
☐☐ minute
☐☐ moment
☐☐ nation
☐☐ office
☐☐ opportunity

A B

☐☐ organize
☐☐ pack
☐☐ particular
☐☐ popular
☐☐ population
☐☐ precious
☐☐ preserve
☐☐ presume
☐☐ probable
☐☐ progress
☐☐ quality
☐☐ recognition
☐☐ reduce
☐☐ refer
☐☐ respond
☐☐ restriction
☐☐ result
☐☐ scarce
☐☐ simple
☐☐ society
☐☐ special
☐☐ surprise
☐☐ task
☐☐ term
☐☐ traditional

≪頻率順序 101 ～ 150 ≫

degree〔dɪˈgri〕 She is a lady of high　她是位地位甚高的婦女。
n. 階段；程度;學位 *degree*.　回 *grade*；*rank*

depend〔dɪˈpɛnd〕 Can I *depend* on you?　我能信賴你嗎?
v. 信賴；信任　回 *rely*; *trust*

devote〔dɪˈvot〕 Don't *devote* too much　別浪費太多時間於遊戲。
vt. 專心從事;獻身於 time to games.

directly〔dəˈrɛktlɪ〕He was looking *directly*　他直望著我。
adv. 直接地；立即 at me.　反 *indirectly*

effect〔əˈfɛkt〕 The medicine had an　那藥立即見效。
n. 結果;效果;效力 immediate *effect*.
vt. 實現；產生 The change was *effected*　該項改革和平地實現了。
peacefully.　回 *influence*

effort〔ˈɛfət〕 Their *efforts* were re-　他們的努力獲得成功。
n. 努力；奮力 warded with success.

endure〔ɪnˈdjʊr〕 His fame will *endure* for-　他的聲名將永垂不朽。
v. 忍耐；忍受 ever.　回 *stand*; *bear*

establish　His honesty is well　他的忠實已爲人所信任。
〔əˈstæblɪʃ〕 *established*.　回 *settle*；
vt. 建立；設立 *organize* 反 *destroy*; *ruin*

explore〔ɪkˈsplor〕 The surgeon *explored* the　外科醫生仔細察看傷口。
v. 探險；探測 wound.　回 *research*; *hunt*

express〔ɪkˈsprɛs〕 I can't *express* it proper-　我無法適當地表達出來。
vt. 表示；表達 ly.　回 *indicate*; *imply*

force〔fors; fɔrs〕 He didn't use much *force*.　他沒用多大力量。
n. 力量；暴力 I *forced* him to do it.　我強迫他做此事。
vt. 強迫；迫使 回 *compel*; *oblige*

frank〔fræŋk〕　　　He makes a *frank* con-　他坦白供述自己的罪行。
adj. 坦白的；老實的　fession of his guilt.
vt. 免費寄送　　　　to *frank* a letter　　免費寄信

ground〔graʊnd〕　It fell to the *ground*.　它落到地上了。
n. 土地；地　　　　The theory is well　　這學說的根基穩固。
v. 放地上；有根據的　*grounded*.　圓 *establish*

guarantee〔͵gærən'ti〕He offered his house as　他以房子做擔保。
n. 保證；擔保人　　a *guarantee*.
v. 保證；擔保　　　The clock is *guaranteed*　此鐘保用一年。
　　　　　　　　　for one year.　圓 *promise*

immediate〔ɪ'midɪɪt〕We must take *immediate*　我們必須採取緊急行動。
adj. 立即的；即刻的　action.　反 *mediate*

insist〔ɪn'sɪst〕　　I *insist* on being there.　我堅持要在那裏。
v. 堅持；力言；強調　圓 *maintain; stress*

lack〔læk〕　　　　A coward *lacks* courage.　怯懦者缺乏勇氣。
v. 缺乏；沒有　　　*Lack* of rest made her　缺乏休息使她疲倦。
n. 缺乏；無　　　　tired.　圓 *want; need*

maintain〔mən'ten〕　Be careful to *maintain*　小心保持名譽。
vt. 保持；維持　　　your reputation.

manage〔'mænɪdʒ〕　How did you *manage* to　你如何還了債？
v. 處理；支配；駕馭　pay your debt?　圓 *control*

mind〔maɪnd〕　　　Education develops the　教育啓發智力。
n. 意志；精神　　　*mind*.
v. 注意；留心　　　*Mind* your own business.　少管閒事！

minute〔'mɪnɪt〕　　The train was ten　　　火車遲到十分鐘。
n. 分　　　　　　*minutes* late.
〔maɪ'njut〕　　　There are *minute* differ-　這雙胞胎間的差異甚小。
adj. 微小的　　　　ences between the twins.

moment〔'momənt〕 I waited for a few 我等了一會兒。
　n. 瞬間；片刻　*moments.* 回 *instant*

nation〔'neʃən〕 The United States of 美利堅合眾國是一個國
　n. 國家 America is a *nation.* 家。

office〔'ɔfɪs;'ɑfɪs〕 He works in a lawyer's 他在一律師事務所工作。
　n. 辦公處；公司　*office.* 回 *workplace*

opportunity Such *opportunities* should 這種機會不應失去。
　〔,ɑpɚ'tjunətɪ〕 not be missed.
　n. 機會；時機 回 *chance; occasion*

organize〔'ɔrgən,aɪz〕They *organized* a climbing 他們組織一個登山隊。
　v. 組織 expedition team.

pack〔pæk〕 Give me a *pack* of ciga- 給我一包香煙。
　n. 包裹；一群 rettes.
　v. 包裝；綑紮 These books *pack* easily. 這些書容易包裝。

particular Everyone has his *particu-* 各人有特殊之興趣。
　〔pɚ'tɪkjəlɚ〕 *lar* interests. 回 *special;*
　adj. 單獨的；特別的 *unusual* 反 *common*

popular〔'pɑpjəlɚ〕 It is a *popular* song. 這是一支流行歌曲。
　adj. 受人歡迎的 回 *common; ordinary*

population New York City contains 紐約有一千萬人口。
　〔,pɑpjə'leʃən〕 a *population* of ten million.
　n. 人口 回 *inhabitants; people*

precious〔'prɛʃəs〕 Diamond is a kind of 鑽石是一種珍貴的石頭。
　adj. 珍貴的 *precious* stone.

preserve〔prɪ'zɝv〕 God *preserve* us! 願上帝保佑我們！
　v. 保護；保管 回 *protect; keep*

presume〔prɪ'zum〕 I *presume* you are tired. 我想你是倦了。
　v. 假定；推測 回 *assume; suppose*
　　　　　　　　　　 反 *prove*

probable〔'prɑbəbl̩〕 It is **probable** that it 大概要下雨了。
   adj. 大概的   will rain. 回 *likely*; *liable*

progress〔'prɑgrɛs〕 He makes no **progress** in 他的英文毫無進步。
   n. 進步；進展   English.
   〔prə'grɛs〕   The work is **progressing** 工作進展得很順利。
   v. 進步   steadily. 回 *advance*

quality〔'kwɑlətɪ〕 Poor **quality** goods won't 品質差的貨品不易出售。
   n. 品質；特質   sell well. 回 *feature*

recognition   The actor soon won **recog-** 這演員不久便獲眾人讚
   〔,rɛkəg'nɪʃən〕   **nition** from the public. 譽。
   n. 認識；讚譽

reduce〔rɪ'djus〕 He is **reduced** almost to 他已瘦成一把骨頭了。
   v. 減少；減低   nothing. 回 *lessen*

refer〔rɪ'fɝ〕 He often **referred** to me 他在談話中常提到我。
   v. 指示；言及   in his speech. 回 *point*

respond〔rɪ'spɑnd〕 He **responded** with a kick. 他回踢一脚。
   vi. 回答   回 *answer*; *reply*

restriction   We place **restrictions** on 我們管制對外貿易。
   〔rɪ'strɪkʃən〕   foreign trade.
   n. 限制

result〔rɪ'zʌlt〕 We worked without **result**. 我們的工作無效果。
   n. 結果；效果   The damage **resulted** from 這損失由火災所致。
   vi. 產生；起於   the fire. 回 *consequence*

scarce〔skɛrs〕 Some commodities are 戰時有些貨品很缺乏。
   adj. 缺乏的   **scarce** in wartime.

simple〔'sɪmpl̩〕 The explanation was quite 這解釋十分簡單易懂
   adj. 簡單的   **simple**.
   n. 身分卑微者   gentle and **simple** 貧富貴賤
   回 *easy*; *common*

society〔sə'saɪətɪ〕 I enjoy your **society**. 我以和你交往爲樂。
  n. 社會；交際   回 *community*; *public*

special〔'spɛʃəl〕 Is anything **special** today? 今天有什麼特別的事嗎?
  adj. 特別的   回 *particular*; *unusual*

surprise〔sə'praɪz〕 The visit of the President 總統的來訪引起大驚奇。
  n. 驚駭；驚奇   caused great **surprise**.
  vt. 使驚奇   The news greatly **surprised** 這消息使我們大爲驚愕。
    us. 回 *astonish*; *amaze*

task〔tæsk; tɑsk〕 He assigned me a **task**. 他分派我一項工作。
  n. 工作；任務   Mathematics **tasks** the 數學使那孩子傷腦筋。
  vt. 使辛勞；煩累   child's brain. 回 *duty*; *job*

term〔tɝm〕 On no **terms** will I do 我不做那種事。
  n. 名詞;關係;條件 such a thing.
  vi. 稱呼   His life may be **termed** 他的生活可稱幸福。
    happy. 回 *period*; *condition*

traditional It is a **traditional** 這是一項傳統習俗。
  〔trə'dɪʃənḷ〕 custom.
  adj. 傳統的

聯考試題演練

1. To some _____, the company authority gave in to the union.
   (A) three
   (B) disagree
   (C) decree
   (D) degree
   (84、85日大, 94、100、105、107、109學測,
   91、93、100、102、105、107、108指考)

2. You should pay your school expenses without_____on your
   parents. (80、82日大, 74、79、83夜大, 90、96、101、102、105、108、109學測, 98、99、104、105指考)
   (A) deducing (B) depending (C) declaring (D) deferring

3. The examinees had to_____ most of their youth to their
   studies. (67日大, 68、71、74、82、84夜大, 95、96、103、104、106學測, 91、94、96、97、99指考, 109指考補)
   (A) devote (B) derive (C) deform (D) detail

4. The path leads_____to the lake. (87日大, 94、100、101學測, 91、97~99、108、109指考)
   (A) directly (B) readily (C) heartily (D) shortly

5. The law is still in _____. (98、103、104、106~109學測, 99、100、102~104、106~109指考)
   (A) insect (B) architect (C) aspect (D) effect

6. I will make every_____to help you. (106、107、109學測, 104、109指考, 109指考補)
   (A) comfort (B) port (C) effort (D) import

7. I can't_____that noise a moment longer. (73日大, 100、105學測, 98、102、106指考)
   (A) endow (B) endure (C) endue (D) engage

8. This department store was_____about a hundred years ago.
   (A) established
   (B) esteemed
   (C) published
   (D) estimated
   (96、101、103、104、106、109學測, 93~97、103~106、108指考, 109指考補)

9. The adventurers are going to_____ the cave tomorrow.
   (A) explode
   (B) explore
   (C) explain
   (D) expose
   (87日大, 95、96、101、104、106~108學測, 92、93、98~100、103、105、108指考)

10. Everybody can_____his opinion. (88日大, 94、96、100學測, 93、97~100、102、104指考)
    (A) excite (B) expend (C) expand (D) express

11. I used all my_____in lifting the stone. (104、105、107~109學測, 104、105、107、108指考)
    (A) foundation (B) force (C) found (D) forge

12. In my＿＿＿＿＿opinion, I don't think the plan will succeed.
   (A) fresh　　　　　　(B) frog　　　　　(66、68、75日大, 67夜大, 95指考)
   (C) fright　　　　　　(D) frank

13. He was dismissed on the＿＿＿＿＿that he was lazy.　(67、68、70日大,
   (A) growth　　　　　　(B) grounds　　　73夜大, 93、94、98～103、105、107學測,
   (C) gross　　　　　　(D) grade　　　　94、100、105、107、109指考, 93指考補)

14. The watch is＿＿＿＿＿for six months.　(73日大, 71、75夜大, 103～105學測,
   (A) guaranteed　(B) guarded　　　(C) guessed　　(D) guided　　95指考)

15. There was an＿＿＿＿＿reponse to his request.　(72、88日大, 68、69夜大,
   (A) idle　　　　　　　(B) ignorant　　　92、94、99、104學測, 95、
   (C) immediate　　　　(D) illegal　　　96、100～102、104、109指考)

16. He＿＿＿＿＿that he was wrong.　(86日大, 79、82夜大, 90、94、99、104、108學測,
   (A) included　　(B) increased　(C) insisted　(D) inclined　95、102指考)

17. Many wild animals died for＿＿＿＿＿of water.　(103、105、108學測, 95、
   (A) labor　　　(B) lack　　　(C) law　　　(D) lead　105、107、108指考)

18. How long can you＿＿＿＿＿this silence　(103、108學測, 104、106、109指考,
   (A) maintain　　(B) fountain　　(C) detain　　(D) refrain　　109指考補)

19. He＿＿＿＿＿to pass the entrance exam.　(99、104、107學測, 99、100～103指考,
   (A) managed　　(B) matched　　(C) mangled　　(D) murdered　109指考補)

20. A sound＿＿＿＿＿lies in a sound body.　(104、106～108學測, 108、109指考,
   (A) mistake　　(B) miracle　　(C) mind　　(D) miner　　109指考補)

21. The diamonds in the broach were＿＿＿＿＿.　(71、86、89、90日大, 73夜大,
   (A) minimum　　　　　(B) minute　　　97、100、102、106、108、109學測,
   (C) miniskirt　　　　(D) microscope　94、97、101、102指考)

22. The man disappeared in a＿＿＿＿＿.　(81、86、89日大, 94、95、104、107學測,
   (A) mood　　(B) move　　(C) moment　　(D) motion　91、94指考)

23. The president spoke on the radio to the＿＿＿＿＿.　(101、102、105學測,
   (A) nature　　(B) natation　　(C) nation　　(D) nerve　101、104指考)

24. Which party will be in _____ after the next general election？
(76日大, 68夜大, 98、100、102、104、105學測, 109指考)
(A) office   (B) official   (C) officer   (D) offer

25. A party gives us a good _____ to meet new friends. (102、105、106、108學測, 91、93、94、98、100、105、107、108指考, 93指考補)
(A) opportunity   (B) opponent
(C) opposition   (D) operator

26. Some young politicians _____ a new political party. (86、88~90日大, 68、72夜大, 92、98、99、106~108學測, 91、97、98、102、109指考, 109指考補)
(A) orthodox   (B) organized
(C) organ   (D) occurred

27. Wolves hunt in _____ . (88日大, 66、68、71、73夜大, 90、102學測, 93、104指考, 93、109指考補)
(A) packages   (B) packets   (C) packs   (D) pacts

28. There was nothing in the letter of _____ importance. (87、90日大, 93、95、99、101、102、105、107~109學測, 91、93、94、96、99、102指考, 93、109指考補)
(A) particular   (B) partial
(C) parlous   (D) particle

29. He was _____ with the girls. (104、106、108、109學測, 104、105、107、108指考, 109指考補)
(A) pollutant   (B) positive   (C) popular   (D) powerful

30. Tokyo has a _____ of about ten million. (102、105、107學測, 103、107~109指考)
(A) pollution   (B) popularity   (C) possession   (D) population

31. Your friendship is most _____ to me. (76、87日大, 93~95、97、105學測, 104指考)
(A) precious   (B) pride   (C) precise   (D) primary

32. It's a fine old house; it should be _____ . (68、70、84日大, 68、71夜大, 96、98~100、104、106學測, 94、96、100、106、107指考)
(A) pressed   (B) predicted
(C) preserved   (D) prepared

33. In Britain, an accused man is _____ to be innocent until he is proven guilty . (71日大, 66、69、72夜大)
(A) pretended   (B) prevailed   (C) prevented   (D) presumed

34. Rain is possible but not _____ before evening. (75、79、86日大, 73、75、79夜大, 90、94、102學測, 91、96、100指考, 93指考補)
(A) private   (B) primitive
(C) probable   (D) prior

35. Since the nineteenth century, we have made great_____in society.　(67、70、71、81日大, 70夜大, 95、100、103學測, 91、94、104、109指考, 93指考補)
(A) prison　　(B) principle　　(C) progress　　(D) priority

36. Poor_____ goods won't sell easily.　(68~70、74、84日大, 68、70夜大, 95~
(A) quantity　　　　(B) quality　　98、100、102、103、105、109學測, 91~
(C) qualification　　(D) quarter　　93、95、98、99、104、105、107、108指考)

37. He was given a check for $ 25 in_____ of his service.　(67、68、
(A) recluse　　　　(B) recollection　　72、73日大, 95、97、102、
(C) recognition　　(D) record　　106學測, 94、96、108指考)

38. He was_____ almost to a skeleton.(105~107、109學測, 105、107、108指考,
(A) recurred　　(B) redoubled　　(C) reduced　　(D) redeemed　109指考補)

39. The writer frequently_____to the Bible in his books.　(92、95、
(A) refers　　　　(B) relates　98~100、102~104、106、107、109學測,92、93、
(C) reflects　　(D) refuses　95、97~100、102~107、109指考, 109指考補)

40. The man_____to the insult with a blow.　(107學測, 95、96、98、107、
(A) reported　(B) respected　(C) required　(D) responded　109指考)

41. As a_____of the war, many people have lost their houses.
(A) reaction　　　　(B) reflection　(96、98~100、102、104、105、107、109學測,
(C) result　　　　(D) religion　96~102、104、106、107、109指考, 109指考補)

42. Eggs are _____ and expensive this month.　(86、88日大, 91、94、95、97、
(A) scale　　(B) scarce　　(C) stole　　(D) scar　99指考)

43. Written in_____ English, this book is suitable for beginners.
(A) single　　　　(B) special　　(98、99、101、102、104、108、109學測,
(C) similar　　(D) simple　　98、102~104、106、109指考, 109指考補)

44. Everybody is a member of_____ .　(99、100、103、104、106學測, 100、102~
(A) source　　(B) souvenir　　(C) society　　(D) solace　104、108指考)

45. He did it for her as a_____ favor.
(A) special　　(B) spectacular　(C) sound　　(D) specious
(95、97、99、101、102、105~109學測, 95、98、99、104、107~109指考, 109指考補)

46. His failure did not cause much_____.　(93、95、97、100、101學測, 94、102、
    (A) surplus　　(B) surgeon　　(C) surprise　　(D) surgery　104、108指考)

47. She finds housekeeping an irksome_____.　(98、102、107、109學測, 100、
    (A) taste　　(B) test　　(C) tartar　　(D) task　101、105、109指考)

48. I didn't know you and she were on such good_____.　(85、89日大,
    (A) terraces　　　　　　(B) terms　98~100、105、107、109學測, 96、98、
    (C) terminations　　　　(D) terrains　99、102、104~107、109指考, 109指考補)

49. The villagers keep the_____way of life.　(72、75、88、90日大, 71夜大,
    (A) traditional　　　　(B) trace　94、95、100~104、108學測, 91~93、95、
    (C) travelling　　　　(D) trade　99、102~104、106、108、109指考, 93指考補)

【解答】

1.(D)	2.(B)	3.(A)	4.(A)	5.(D)	6.(C)	7.(B)	8.(A)	9.(B)	10.(D)
11.(B)	12.(D)	13.(B)	14.(A)	15.(C)	16.(C)	17.(B)	18.(A)	19.(A)	20.(C)
21.(B)	22.(C)	23.(C)	24.(A)	25.(A)	26.(B)	27.(C)	28.(A)	29.(C)	30.(D)
31.(A)	32.(C)	33.(D)	34.(C)	35.(C)	36.(B)	37.(C)	38.(C)	39.(A)	40.(D)
41.(C)	42.(B)	43.(D)	44.(C)	45.(A)	46.(C)	47.(D)	48.(B)	49.(A)	

頻率表 *151 ～ 200*

請您將認識的單字，
在 A 欄中作記號。

A B

☐☐ use

☐☐ value

☐☐ victim

☐☐ view

☐☐ absorb

☐☐ acquaint

☐☐ act

☐☐ addition

☐☐ adequate

☐☐ admit

☐☐ advise

☐☐ afford

☐☐ alarm

☐☐ ancient

☐☐ anticipate

☐☐ apart

☐☐ appreciate

☐☐ area

☐☐ arrival

☐☐ associate

☐☐ attempt

☐☐ attract

☐☐ author

☐☐ available

☐☐ average

A B

☐☐ barbarian

☐☐ beggar

☐☐ behavior

☐☐ beside

☐☐ blood

☐☐ breed

☐☐ burden

☐☐ century

☐☐ claim

☐☐ combine

☐☐ company

☐☐ concentration

☐☐ conduct

☐☐ conflict

☐☐ confuse

☐☐ constant

☐☐ content

☐☐ continuous

☐☐ contrast

☐☐ cow

☐☐ crowd

☐☐ curiosity

☐☐ curious

☐☐ debt

☐☐ decline

≪頻率順序 151～200≫

use〔juz〕
　　v. 使用；利用
　　〔jus〕*n.* 用法；使用

May I *use* your telephone?
It is of no *use*.
反 *disuse*

我能用你的電話嗎？
那東西沒用了。

value〔'væljʊ〕
　　n. 價值；重要性
　　vt. 估價；尊重

It is of great *value*.
I have always *valued* his advice.　同 *worth*; *quality*

這東西很貴重。
我向來尊重他的指教。

victim〔'vɪktɪm〕
　　n. 犧牲

He was the *victim* of disease.　同 *prey*; *sufferer*

他是罹病者。

view〔vju〕
　　n. 觀察；考察
　　vt. 觀察；看

It was our first *view* of the ocean.
The doctor was *viewing* the body.　同 *opinion*

這是我們第一次看海。
醫生在驗屍。

absorb〔əb'sɔrb〕
　　vt. 吸收；專注

He is *absorbed* in study.
同 *sponge*; *assimilate*

他專心讀書。

acquaint〔ə'kwent〕
　　vt. 熟識；告知

Let me *acquaint* you with the fact.　同 *inform*

讓我告訴你實情。

act〔ækt〕
　　n. 行爲；擧動
　　v. 扮演；行動

The thief was caught in the *act* of stealing.
He *acted* his part well.
同 *behave*; *perform*

小偷在行竊時被捕。
他表演稱職；他盡了職責。

addition〔ə'dɪʃən〕
　　n. 加；附加物

There is no room for *additions*.　反 *subtraction*

沒有增加的餘地。

adequate〔'ædəkwɪt〕
　　adj. 足夠的

Fifty dollars will be *ade-quate*.　同 *sufficient*

五十元就夠了。

admit〔əd'mɪt〕
　　v. 承認；容納

The theater *admits* only three hundred persons.
同 *consent*; *confess*

這戲院只容納三百人。

advise〔əd'vaɪz〕 *v.* 勸告；忠告	The doctor **advised** him not to drink excessively.	醫生勸他別酗酒。
afford 〔ə'ford;ə'fɔrd〕 *vt.* 能堪；力足以	I can't **afford** to pay such a high price. 回 *furnish*; *supply*	我出不起這樣高的價錢。
alarm〔ə'lɑrm〕 *n.* 驚慌；警報 *vt.* 使驚慌	There is no cause for **alarm**. The spread of cholera **alarmed** us. 回 *startle*	沒有理由驚慌。 霍亂流行使我們恐慌。
ancient〔'enʃənt〕 *adj.* 古代的；舊的	It is an **ancient** city. 回 *old*; *antique* 反 *modern*	這是一座古城。
anticipate 〔æn'tɪsə,pet〕 *vt.* 希望；預期	I **anticipate** great plea-sure from my visit. 回 *expect*; *await*	我期望旅行愉快。
apart〔ə'pɑrt〕 *adv.* 拆開 *adj.* 與眾不同的	He stood far **apart** from us. He is a man **apart**.	他站在離我們遠處。 他與眾不同。
appreciate 〔ə'priʃɪ,et〕 *v.* 重視；賞識	I **appreciate** our friend-ship. 回 *value*; *admire* 反 *depreciate*; *despise*	我重視我們的友誼。
area〔'ɛrɪə;'erɪə〕 *n.* 區域；地方	Very few people live in the desert **area**.	很少人住在沙漠區。
arrival〔ə'raɪvl̩〕 *n.* 到達	Let me know the time of your **arrival**. 反 *departure*	讓我知道你到達的時間。
associate 〔ə'soʃɪ,et〕 *v.* 結交；聯想 〔ə'soʃɪɪt〕 *n.* 同伴	Don't **associate** with dis-honest boys. He is my most intimate **associate**. 回 *combine*; *companion* 反 *disassociate*	別和不誠實的男孩來往。 他是我最親密的夥伴。

attempt〔ə'tɛmpt〕The prisoner **attempted** 犯人企圖逃走。
   vt. 嘗試；企圖　to escape.
   n. 努力嘗試　He made a brave **attempt** 他奮力救這孩子。
     to save the child.

attract〔ə'trækt〕He shouted to **attract** 他大聲呼叫以引人注意。
   v. 吸引　attention. 囻 *tempt*

author〔'ɔθɚ〕He is the **author** of the 他是這本書的著作人。
   n. 作家；著作人　book.
   vt. 著作　He **authored** a history of 他寫了一本內戰史。
     the Civil War. 囻 *reader*

available〔ə'veləbḷ〕The ticket is **available** 這票有效期為三個月。
   adj. 可用的；有效的　for three months.

average〔'ævərɪdʒ〕The **average** height of man 人的平均身高為五英尺。
   adj. 平均的；平常的　is five feet.
   vt. 平均　We **average** eight hours' 我們每天平均工作八小
     work a day. 囻 *usual*　時。

barbarian　The **barbarians** made an 蠻族攻擊白種移民。
   〔bɑr'bɛrɪən〕attack on the white set-
   n. 野蠻人　tlers. 囻 *cruel*; *savage*

beggar〔'bɛgɚ〕I never give anything to 我從不施捨與乞丐。
   n. 乞丐　a **beggar**.
   vt. 使貧窮　Your reckless spending 你的揮霍無度會使你父
     will **beggar** your father. 親貧窮。

behavior〔bɪ'hevjɚ〕His good **behavior** deserves 他的好品行值得稱讚。
   n. 行為；態度　praise. 囻 *conduct*; *action*

beside〔bɪ'saɪd〕Grass grows **beside** the 草長在溪邊。
   prep. 在旁　brook.
   adv. 傍；此外　He rode a bicycle, and I 他騎單車,我則在旁邊
     ran along **beside**. 跑。

blood〔blʌd〕
　　n. 血液
His face is covered with ***blood***.
他滿臉都是血。

breed〔brid〕
　　v. 生育；飼養
　　n. 種；族
The bear ***bred*** two cubs.
His horse is of the best ***breed***. 回 *raise; cultivate*
這熊生了兩隻小熊。
他的馬是最好的種。

burden〔'bɜˑdn̩〕
　　n. 負擔
　　vt. 使負擔
A camel can carry a heavy ***burden***.
He is ***burdened*** with a heavy debt. 回 *load; task*
駱駝能負重載。
他負債很重。

century〔'sɛntʃərɪ〕
　　n. 一世紀
It is the latter part of twentieth ***century***.
現在是二十世紀末葉。

claim〔klem〕
　　v. 要求;請求;聲言
　　n. 要求
He ***claimed*** that he was right.
He makes a ***claim*** for damages. 回 *demand*
他聲言他是對的。
他要求賠償損害。

combine〔kəm'baɪn〕
　　v. 聯合；結合
Oil and water do not easily ***combine***. 回 *unite*
油和水不易混合。

company〔'kʌmpənɪ〕
　　n. 一群人;公司
　　vt. 伴隨
Among the ***company*** was an old man.
May fair winds ***company*** your safe return.
這群人中有一老者。
願和風伴你平安歸來。

concentration
　〔,kɑnsn̩'treʃən〕
　　n. 集中
He reads with deep ***concentration***.
反 *distraction*
他專心讀書。

conduct〔'kɑndʌkt〕
　　n. 行為；處理
　〔kən'dʌkt〕
　　v. 行為；指導
He got a prize for good ***conduct***.
She always ***conducts*** herself like a lady.
回 *behavior; action*
他得到品行優良獎。
她舉止經常似淑女。

conflict 〔kən'flɪkt〕 His point of view *conflicts* 他的觀點與我的衝突。
　vi. 爭鬥；衝突　　with mine.
　〔'kɑnflɪkt〕　　come into *conflict* (with) 與…爭鬥；衝突
　n. 爭鬥；衝突　　同 *struggle*; *fight*

confuse 〔kən'fjuz〕 Don't *confuse* liberty with 別把自由與放縱混為一
　vt. 使混亂　　license. 同 *complicate* 談。

constant 〔'kɑnstənt〕I keep the speed of my 我保持車速不變。
　adj. 時常的；一定的　car *constant*.

content 〔kən'tɛnt〕 Nothing can *content* her. 沒什麼能使她滿足。
　vt. 使滿足　　He is *content* with very 他易於滿足。
　adj. 滿足的　　little. 反 *discontent*

continuous The *continuous* flow of 溪水不斷之處形成峽谷。
　〔kən'tɪnjʊəs〕 the brook formed a
　adj. 連續的　　ravine.

contrast 〔'kɑntræst〕The *contrast* between the 這兩兄弟的差異很明顯。
　n. 差別；對照物　two brothers is remark-
　〔kən'træst〕　　able.
　v. 對比　　*Contrast* birds with fishes. 將鳥和魚對比。

cow 〔kaʊ〕　　Bring home the *cows*. 將牛帶回家。
　n. 母牛　　He *cowed* them with his 他用嚴厲的眼光嚇他們。
　vt. 恐嚇　　hard eyes. 反 *bull*

crowd 〔kraʊd〕 The *crowd* cheered him. 群眾向他歡呼。
　n. 群眾　　They *crowded* into a small 他們擠進一小房間裏。
　v. 聚集；擠滿　room. 同 *group*; *mass*

curiosity I bought it out of *curi*- 我因好奇而買了它。
　〔,kjʊrɪ'ɑsətɪ〕 *osity*.
　n. 好奇心　　反 *unconcern*; *incuriosity*

curious 〔'kjʊrɪəs〕 He is a *curious* student. 他是個好學的學生。
　adj. 求知的；奇怪的 同 *strange*; *odd*

debt〔dɛt〕　　　　He is deeply in ***debt***.　　他債臺高築。

　n. 債務　　　　　回 *obligation*

decline〔dɪˈklaɪn〕　He ***declined*** the invitation 他辭謝邀請。

　vt. 拒絕　　　　with thanks.　回 *refuse*

心得筆記欄

聯考試題演練

1. How much coal did we_____ last winter ? (101~109學測, 101~109指考,
   (A) urn　　　　 (B) use　　　　 (C) fuse　　　　 (D) unuse　　　 109指考補)

2. This book will be of great_____ to students of history. (79日大,
   (A) valuable　　　　　 (B) valuation　 100、102~104、106、108、109學測, 101、
   (C) value　　　　　　 (D) valued　　 103、105、107、108指考, 109指考補)

3. The one-legged man was a_____ of the war. (69、90日大, 71、72夜大,
   (A) victim　　　　　 (B) vice　　 90、93、94、105學測, 91、93~95、98、100指考)
   (C) victor　　　　　 (D) view

4. It was our first_____ of the ocean. (102、105、106、108、109學測, 103、
   (A) review　　 (B) viewable　　 (C) seeing　　 (D) view　 106、108、109指考)

5. Cotton_____ water. (66、69、73日大, 81、82夜大, 99、100、107學測, 95、99、106指考,
   (A) abstains　　 (B) absorbs　　 (C) abuses　　 (D) accepts　 109指考補)

6. I am not_____ with lady. (67、84日大, 68、72夜大, 95學測)
   (A) accused　　 (B) acquitted　　 (C) acquainted　　 (D) acquired

7. The time for talking is past; we must_____ at once. (85、86、
   (A) actuate　　　　　 (B) act　　 89日大, 90、92、98、100、101、108學測, 92、
   (C) accost　　　　　　 (D) acclaim　 94、102、103、108、109指考, 109指考補)

8. They've just had an_____ to the family. (107~109學測, 108、109指考,
   (A) addition　　 (B) address　　 (C) admission　　 (D) admiration 109指考補)

9. 10 dollars a week is not_____ to support a family. (68、87日大, 68、
   (A) admiral　　　　　 (B) adamant　　 71夜大, 107、109學測)
   (C) adhesive　　　　 (D) adequate

10. Only one hundred boys are_____ to the school each year.
    (A) adorned　　　　　 (B) admirable　　 (70、81日大, 82夜大, 90、101、
    (C) admitted　　　　　 (D) adjective　 104學測, 93、94、107指考, 93指考補)

11. Please_____ me whether I should accept the offer. (92、96、103、
    (A) admonish　　　　　 (B) advise　　 104、106、108學測, 93、104、107指考)

(C) address　　　　　　　　(D) adapt

12. It will ＿＿＿＿＿ me great pleasure to have dinner with you.
(A) affirm　　　　　　(B) afford　　　　　　(76、87、90日大, 70、72夜大, 95、
(C) affect　　　　　　(D) affiance　　　　　96、103學測, 93~95、103、107指考)

13. The noise of the shot ＿＿＿＿ hundreds of birds.　(90、97、106學測,
(A) alarmed　　(B) alighted　　(C) rearmed　　(D) alas　99、105、109指考)

14. What he wished to have was an ＿＿＿＿ coin. (107~109學測, 107、109指考,
(A) ancestor　　(B) anchor　　(C) antartic　　(D) ancient　109指考補)

15. A good general tries to ＿＿＿＿ the enemy's movements.
(A) animate　　　　　　(B) adore　　　　　(66日大, 70、72夜大, 95指考)
(C) anticipate　　　　　(D) antagonize

16. His far-sightedness sets him ＿＿＿＿ from most of his contemporaries.　(67、69、70夜大, 93、101、102、107學測, 92、97、98、105、108指考)
(A) apart　　　　(B) afloat　　　　(C) aloft　　　　(D) aloof

17. You can't ＿＿＿＿ English poetry unless you understand its rhythm.　(72、79、83~88日大, 93、95、106學測, 91、92、95、100、103指考, 93指考補)
(A) apply　　(B) appreciate　　(C) appoint　　(D) ascribe

18. If a room measures 3 × 5 metres, its ＿＿＿＿ is 15 square meters.　(90、92~98、100、102~105、107、109學測, 93~95、97、99、100、101、103~109指考,
(A) areca　　　(B) arena　　　(C) area　　　(D) ardour　93、109指考補)

19. There are several new ＿＿＿＿ at the hotel. (70、75夜大, 95學測, 108指考,
(A) arrangement (B) arrivals　　(C) artery　　(D) arrears　93、109指考補)

20. I don't wish to ＿＿＿＿ myself with what has been said. (74、89日大,
(A) assume　　　　　　(B) associate　95、97、104、105、108、109學測, 91、94、
(C) accuse　　　　　　(D) assign　95、101、102、104指考, 93、109指考補)

21. The prisoner ＿＿＿＿ to escape but failed.　(106、109學測, 104、108指考,
(A) attempted　(B) attended　　(C) attained　　(D) attached　109指考補)

22. This picture ＿＿＿＿ a large audience.(100、102、103、106、108、109學測, 97~
(A) attrite　　(B) contract　　(C) protracts　　(D) attracts　103、105指考)

23. He _____ a history of the Civil War. (104、106~109學測, 101、102、104、105、
   (A) authored   (B) labored   (C) harbor   (D) ahbor   106、108、109指考)

24. The season ticket is _____ for three months. (71、72、89日大, 79夜大,
   (A) movable   (B) enfeeble   93、94、96、97、99、102、106學測,
   (C) available   (D) credible   92、94、96~98、103、105、107指考)

25. The _____ age of the boys in this class is twelve. (85日大, 95、98、
   (A) damage   (B) village   100、102、104學測, 92、93、95、97~
   (C) image   (D) average   99、102、103、107指考, 109指考補)

26. The Roman Empire was conquered by a _____ people.
   (A) banquet   (B) baptism   (68、71日大, 69夜大)
   (C) barbarian   (D) barbecue

27. _____ must not be choosers.   (68、70、71日大)
   (A) Beginners   (B) Beggars   (C) Employers   (D) Buyers

28. His _____ towards me is shameful.   (99、100、104、106、108學測, 98~100、
   (A) behavior   (B) confessor   (C) behave   (D) warrior   103~105指考)

29. _____ lending books, libraries offer various other services.
   (A) Besiege   (B) Beside   (67、82、85~87日大, 68、69、78夜大,
   (C) Beseech   (D) Beset   93、99、101、109學測, 91、92、103指考)

30. When he heard the news, his _____ boiled. (95、102、104、105學測, 102、
   (A) breed   (B) bloom   (C) blood   (D) blossom   103、109指考)

31. It is a natural habit for all animals to _____.   (96、103、107學測,
   (A) breech   (B) breed   (C) brew   (D) breeze   107、109指考)

32. We _____ him with many packages. (68、75日大, 70夜大, 96指考, 93指考補)
   (A) waxed   (B) stiffened   (C) deafened   (D) burdened

33. The church is several _____ old.   (72、85、87、89、90日大, 90、93~95、
   (A) centuries   (B) ceremonies   99、101、102、104~109學測, 92~95、
   (C) certain   (D) censures   97、100、103~109指考)

34. He has no _____ to the property.
   (85日大, 92、97、99、102、107、109學測, 92、95、98、100、101、104指考)

(A) claim　　　(B) civilization　(C) cite　　　　(D) circulation

35. _____blue paint and yellow paint. (92、95、106、109學測, 93、96~98、101、
　　(A) Confine　　(B) Decline　　(C) Combine　　(D) Recline　　102、108指考)

36. A man is known by the _____he keeps. (103~109學測, 102~105、108指考,
　　(A) destiny　　(B) tyranny　　(C) thorny　　(D) company　　109指考補)

37. On _____of sea water we obtain salt.　　(69、76日大, 74夜大, 95學測,
　　(A) interaction　　　　　(B) distraction　　　　91、107、108指考)
　　(C) attraction　　　　　(D) concentration

38. The curator_____ the visitors round the museum. (80、88日大,
　　(A) conduced　　　　　(B) conducted　　95、100、102、105、107學測, 92、99~
　　(B) condoled　　　　　(D) condemned　　104、107指考, 93、109指考補)

39. His point of view _____with mine. (92、94~96、101、105學測, 95~97、99、
　　(A) confiscates (B) contains　　(C) conflicts　　(D) confides　101、107指考)

40. So many people talking to me at once _____me. (92、93、99、100學測,
　　(A) confused　　(B) cleansed　　(C) condensed　　(D) cruise　　95指考)

41. Three days of_____rain soaked everything.　　(67、68、79、82、89日大,
　　(A) constituent　　　　(B) constant　　　66夜大, 82台大夜, 90、95、102、
　　(C) constructive　　　　(D) consume　　104、108、109學測, 94、102、105指考)

42. A _____person is happy with what he has.　　(71、74、88日大, 67夜大,
　　(A) contingent　　　　　(B) continent　　　90、99、100、103、107、
　　(C) contemptible　　　　(D) contented　　109學測, 103、104指考)

43. The _____flow of the brook formed a ravine.　(67日大, 66、67夜大,
　　(A) nervous　　　　　　(B) continuous　　　101、106學測, 93、94指考)
　　(C) virtuous　　　　　　(D) strenuous

44. Black hair is a sharp _____to white skin. (104、106、108學測, 103、104、
　　(A) contrast　　(B) feast　　(C) forecast　　(D) telecast 107、108指考)

45. The grass milked the _____.　　(66、73、90日大, 71夜大, 96、98學測)
　　(A) coward　　(B) cradle　　(C) craft　　　(D) cow

46. Many past memories _____ in upon his mind. (107學測, 100、102、105、
(A) shrewd   (B) crowd   (C) proud   (D) fraud   107、109指考)

47. I bought it out of _____ .   (66、73日大, 72、76、82夜大, 103、106指考,
(A) enmity   (B) infirmity   (C) sanity   (D) curiosity   109指考補)

48. The old woman is too _____ about other people's business.
(A) narmonious   (B) various   (69、77日大, 69、70、82夜大,
(C) cautious   (D) curious   101、105、109學測, 106指考)

49. He is deeply in _____ .   (69、73、75夜大)
(A) pat   (B) squat   (C) debt   (D) throat

50. The well-known man of letters strongly _____ to receive a
Ph. D.   (69、73、75、85、86日大, 76夜大, 95、99、105學測, 99、100指考, 93指考補)
(A) declared   (B) decrepited   (C) declined   (D) deducted

【解答】

1.(B)	2.(C)	3.(A)	4.(D)	5.(B)	6.(C)	7.(B)	8.(A)	9.(D)	10.(C)
11.(B)	12.(B)	13.(A)	14.(D)	15.(C)	16.(A)	17.(B)	18.(C)	19.(B)	20.(B)
21.(A)	22.(D)	23.(A)	24.(C)	25.(D)	26.(C)	27.(B)	28.(A)	29.(B)	30.(C)
31.(B)	32.(D)	33.(A)	34.(A)	35.(C)	36.(D)	37.(D)	38.(B)	39.(C)	40.(A)
41.(B)	42.(D)	43.(B)	44.(A)	45.(D)	46.(B)	47.(D)	48.(D)	49.(C)	50.(C)

| 頻率表 *201 ～ 250* | 請您將認識的單字，
在 A 欄中作記號。 |

A B

- □□ deem
- □□ criminal
- □□ delay
- □□ departure
- □□ desert
- □□ despair
- □□ diplomat
- □□ disappoint
- □□ discipline
- □□ dismiss
- □□ disturb
- □□ doubt
- □□ duty
- □□ earn
- □□ efficiency
- □□ encourage
- □□ enthusiastic
- □□ error
- □□ event
- □□ excellent
- □□ except
- □□ excited
- □□ exist
- □□ expensive
- □□ factory

A B

- □□ faith
- □□ false
- □□ fashion
- □□ figure
- □□ financial
- □□ finish
- □□ firm
- □□ function
- □□ genuine
- □□ gradual
- □□ grow
- □□ hardly
- □□ heavy
- □□ impose
- □□ individual
- □□ instruction
- □□ intend
- □□ irrigation
- □□ knowledge
- □□ litter
- □□ mean
- □□ measure
- □□ metal
- □□ method
- □□ move

《 頻率順序 201 ～ 250 》

deem〔dim〕 He *deemed* it his duty to 他認為助人是他責任。
vt. 認為 help. 回 *think* ; *consider*

criminal〔'krɪmənl〕 The *criminal* was sen- 這罪犯被判終身監禁。
n. 罪犯 tenced to life imprison-
adj. 犯法的 ment. 反 *civil*

delay〔dɪ'le〕 We will *delay* the party 我們要把會期延後一週。
vt. 延期;阻滯 for a week.
n. 延遲 回 *detain* ; *postpone*

departure〔dɪ'pɑrtʃɚ〕His *departure* was unex- 他的離去出人意外。
n. 離去;改變 pected.

desert〔'dɛzɚt〕 The town was a cultural 那城鎮是文化沙漠。
*n.*沙漠 *adj.*沙漠的 *desert*.
〔dɪ'zɝt〕*vt.*放棄 He *deserted* his wife. 他遺棄他的妻子。

despair〔dɪ'spɛr〕 He gave up the attempt 他失望地放棄嘗試。
n. 失望 in *despair*.

diplomat〔'dɪplə,mæt〕The modern *diplomat* 現代外交家應視自己為
n. 外交官 should look upon himself 在各方面促進合作和瞭
as a liaison officer who 解的連絡官員。
promotes cooperation and
understanding on all sides.

disappoint His conduct *disappoints* 他的行為使我們失望。
〔,dɪsə'pɔɪnt〕 us.
vt. 使失望 回 *dissatisfy* ; *displease*

discipline〔'dɪsəplɪn〕The soldiers showed per- 在敵人的砲火下,那些
*n.*教訓;訓練 fect *discipline* under the 士兵表現了良好的紀律。
vt. 懲罰;訓練 fire of the enemy.

dismiss〔dɪs'mɪs〕 The teacher *dismissed* his 鈴聲響,老師即下課。
vt. 解散;開除 class when the bell rang.

disturb〔dɪ'stɝb〕 I am sorry to **disturb** you. 我很抱歉妨礙你的工作。
　　vt.擾亂；妨礙

doubt〔daʊt〕 Do you **doubt** his words？ 你懷疑他所說的話嗎？
　　vt.懷疑 　　同 *suspect*；*mistrust*
　　n.疑慮 　　反 *trust*；*believe*

duty〔'djutɪ〕 His sense of **duty** is very 他的責任感非常強。
　　n.義務；稅 strong.

earn〔ɝn〕 How much does he **earn**？ 他賺多少錢？
　　vt.賺；獲得 　　同 *get*；*gain*

efficiency *n*.效率 Friction lowers the **effi-** 磨擦減低機器的效率。
　　〔ə'fɪʃənsɪ〕 **ciency** of a machine.

encourage〔ɪn'kɝɪdʒ〕He **encourages** me to 他鼓勵我更加努力工作。
　　vt.鼓勵 work harder.

enthusiastic He is an **enthusiastic** base- 他是狂熱的棒球迷。
　　〔ɪn,θjuzɪ'æstɪk〕 ball fan.
　　adj.熱心的;狂熱的 同 *eager*

error〔'ɛrɚ〕 This letter is full of 這封信充滿了拼字錯
　　n.錯誤 spelling **errors**. 誤。

event〔ɪ'vɛnt〕 It was quite an **event**. 那確是件大事。
　　n.事件；結果 　　同 *happening*；*incident*

excellent〔'ɛkslənt〕His English is **excellent**. 他的英文好極了。
　　adj.最優的

except〔ɪk'sɛpt〕 We all went **except** Tom. 除了湯姆之外，我們都
　　prep. 除…之外 　　同 *besides*；*save* 去了。

excited〔ɪk'saɪtɪd〕An **excited** crowd awaited 興奮的群眾等著政治家
　　adj.興奮的 the arrival of the states- 的蒞臨。
　　 man. 反 *unexcited*

exist〔ɪg'zɪst〕 Do you believe that God 你相信上帝存在嗎？
　　vi.存在；發生 **exists**？同 *live*

expensive
〔ɪk'spɛnsɪv〕
adj. 昂貴的

The car is too **expensive** for me to buy.
同 costly ; dear

這車子太貴了，我買不起。

factory〔'fæktrɪ〕
n. 工廠

He works in a glass **factory**. 同 plant ; works

他在玻璃工廠做事。

faith〔feθ〕
n. 信仰；忠誠

I haven't much **faith** in this medicine. 反 doubt

我對此藥沒多大信心。

false〔fɔls〕
adj. 錯的

It's a **false** idea.
同 incorrect ; wrong

這是錯誤的觀念。

fashion〔'fæʃən〕
n. 方式；風尚

Short skirts were the **fashion** in 1919.

短裙是1919年流行的式樣。

figure〔'fɪgɚ〕
n. 數字；形式

Are you good at **figures**? 你是否擅長計算？
同 symbol ; number

financial
〔fə'nænʃəl〕
adj. 財政的

New York is a **financial** center.

紐約是金融中心。

finish〔'fɪnɪʃ〕
vt. 完成

He didn't **finish** it in time. 反 begin ; start

他沒有及時把它完成。

firm〔fɝm〕
adj. 堅定的
vt. 使堅固

He gave me a **firm** glance. 同 solid ; fixed
反 loose ; weak

他堅定地望了我一眼。

function〔'fʌŋkʃən〕
n. 作用

The **function** of the eye is to see. 同 work ; act

眼的功能是看。

genuine〔'dʒɛnjuɪn〕
adj. 眞正的

It's a **genuine** picture by Rubens. 同 real ; pure

這是魯賓斯畫的眞蹟。

gradual〔'grædʒuəl〕
adj. 逐漸的

His English made **gradual** progress.

他的英文逐漸進步了。

grow〔gro〕
vi. 生長；變成

How quickly she is **growing**!她長得多麼快啊！
同 become ; develop

hardly〔'hɑrdlɪ〕　I could **hardly** understand　我很難了解他。
　　adv. 幾乎不　　him. 同 *barely*

heavy〔'hɛvɪ〕　It's too **heavy** for me to 它太重了，我舉不起來。
　　adj. 重的；沉悶的　lift. 同 *bulky*；*fat*

impose〔ɪm'poz〕　New taxes were **imposed** 酒類加徵新稅。
　　vt. 課（稅）；強使　on wines and spirits.

individual　　We use **individual** towels. 我們各用各的毛巾。
　　〔,ɪndə'vɪdʒʊəl〕同 *single*；*separate*
　　n. 個體 *adj*. 個別的反 *whole*；*entire*

instruction　　His **instruction** is given 他以英文教學。
　　〔ɪn'strʌkʃən〕 in English.
　　n. 教授；教育

intend〔ɪn'tɛnd〕　Is that what you **intended**? 那就是你的原意嗎？
　　vt. 意欲；計畫　同 *plan*；*propose*

irrigation　　This farm needs an **irri-** 這場農田需要一條灌溉
　　〔,ɪrə'geʃən〕 **gation** canal.　溝渠。
　　n. 灌溉

knowledge〔'nɑlɪdʒ〕**Knowledge** is power.　知識就是力量。
　　n. 知識　　反 *ignorance*

litter〔'lɪtɚ〕　Pick up your **litter**.　把垃圾撿起來。
　　n. 垃圾；雜亂　同 *rubbish*；*trash*

mean〔min〕　What does this word **mean**? 這一字做何解釋？
　　vt. 意謂；計劃　同 *signify*；*intend*
　　adj. 低劣的　反 *proud*；*noble*
　　n.（*pl*.）方法；財富

measure〔'mɛʒɚ〕　Can he **measure** accurate- 他能量得準確嗎？
　　v. 測量　　ly? 同 *estimate*
　　n. 尺寸；限度

metal〔'mɛtḷ〕   Iron, silver and copper   金、銀、銅都是金屬。
  *n.*金屬   are *metal s*. 反 *wood*

method〔'mɛθəd〕   He adopted the same   他採用同一方法。
  *n.*方法；計劃   *method*. 同 *way* ; *plan*

move〔muv〕   Time *moves* on.   時間不斷地消逝。
  *v.*移動；感動   同 *change* ; *affect*
  *n.*一著棋；步驟   反 *stop*

聯考試題演練

1. I_____ it an honor to serve you.　(68、72、83日大, 69、78夜大, 95指考)

   (A) deem　　　(B) deed　　　(C) deep　　　(D) deduct

2. He has no_____ record.(67、68、81、82日大, 67、84夜大, 91、105學測, 106、109指考)

   (A) credible　　(B) criminal　　(C) critic　　　(D) crooked

3. The bus was_____ for an hour. (80、88日大, 71、72夜大, 92、97、104、109學測,

   (A) delayed　　(B) decayed　　(C) delight　　(D) decreased　　92指考)

4. There are notices showing arrivals and _____s of trains near

   the booking-office.　　　　(71、86、88日大, 67夜大, 82台大夜, 104學測)

   (A) dependence (B) deponent　　(C) departure　(D) department

5. The village had been hurriedly_____, because bandits were

   in the district.(68、80、86~88日大, 71、72夜大, 93、94、105學測, 91、95、102、105指考)

   (A) desired　　(B) despaired　(C) despatched (D) deserted

6. She killed herself in _____.　　　　(72日大, 69、71、76夜大, 95指考)

   (A) despair　　(B) discount　　(C) discipline (D) discovery

7. He was unable to be a _____.　　　　　　　　(66、67、73日大)

   (A) digestion　(B) direction　(C) diplomat　(D) discourse

8. The movie _____ me. (81、86、87日大, 94、96、100學測, 92、95、100指考, 109指考補)

   (A) discerned　(B) disposed　　(C) deserted　(D) disappointed

9. It is not easy for boys to enforce_____.　　(68、73日大, 71、77夜大,

   (A) division　　　　　(B) diversion　　108學測, 99、104指考)

   (C) distribution　　　(D) discipline

10. The school was_____ at noon. (75、82日大, 102、103學測, 91、95、97、106指考,

    (A) divided　　(B) divorced　　(C) dismissed　(D) dozed　　93、109指考補)

11. He put his oars in the water and _____the smooth surface

    of the lake.　(78、87、90日大, 90、94、95、104、107、108學測, 94、96、106、107指考)

    (A) disturbed　(B) distrusted　(C) distracted　(D) distressed

12. The policeman _____ the truth of her confession.
　　(A) double 　　　　　　(B) doubted 　　　(79、86、87、89日大, 71、84夜大, 90、106、
　　(C) dodged 　　　　　　(D) divagated 　　　107、109學測, 92、95指考, 93指考補)

13. You should do your _____ to your parents. (84日大, 70夜大, 92、99學測,
　　(A) dull 　　　　(B) duty 　　　(C) discussion 　(D) destruction 　91指考)

14. His achievements _____ him respect and admiration.
　　(A) educate 　　　　　　(B) efface 　　　(70、80日大, 69、73夜大, 90、93、
　　(C) edify 　　　　　　　(D) earned 　　　95、97、101學測, 106、108指考)

15. Friction lowers the _____ of a machine. 　(71、89日大, 72夜大, 94、106、
　　(A) effacement (B) effeminacy (C) efficiency 　(D) effrontery 　107學測)

16. Tom's success _____ Paul in his studies. 　(82、83、87、88日大, 94、105、
　　(A) encourages 　　　　(B) encroaches 　　107、109學測, 91、92、95、96、98、
　　(C) endorsed 　　　　　(D) enfranchised 　100、105、109指考, 93指考補)

17. Mr. Wang is an _____ baseball fan. 　(87、90日大, 95學測, 91、93、94指考)
　　(A) essential 　　(B) erect 　　　(C) epidemic 　(D) enthusiastic

18. The student repeatedly made an _____. (66日大, 66、72夜大, 95、100學測,
　　(A) employment 　　　　(B) entertainment 　95、106指考, 93指考補)
　　(C) error 　　　　　　　(D) environment

19. Such an _____ will never happen again! (108學測, 108、109指考, 109指考補)
　　(A) enemy 　　(B) event 　　　(C) energy 　　(D) extraordinary

20. He is an _____ swimmer. 　(95、96、103、107、109學測, 91、95、97、102、104指考,
　　(A) excursion 　　(B) excellent 　(C) executive 　(D) experiment 109指考補)

21. The society has long _____ the handicapped in various fields.
　　(A) excepted 　　　　　(B) exchanged 　(85、87、89日大, 82、83夜大, 94、95、101、
　　(C) explored 　　　　　(D) extremed 　106、107學測, 91、94、95、99、102指考)

22. The audience was _____ about the interesting game. 　(75、77夜大,
　　(A) excavated 　　　　　(B) exaggerated 　92、100、106學測, 100、108指考)
　　(C) excogitated 　　　　(D) excited

23. No living thing can _____ without water. (90學測, 95、100、102、107指考,
(A) extradite   (B) exist   (C) extrude   (D) exult   109指考補)

24. He has a very_____ watch. (75、77~79、83、86、88日大, 72、80夜大, 94、96、99、
(A) expensive   (B) experimental   101、102、104、106、107學測,
(C) expansive   (D) expedient   93、100、107指考, 93指考補)

25. In the_____, a lot of laborers are working.   (94、104、108學測,
(A) faculty   (B) fabric   (C) factory   (D) facility   95指考)

26. Husband and wife must have a confident _____ in each other.
(A) falsies   (B) falsetto   (71、87日大, 92、103學測, 104、107指考)
(C) faith   (D) fallible

27. The witness made a _____ statement.   (80、87日大, 90、93、108學測,
(A) facsimile   (B) fascinate   (C) fashionable   (D) false   109指考補)

28. That lady is always dressed in the latest _____ .   (80、87日大, 90、
(A) favorite   (B) federal   92、95、96、99、101~103、106、108學測,
(C) fashion   (D) feasible   94、95、97、98、106、108指考)

29. Please write in Arabic _____ .   (101、104、108學測, 100~102、104、105指考,
(A) figment   (B) figures   (C) financial   (D) finality   109指考補)

30. His _____ affairs are in bad condition. (104、105、109學測, 105、108指考,
(A) fimbriate   (B) fingent   (C) flagellate   (D) financial   109指考補)

31. Have you _____ your homework ?   (97~99、102、105學測, 102、105、106指考,
(A) fingered   (B) fluent   (C) finished   (D) flourished   93指考補)

32. I have a _____ belief in his honesty.   (98、103、105學測, 100、102、106、
(A) firm   (B) festival   (C) fertile   (D) feminine   108、109指考)

33. Iron has an important _____ in modern life.   (77、81、85、87、89日大,
(A) fungus   (B) funeral   95、97、100、102、104~108學測, 91、96、
(C) fundamental   (D) function   97、100、104、106~108指考, 109指考補)

34. This is a _____ picture by Renoir.   (69、71日大, 70夜大, 104、105指考)
(A) genius   (B) genetic   (C) generous   (D) genuine

35. His English made_____progress. (70、87日大, 70夜大, 90學測, 93、107指考,
　　(A) groggy　　(B) gradual　　(C) grotesgue　(D) grubby　　93指考補)

36. She has_____in stature but not in wisdom. (104、106、109學測,
　　(A) guttawed　(B) guarded　(C) grown　(D) guttered　109指考補)

37. She was so frightened that she could_____say a word.
　　(A) hardly　　　　(B) hard　(68、84~86、89、90日大, 69、70、81夜大, 92、95、
　　(C) haughty　　　(D) heinous　96、100~102學測, 91、92指考, 93指考補)

38. He carried a_____suitcase in his hand.(108、109學測, 105、107~109指考,
　　(A) heaven　　(B) heavy　　(C) hectic　　(D) hedge　109指考補)

39. They_____a fine on him. (68、71、83、87日大, 75夜大, 95、104、106學測,
　　(A) imposed　(B) improved　(C) impulsed　(D) indulged　105指考)

40. Every_____has a right to vote. (67、68、80日大, 71、80夜大, 82台大夜,
　　(A) individual　　　　(B) inferiority　100、101、105~108學測, 93~95、97、
　　(C) infamous　　　　(D) indignant　100、102、105指考, 93、109指考補)

41. Mr. White gives us_____in English every Sunday. (71、72、75、86、
　　(A) innocence　　　　(B) instrument　87日大, 82夜大, 95、97、104學測,
　　(C) institution　　　　(D) instruction　93、96、105、109指考)

42. I_____to buy the new car. (67、71、72、86、90日大, 80夜大, 93、98、101學測,
　　(A) interfered　　　　(B) interpreted　96、109指考, 109指考補)
　　(C) intended　　　　(D) interrupted

43. He has a good_____of science. (104、106、108、109學測, 107、108指考,
　　(A) knickers　(B) knowledge　(C) knight　　(D) nourish　109指考補)

44. The children_____the garden with cans and bottles. (68、72日大,
　　(A) lettered　　　　(B) located　69夜大, 97、98、102學測)
　　(C) loosed　　　　(D) littered

45. Your cooperation_____a great deal to me.(100~109學測, 97~109指考,
　　(A) maze　(B) mattress　(C) menaced　(D)means　109指考補)

46. The government took strong_____to keep prices down.

(A) memorials　　　　　(B) measures　　(93、96、97、100、102、106～108學測, 93、
(C) melodies　　　　　(D) melons　　　95、98、100、101、106、109指考, 93指考補)

47. Iron, silver and copper are _____.　(105學測, 96、104、108指考, 109指考補)
(A) metals　　(B) mimics　　(C) miniatures　(D) ministers

48. You should work with _____.　(102、103、105、107、109學測, 101、104、107指考,
(A) monument　(B) method　(C) monster　(D) monarch　　109指考補)

49. The sad story _____ her to tears.　(98～101、104～107、109學測, 97、99、
(A) moved　　(B) achieved　(C) stave　　(D) believed　　101～103指考)

【解答】

1.(A)	2.(B)	3.(A)	4.(C)	5.(D)	6.(A)	7.(C)	8.(D)	9.(D)	10.(C)
11.(A)	12.(B)	13.(B)	14.(D)	15.(C)	16.(A)	17.(D)	18.(C)	19.(B)	20.(B)
21.(A)	22.(D)	23.(B)	24.(A)	25.(C)	26.(C)	27.(D)	28.(C)	29.(B)	30.(D)
31.(C)	32.(A)	33.(D)	34.(D)	35.(B)	36.(C)	37.(A)	38.(B)	39.(A)	40.(A)
41.(D)	42.(C)	43.(B)	44.(D)	45.(D)	46.(B)	47.(A)	48.(B)	49.(A)	

頻率表 *251 ~ 300*

請您將認識的單字，
在A欄中作記號。

A B

- ☐☐ mysterious
- ☐☐ nature
- ☐☐ nod
- ☐☐ nonsense
- ☐☐ normal
- ☐☐ nuclear
- ☐☐ obey
- ☐☐ object
- ☐☐ opinion
- ☐☐ organ
- ☐☐ passage
- ☐☐ pattern
- ☐☐ persuade
- ☐☐ poetry
- ☐☐ prefer
- ☐☐ prepare
- ☐☐ pressure
- ☐☐ price
- ☐☐ process
- ☐☐ prompt
- ☐☐ prove
- ☐☐ reason
- ☐☐ regular
- ☐☐ reject
- ☐☐ religion

A B

- ☐☐ remember
- ☐☐ remind
- ☐☐ remove
- ☐☐ report
- ☐☐ respect
- ☐☐ restrict
- ☐☐ retain
- ☐☐ rough
- ☐☐ routine
- ☐☐ sacrifice
- ☐☐ scene
- ☐☐ schedule
- ☐☐ separate
- ☐☐ serve
- ☐☐ significant
- ☐☐ solve
- ☐☐ space
- ☐☐ spend
- ☐☐ spirit
- ☐☐ strict
- ☐☐ strive
- ☐☐ stubborn
- ☐☐ subject
- ☐☐ successful
- ☐☐ supply

≪頻率順序 251 ～ 300 ≫

mysterious
〔mɪsˈtɪrɪəs〕
adj.神秘的

I saw a *mysterious* object in the sky.
圓 *secret；mystical*

我看見一個神秘的物體在天空。

nature〔ˈnetʃə〕
n.自然；天性

Is *nature* at its best in spring?

自然界在春天最美好嗎？

nod〔nɑd〕
vi.點頭；打盹
n.點頭

He *nodded* to me as he passed.
圓 *bow*

他走過時向我點頭。

nonsense〔ˈnɑnsɛns〕
n.無意義

It's all *nonsense*.
圓 *foolishness；folly*

這全是胡說。

normal〔ˈnɔrml〕
adj.正常的

The *normal* temperature of the human body is 98.6 degrees. 圓 *usual；average*

人類正常體溫是 98.6度。

nuclear〔ˈnjuklɪə〕
adj.核的；核子的

The *nuclear* war will be very terrible.

核子戰爭非常可怕。

obey〔əˈbe；oˈbe〕
v.服從

Soldiers have to *obey* orders. 圓 *submit；comply*

軍人須服從命令。

object〔ˈɑbdʒɪkt〕
n.物體；對象
〔əbˈdʒɛkt〕
v.反對

Tell me the names of *objects* in this room.
I *object* to the proposal.
圓 *article*

告訴我這房裡各件東西的名稱。
我反對這提議。

opinion〔əˈpɪnjən〕
n.意見

They are divided in *opi-nion*. 圓 *attitude；conception*

他們的意見分歧。

organ〔ˈɔrgən〕
n.器官;風琴;機關

He played a beautiful tune on the *organ*.

他用風琴彈了一首美妙的曲子。

passage〔ˈpæsɪdʒ〕
n.走廊；經過

The guard refused us *passage*. 圓 *hallway；lane*

守衛不許我們通過。

pattern〔'pætən〕 He is a **pattern** of all 他是所有美德的模範。
　　n. 圖案；模範　　the virtues. 同 *design*

persuade〔pə'swed〕He **persuaded** me to go. 他勸我去。
　　vt. 說服　　同 *convince* ; *convict*

poetry〔'po‧ɪtrɪ〕 There is **poetry** in his 他的畫中有詩。
　　n. 詩　　painting. 反 *prose*

prefer〔prɪ'fɝ〕 I **prefer** coffee to tea. 我喜歡咖啡而不喜歡茶。
　　vt. 較喜歡　　同 *favor* ; *desire*

prepare〔prɪ'pɛr〕 He is **preparing** his 他正在預習功課。
　　v. 預備　　lessons. 同 *equip*; *provide*

pressure〔'prɛʃə〕 She married because of 她受父母壓迫而結婚。
　　n. 壓力；困窮　　the **pressure** of her par-
　　vt. 施以壓力　　ents. 同 *force* ; *burden*

price〔praɪs〕 What's the **price** of this 這帽子值多少錢？
　　n. 價格　　hat ? 同 *cost* ; *value*

process〔'prɑsɛs〕 The tank is in **process** of 水池在建造中。
　　n. 進行；手續　　construction. 同 *operation*

prompt〔prɑmpt〕 Conscience **prompts** us to 良心使我們為善。
　　adj. 迅速的　　do right.
　　vt. 激勵　　同 *punctual* ; *quick*
　　n. 提示　　反 *slow* ; *tardy*

prove〔pruv〕 He **proved** himself a cow- 他表現出懦夫的樣子。
　　vt. 證明；表現　　ard. 同 *justify* ; *document*

reason〔'rizn〕 For what **reason** ? 為何緣故？
　　n. 理由；理性　　同 *cause* ; *motive* 反 *passion*

regular〔'rɛgjələ〕 Sunday is a **regular** holi- 星期日是例假。
　　adj. 通常的；定期的 day. 同 *usual* ; *common*

reject〔rɪ'dʒɛkt〕 **Reject** all spotted apples. 丟棄所有的爛蘋果。
　　vt. 拒絕；丟棄　　同 *expel* ; *decline* 反 *accept*

religion〔rɪ'lɪdʒən〕What is your **religion**? 你信奉何教？
　n. 宗教

remember　　　　I can't **remember** that　我記不起那人的名字。
　〔rɪ'mɛmbɚ〕　man's name.
　vt. 記得；致意　　回 *remind* ; *recall*

remind〔rɪ'maɪnd〕This **reminds** me of a　這使我想起一個故事。
　vt.使憶起　　　story. 回*prompt*

remove〔rɪ'muv〕**Remove** your hat.　　脫去你的帽子。
　vt.移動；排除　回*withdraw* ; *subtract*
　n.遷移；程度　反*replace*

report〔rɪ'port〕He **reported** what he had 他敍述他所見的一切。
　n.記錄；報告　seen.
　v.報告　　　　回*describe* ; *relate*

respect〔rɪ'spɛkt〕He is **respected** by every- 他得到每人的尊敬。
　n.尊敬　　　　one.回*adore* ; *admire*
　vt.尊敬　　　　反*insult* ; *contempt*

restrict〔rɪ'strɪkt〕The trees **restrict** our　樹遮住我們的視線。
　vt.限制　　　　vision.回*confine* ; *limit*

retain〔rɪ'ten〕This cloth **retains** its　這布不褪色。
　vt.保留；保持　color.回*keep* ; *maintain*

rough〔rʌf〕　He has a **rough** tongue.　他講話粗野。
　adj.不平滑的；粗 回 *harsh* ; *tough*
　魯的*n*.莽漢；粗糙 反*smooth*
　之事物

routine〔ru'tin〕Reading became her daily 讀書變成她的日常事務。
　n.例行公事　　**routine**.回*habit* ; *system*

sacrifice　　　He gave his life as a **sa-** 他為國犧牲了。
　〔'sækrə,faɪs〕**crifice** for his country.
　n.祭品 *v*.犧牲　回*surrender* ; *forfeit*

scene〔sin〕 The sunrise was a beau- 日出是一個美麗的景色。
n.出事地點；風景 tiful *scene*.回*view*

schedule〔'skɛdʒʊl〕 He always has a full *sche*-他的時間表一向排得很
n.目錄；時間表 *dule*. 緊。
vt.作目錄

separate〔'sɛpə,ret〕We didn't *separate* until 我們直到早晨兩點鐘才
v.分開 2 a.m.回*divide*；*part* 分手。

serve〔sɝv〕 It *serves* you right. 你罪有應得。
vt.服務；應得 回*supply*；*furnish*

significant Smiles are *significant* of 笑表示快樂。
〔sɪg'nɪfəkənt〕 pleasure.
adj.有意義的 反*insignificant*

solve〔sɑlv〕 This mystery was never 這秘密始終未解。
vt.解決 *solved*.回*answer*

space〔spes〕 Is there any *space* left? 還有空間嗎？
n.空間；場所 回*area*；*expanse*反*time*

spend〔spɛnd〕 How do you *spend* your 你如何消磨時間？
vt.花費 time?回*use*；*consume*

spirit〔'spɪrɪt〕 He is in good *spirits*. 他很愉快。
n.精神 回*soul*；*mind*
pl.心境 反*body*；*flesh*

strict〔strɪkt〕 A school must have *strict* 學校必須有嚴格的規定。
adj.嚴格的 rules.回*harsh*；*severe*

strive〔straɪv〕 They *strive* for liberty. 他們力爭自由。
vi.努力；奮鬥 回*struggle*；*fight*

stubborn〔'stʌbən〕 He is as *stubborn* as a 他像騾子一般倔強。
adj.堅定的 mule.回*obstinate*；*willful*

subject 〔'sʌbdʒɪkt〕 These people are the **sub-** 人民即國王的臣民。
   n. 主題；臣民　**jects** of the king.
  〔səb'dʒɛkt〕　　回 *topic* ; *theme*
   vt. 使服從

successful　　　He was **successful** in the 他考試及格。
  〔sək'sɛsfəl〕　examination.
   adj. 成功的　　回 *prosperous* ; *fortunate*

supply 〔sə'plaɪ〕　We **supply** them with money 我們供給他們金錢和
   vt. 供給　　　　and clothes.　　　　衣服。
   n. 供給　　　　　回 *furnish* ; *provide*

心得筆記欄

聯考試題演練

1. I saw a ＿＿＿＿ object in the sky. (85、88、90日大, 74夜大, 105、106學測, 97、
   (A) contentious (B) mysterious (C) cautious (D) jealous 　104、109指考)

2. You must know the laws of ＿＿＿＿ . 　(102～106、109學測, 103～106、108、
   (A) assure (B) measure (C) treasure (D) nature 　109指考)

3. Tom was caught ＿＿＿＿ by the teacher. 　(68、73、89日大, 71夜大)
   (A) noddle (B) nodding (C) noise (D) node

4. Don't talk ＿＿＿＿ ! 　(69、73、87日大, 69夜大, 94學測)
   (A) nonunion (B) nonuser (C) nonsense (D) noodle

5. It is perfectly ＿＿＿＿ to complain about your life sometimes.
   (A) equal (B) victual 　(90、95、96、98、99、102、107、108學測,
   (C) ritual (D) normal 　93、100、102、103、105、107指考)

6. ＿＿＿＿ weapons are our present threat. (69、75日大, 67夜大, 95、107指考)
   (A) Smear (B) Calendar (C) Nuclear (D) Spear

7. You should ＿＿＿＿ your superiors. (67、72、75日大, 77夜大, 90學測, 95、97指考)
   (A) surrey (B) obey (C) edify (D) convey

8. I ＿＿＿＿ that the weather was too bad to play outdoors. (87日大,
   (A) objected (B) objurgated 　90、93、98、102、104學測, 92、93、95、
   (C) obligated (D) oblique 　99、100、102、105、106、108、109指考)

9. He gave his ＿＿＿＿ on the educational system in Japan. (73、80、
   (A) petition (B) opinion 　85～87日大, 101、103、105學測,
   (C) prevention (D) occupation 　93、95、102、107、109指考)

10. The court is one of the chief ＿＿＿＿ s of government. (69、73、
    (A) organ (B) ordinance 　74夜大, 90、93學測, 102指考)
    (C) order (D) ordeal

11. There was a door at the end of the ＿＿＿＿ . (84～89日大, 90、92～97、
    (A) homage (B) manage (C) passage (D) mortgage 　99～109學測,
    　91～95、97～109指考, 93、109指考補)

12. Children follow the＿＿＿of the parents. (101、102、108、109學測, 100、
    (A) lantern　　(B) modern　　(C) discern　　(D) pattern　103、106、107指考)

13. He tried to＿＿＿me to his way of thinking. (95、97、101、105學測, 95、
    (A) invade　　(B) persuade　　(C) accede　　(D) precede　96、101指考)

14. The national poet composed tragic＿＿＿.　(72日大, 70、75夜大, 90學測,
    (A) arbitary　　(B) adversary　　(C) poetry　　(D) dignitary　93指考)

15. I＿＿＿walking to driving.　　(101、102、104、106～108學測, 99～101、105指考,
    (A) prefer　　(B) alter　　(C) fiber　　(D) chamber　109指考補)

16. They understood the truth when the captain ordered them to
    ＿＿＿the boats.　(88～90日大, 90、92、99、100學測, 92、95、101、105、109指考, 93、
    (A) care　　(B) declare　　(C) square　　(D) prepare　109指考補)

17. ＿＿＿groups are one element of contemporary democracy.
    (A) Adnere　　　　(B) Pressure　　(77、81、86日大, 82夜大, 93、95、99、
    (C) Austere　　　　(D) Meagre　　105學測, 91、93、97、101～103指考)

18. Commodity＿＿＿s go on rising every year.(105、106學測, 107、109指考,
    (A) shade　　(B) parade　　(C) price　　(D) pierce　109指考補)

19. A new＿＿＿was used in making this food.(108、109學測, 101～109指考,
    (A) princess　　(B) canvass　　(C) chess　　(D) process　109指考補)

20. Her curiosity＿＿＿s her to ask interminable questions. (69日大,
    (A) prominent　　　　(B) promise　　69、70夜大, 95、102、103、
    (C) promote　　　　(D) prompt　　106、109學測, 91、98指考)

21. The man with round spectacles＿＿＿d to be the criminal.
    (A) contrive　　　　(B) prove　　(77、80、88日大, 90、95、105～107學測,
    (C) forgive　　　　(D) deprive　　92、95、97、103、106～109指考, 93指考補)

22. We have＿＿＿on our side.　(101～104、107～109學測, 100、102、106、109指考,
    (A) reason　　(B) reassure　　(C) reassume　　(D) rebound　109指考補)

23. I doubt whether your procedure would be considered＿＿＿by
    the authorities.　(95、98、101、104、108學測, 95、97、99、103、106指考, 93指考補)

(A) career　　(B) collar　　(C) regular　　(D) scholar

24. He＿＿＿＿ed an offer of help.　(74日大, 68、70夜大, 94、96學測, 99、106指考)

(A) infect　　(B) deject　　(C) reject　　(D) elect

25. Christianity is one of the great＿＿＿＿s of the world. (87、89日大,

(A) perfection　　　　(B) correction　　　84夜大, 92、93、100、102、103學測,

(C) reflection　　　　(D) religion　　　　93、96指考, 93、109指考補)

26. I＿＿＿＿having heard you speak on the subject. (74、78、79、83、87日大,

(A) remind　　　　　(B) remember　　　70、80、81夜大, 92、94、95、98～101、

(C) remain　　　　　(D) retain　　　　103、108學測, 92、93、95、99指考)

27. The fire＿＿＿＿ed him of a bad dream in his younger days.

(A) remind　　　　　(B) mend　　　(68、73、83日大, 73夜大, 94、98、

(C) errand　　　　　(D) pretend　　　100、101、106學測, 92指考)

28. Can these ink stains be＿＿d from the clothes? (105、107、109學測, 101、

(A) remove　　(B) remount　　(C) remote　　(D) remiss　　103、109指考)

29. The＿＿＿＿says that traffic accidents are increasing year by

year.　(92～95、97、99、100、105～109學測, 91～93、95、97、99、101、102、104～106、109指考,

(A) support　　(B) remit　　(C) report　　(D) remorse　93、109指考補)

30. The mayor is＿＿＿＿ed by all the citizens. (100～104、107、109學測, 100、

(A) inseruct　　(B) respect　　(C) construct　　(D) district　105、109指考)

31. In this modern age, no government can＿＿＿＿freedom of

speech.　　　(87日大, 67、71、75夜大, 90、95、105學測, 100、103指考)

(A) construct　　(B) afflict　　(C) contradict　　(D) restrict

32. I have＿＿＿＿ed the event in my memory.　(82日大, 97、100學測, 97、

(A) protein　　(B) paraffin　　(C) retain　　(D) adjoin　100、104指考)

33. He was＿＿＿＿ed up by hooligans.　(99、102、104、108學測, 96、104～106、

(A) round　　(B) rotate　　(C) rough　　(D) routine　108指考)

34. Washing and cooking are her daily＿＿＿＿.　(97、99、107學測, 94、101、

(A) determine　　(B) routine　　(C) marine　　(D) doctrine　106指考)

35. Parents often make _____s for their children. (95、105、109學測,
   (A) sacrifice   (B) sack   (C) sacred   (D) sake   92、101指考)

36. A number of wonderful _____s were strongly imprinted on
   her mind. (72、79、80、87日大, 83夜大, 95、97、103、108學測, 93、94、99、101、104指考)
   (A) serve   (B) strive   (C) scene   (D) secretary

37. I have a full _____ for next week. (92、94、95、97、99、104學測, 92、99、101、
   (A) scheme   (B) schedule   (C) scatter   (D) scent   104、105指考)

38. Children can't _____ good from evil. (103、107、109學測, 104、106、109指考)
   (A) migrate   (B) decorate   (C) separate   (D) commemorate

39. He _____d with the city office for many years. (75、90日大, 95、98、
   (A) serve   (B) elective   100～102、105～108學測, 97～99、101、
   (C) captive   (D) tentative   103～105、107～109指考, 109指考補)

40. The first day of January is a _____ date for us. (77、87日大, 94、
   (A) accountant   (B) instant   99、101、102、104～106、109學測,
   (C) assistant   (D) significant   95、96、98、106～108指考, 109指考補)

41. Anybody can easily _____ the problem. (103、106、109學測, 106、109指考,
   (A) owe   (B) swerve   (C) solve   (D) carve   109指考補)

42. The parking lot was full, and there was no _____ for his car.
   (A) space   (B) shade   (92、93、95、97、102、107學測, 91、92、94、
   (C) produce   (D) spade   95、99、104～106、108指考, 93指考補)

43. She _____s too much time dressing herself. (106學測, 107、108指考,
   (A) spell   (B) spend   (C) speech   (D) speckle   109指考補)

44. You should obey the _____, not the letter, of the law.
   (A) spite   (B) spit   (90、94～96、101、104、105學測,
   (C) splash   (D) spirit   93、102～104、106、109指考)

45. He is _____ in observing the sabbath. (67、73日大, 68夜大, 95、97、
   (A) stride   (B) strict   (C) strife   (D) strike   109指考)

46. We _____ for what we want. (68日大, 68、71夜大, 94、103學測, 97指考)

(A) strive　　　(B) perceive　　　(C) string　　　(D) relieve

47. He is _____ as a mule.　　　　　　　(69、70日大, 72夜大, 105學測)

(A) wanton　　　(B) canyon　　　(C) stubborn　　　(D) crimson

48. What is the _____ of this sentence ? (105、108學測, 105、106、108、109指考,
(A) sturdy　　　(B) subdue　　　(C) stumble　　　(D) subject　　109指考補)

49. He was _____ in the examination.　　(98~101、103、107、109學測, 98、100~
(A) successful　(B) succumb　　　(C) subvert　　　(D) such　　102、104、105指考)

50. The library is well _____ with books.　(69、70、77日大, 70夜大, 90、94~96、
(A) superstition　　　　　(B) summoned　　100、107學測, 91、94、96、99、100、
(C) supplied　　　　　　(D) superintend　　102~105、107指考, 109指考補)

【解答】

1.(B)	2.(D)	3.(B)	4.(C)	5.(D)	6.(C)	7.(B)	8.(A)	9.(B)	10.(A)
11.(C)	12.(D)	13.(B)	14.(C)	15.(A)	16.(D)	17.(B)	18.(C)	19.(D)	20.(D)
21.(B)	22.(A)	23.(C)	24.(C)	25.(D)	26.(B)	27.(A)	28.(A)	29.(C)	30.(B)
31.(D)	32.(C)	33.(C)	34.(B)	35.(A)	36.(C)	37.(B)	38.(C)	39.(A)	40.(D)
41.(C)	42.(A)	43.(B)	44.(D)	45.(B)	46.(A)	47.(C)	48.(D)	49.(A)	50.(C)

頻率表 *301 ～ 350*

請您將認識的單字，
在 A 欄中作記號。

A B

☐☐ support
☐☐ surround
☐☐ technology
☐☐ temperature
☐☐ temporary
☐☐ tend
☐☐ tension
☐☐ tourist
☐☐ transport
☐☐ trouble
☐☐ university
☐☐ vision
☐☐ vital
☐☐ vivid
☐☐ warn
☐☐ waste
☐☐ witness
☐☐ abandon
☐☐ abroad
☐☐ academic
☐☐ accomplish
☐☐ accomplishment
☐☐ accord
☐☐ actually
☐☐ adopt

A B

☐☐ adult
☐☐ advertise
☐☐ affair
☐☐ aid
☐☐ air
☐☐ alive
☐☐ ambassador
☐☐ ambition
☐☐ animal
☐☐ ankle
☐☐ announce
☐☐ ape
☐☐ apologize
☐☐ appearance
☐☐ approval
☐☐ approve
☐☐ arrange
☐☐ arrive
☐☐ article
☐☐ assert
☐☐ assistant
☐☐ assume
☐☐ assure
☐☐ astonish
☐☐ attach

≪ 頻率順序 301 ～ 350 ≫

support 〔sə'port〕 Walls *support* the roof. 牆壁支持屋頂。
vt. 支持　　*n*. 支持　同 *help* ; *sustain* 反 *abandon*

surround 〔sə'raʊnd〕 A wall *surrounds* the 一座牆圍繞著這座花園。
vt. 包圍　　garden. 同 *envelop* ; *encircle*

technology He studies engineering at 他在工學院研究工程學。
〔tɛk'nɑlədʒɪ〕 a school of *technology*.
n. 工業技術; 工程學

temperature The nurse took the 護士為所有病人量體溫。
〔'tɛmprətʃɚ〕 *temperatures* of all the
n. 溫度 patients.

temporary I got a *temporary* job. 我找到臨時工作。
〔'tɛmpə,rɛrɪ〕 反 *permanent* ; *eternal*
adj. 暫時的

tend 〔tɛnd〕 Prices are *tending* 物價上漲。
vi. 移向 upward. 同 *incline* ; *bend*

tension 〔'tɛnʃən〕 A mother feels *tension* 母親在小孩生病時感到
n. 拉緊 ; 緊張 when her baby is ill. 緊張。

tourist 〔'tʊrɪst〕 London is full of *tourists* 倫敦在夏天有很多觀光
n. 旅行者 in summer. 客。

transport They *transport* goods by 他們用卡車運輸貨物。
〔træns'port〕*vt*.運送 lorry. 同 *carriage*
〔'trænsport〕*n*.運輸

trouble 〔'trʌbl̩〕 Don't *trouble* about it. 不要為這憂慮。
v. 煩惱　　*n*. 煩惱　同 *worry; disturb* 反 *relieve*

university Mr. Brown is a *university* 布朗先生是大學教授。
〔,junə'vɝsətɪ〕 professor.
n. 大學　　*adj*. 大學的

vision 〔'vɪʒən〕
  n. 視力；美景

The old man's *vision* is poor. 回 *sight* ; *image*

這老人視力不好。

vital 〔'vaɪtl̩〕
  adj. 生命的;極需的

Perseverance is *vital* to success. 回 *important*

忍耐是成功的重要條件。

vivid 〔'vɪvɪd〕
  adj. 栩栩如生的;
    鮮明的

She wore a *vivid* green hat.回 *distinct* ; *clear*
   反 *dull*

她戴著鮮綠色的帽子。

warn 〔wɔrn〕
  vt. 警告

You've been *warned*.
  回 *inform* ; *notify*

你已受到警告了。

waste 〔west〕
  v. 浪費

Waste not, want not.
  回 *spend*; *consume* 反 *save*

不浪費，不缺乏。

witness 〔'wɪtnɪs〕
  n. 證據；目擊者
  v. 目擊

My clothes are a *witness* to my poverty.
  回 *see* ; *observe*

我的衣服證明我是貧窮的。

abandon 〔ə'bændən〕
  vt. 放棄

I would never *abandon* my friends. 回 *desert* ; *forsake*

我永不捨棄我的朋友。

abroad 〔ə'brɔd〕
  adv. 在國外;廣布

He will go *abroad* for advanced studies.

他將到國外做高深研究。

academic
  〔,ækə'dɛmɪk〕
  adj. 學校的

He was in *academic* costume.

他著學士服。

accomplish
  〔ə'kɑmplɪʃ〕
  vt. 達到

He *accomplished* his mission.
  回 *realize* ; *complete*

他達成任務。

accomplishment
  〔ə'kɑmplɪʃmənt〕
  n. 實行

The *accomplishment* of his purpose took three months.

他花了三個月達到目的。

accord〔ə'kɔrd〕
vi. 一致 *n.* 一致

His actions *accorded* with his belief. 回 *harmony*

他的行爲與信仰一致。

actually〔'æktʃʊəlɪ〕
adv. 眞實地

Believe it or not, but he *actually* won.

信不信由你，他眞的勝利了。

adopt〔ə'dɑpt〕
vt. 採用

The House *adopted* the report. 回 *assume*；*choose*

議院正式接受這報告。

adult〔ə'dʌlt〕
adj. 成長的；成人的
n. 成人

I like his *adult* approach to the problem.
回 *mature* 反 *childlike*

我喜歡他對這問題的老成處理。

advertise
〔'ædvɚ,taɪz〕
vt. 登廣告

They *advertised* a new product in the paper.
回 *announce*

他們在報紙上做新產品的廣告。

affair〔ə'fɛr〕
n. 事情

This is my *affair*, not yours.

那是我的事情，不是你的。

aid〔ed〕*vt.* 幫助
n. 幫助

The Red Cross *aids* flood victims. 回 *help*；*remedy*

紅十字會援助水災難民。

air〔ɛr〕
n. 空氣

We must breathe fresh *air*.

我們必須呼吸新鮮空氣。

alive〔ə'laɪv〕
adj. 活的

They were captured *alive*.
反 *dead*

他們被活捉。

ambassador
〔æm'bæsədɚ〕
n. 大使

He was the British *ambassador* in Washington.

他是英國駐華盛頓大使。

ambition〔æm'bɪʃən〕
n. 野心

His *ambition* is to be a great statesman.

他的志願是做一個大政治家。

animal〔'ænəml̩〕
n. 動物

They keep a lot of *animals* in the zoo.
回 *beast*；*creature* 反 *plant*

動物園裏飼養了許多動物。

ankle〔'æŋkḷ〕 | He hurt his left *ankle* at | 他跳遠時傷了左踝。
n. 踝 | broad jump.

announce〔ə'naʊns〕 | The Government *announced* | 政府宣布已度過危險。
vt. 正式宣告 | the danger to be past.

ape〔ep〕 | An *ape* is a large tailless | 猿是一個無尾巴的大猴
n. 猿;模倣者 | monkey. | 子。

apologize | She *apologized* to her | 她因遲到向老師道歉。
〔ə'pɑlə‚dʒaɪz〕 | teacher for coming to
vi. 道歉 | school late.

appearance | Never judge by *appearance*. 勿以貌取人。
〔ə'pɪrəns〕*n.* 出現 | 反 *disappearance*

approval〔ə'pruvḷ〕 | He nodded in *approval*. | 他點頭表示贊成。
n. 贊成 | 反 *disapproval*

approve〔ə'pruv〕 | Congress *approved* the | 國會批准了這方案。
vt. 贊成 | bill. 同 *accept* 反 *disapprove*

arrange〔ə'rendʒ〕 | I *arranged* them in pairs. | 我將它們成對排列。
vt. 排列 | 同 *organize*;*classify*

arrive〔ə'raɪv〕 | We have *arrived* safely. | 我們已平安到達。
vi. 到達 | 同 *come*;*reach* 反 *depart*

article〔'ɑrtɪkḷ〕 | " And the next *article*, | 別的還要什麼,太太?
n. 論文;物品 | madam? "

assert〔ə'sɝt〕 | His friends *asserted* that | 他的朋友斷言他是無罪
vt. 確說 | he was innocent. 同 *declare* | 的。

assistant〔ə'sɪstənt〕 We have two laboratory | 我們這裏有兩個實驗室
n. 助手 | *assistants* here. | 的助教。

assume〔ə'sjum〕 | Let us *assume* it to be | 讓我們假定這是真實的。
vt. 假定;擔任 | true. 同 *suppose*;*presume*
 | 反 *conclude*

assure〔ə'ʃʊr〕 I *assure* you there's no 我向你保證沒有危險。
vt. 確定 danger. 回*guarantee*

astonish〔ə'stɑnɪʃ〕 We were *astonished* at his 他的粗魯使我們驚愕。
vt. 使驚異 rudeness. 回*surprise*；*amaze*

attach〔ə'tætʃ〕 He *attached* his horse to 他將馬繫於一樹。
vt. 連接 a tree. 回*fasten*；*join*

心得筆記欄

聯考試題演練

1. He is working to _____ his family.　(105、107～109學測, 106、109指考,
   (A) support　(B) surrender　(C) survey　(D) surmount　109指考補)

2. High walls _____ the prison.　(95、99～101、103、107～109學測, 94、100、106、
   (A) surpass　(B) suppress　(C) surround　(D) surmise　108指考)

3. The development of _____ has been very fast.　(107學測, 105、107、
   (A) terribly　(B) terminal　(C) temptation　(D) technology　109指考)

4. The _____ in this room is too high.　(77、81、82日大, 75、78、79夜大,
   (A) temperature　　(B) terrace　96、97、100、102、103、106、107學測,
   (C) testimony　　(D) thumy　91、95～97、99、102、107指考)

5. This is my _____ residence. (92、95、97、99、101、103、105、109學測, 91、96、97、
   (A) terrific　(B) temporary　(C) tenant　(D) temperance　100指考)

6. You _____ to close your eyes to the truth. (99～101、103～106、109學測,
   (A) test　(B) tarry　(C) tend　(D) tangle　99、104～108指考)

7. International _____ has been lessened.　(77、82日大, 78夜大, 100、101指考,
   (A) tense　(B) tension　(C) intend　(D) tendency　109指考補)

8. Airplanes are used to _____ passengers or freight.　(80、82、87日大,
   (A) treasured　　(B) treacherous　81夜大, 90、109學測,
   (C) traverse　　(D) transport　92、94指考, 93指考補)

9. I'm sorry for the _____ I'm giving you.(95、96、99、104、108、109學測, 95、
   (A) trout　(B) trolley　(C) trade　(D) trouble　99、106指考)

10. There is a famous _____ in Oxford.　(75、79、90日大, 73、77夜大, 92、96、
    (A) university　　(B) universe　97、101、103、108學測, 91～93、97～100、
    (C) universal　　(D) unity　103、105～108指考, 93、109指考補)

11. The romantic _____ s of youth are decreasing today.　(68、71、
    (A) vision　　(B) mission　72日大, 95、97、100、101、104～
    (C) tention　　(D) fusion　106學測, 91、93、102、106指考)

12. The sun is ＿＿＿＿to our life.　(67、84、87日大, 71、73夜大, 90、100、104學測,
　　(A) vivacious　　(B) viviparous　(C) vital　　　　(D) voluntary　94、108指考)

13. I have a ＿＿＿memory of her face.　(72、73日大, 90、98、106學測, 93、100、
　　(A) vogue　　　(B) vivid　　　(C) virtual　　(D) violent　106、108指考)

14. He ＿＿＿me of the danger.　(70、90日大, 102、103、107～109學測, 99～101、103～
　　(A) wantoned　　(B) walloped　　(C) warned　　(D) waddled　105、109指考)

15. Don't ＿＿＿＿ your time on such things.　(98、99、103、105學測, 99、100、102、
　　(A) wax　　　　(B) waver　　　(C) wattle　　(D) waste　104、105、109指考)

16. Mr. Wang ＿＿＿＿the accused near the scene of the crime.
　　(A) worsted　　　　　(B) witnessed　　(66、72、83、84日大, 71、83夜大, 99、
　　(C) worshiped　　　　(D) wreathed　　103、104學測, 108指考, 93、109指考補)

17. The crew ＿＿＿＿the ship.　　(72、75、85日大, 96、102、107學測, 101指考)
　　(A) abandoned　(B) abnormal　(C) abominable　(D) abided

18. The news quickly spread ＿＿＿＿.　　(66、86日大, 71夜大, 92、95、108學測)
　　(A) abrupt　　(B) absent　　(C) abroach　　(D) abroad

19. At most universities in the U. S. A., the ＿＿＿＿year begins in
　　September.　　(70、72、80日大, 103學測, 96、98～100、108指考)
　　(A) epidemic　(B) mimic　　(C) economic　　(D) academic

20. The task will be ＿＿＿＿in a year.　(67、71日大, 92、97、107學測, 93指考)
　　(A) accomplished　　(B) accompanied
　　(C) accorded　　　　(D) acquiesced

21. It was a great ＿＿＿＿to finish house cleaning in two days.
　　(A) accompany　　　(B) accomplice　　(71、80日大, 69夜大, 95、
　　(C) accomplishment　(D) accord　　　104、108學測, 93、97指考)

22. The story is not in ＿＿＿with the facts.(93～100學測, 91～94、98～100、
　　(A) accident　(B) account　(C) accord　(D) accustom　105指考)

23. Believe it or not, but he ＿＿＿won.　(103～109學測, 103、107、109指考,
　　(A) actually　(B) acutely　(C) actively　(D) accordingly　109指考補)

24. They _____ed the resolution at the meeting. (103~105、109學測, 103、
    (A) adore   (B) adapt   (C) adorn   (D) adopt   104、106~108指考)

25. The admission to the exhibition is five hundred yen per_____ .
    (A) adult   (B) adapt   (69、72、81、88日大, 77、79夜大, 92、
    (C) addict   (D) adhere   93、95、99、108學測, 98、100、105指考)

26. The product was _____in today's papers.   (96、99、101學測, 93、94、
    (A) advised   (B) advertised   (C) advanced   (D) advented   105指考)

27. My father left for New York on a business _____. (95、99、101學測,
    (A) affirm   (B) affect   (C) affluence   (D) affair   95、99、107指考)

28. Without your _____, I couldn't have succeeded.(101學測, 98、100指考,
    (A) aid   (B) hid   (C) kid   (D) lid   93、109指考補)

29. You need a change of _____. (96~98、100、107、109學測, 92、102、103、108指考,
    (A) ail   (B) aim   (C) air   (D) airy   93、109指考補)

30. He caught a bear _____.   (68、87、89、90日大, 108學測, 99、103、107指考)
    (A) live   (B) alive   (C) olive   (D) life

31. He was appointed _____to the United States.   (67、72日大)
    (A) ambassador (B) candor   (C) splendor   (D) ardor

32. A boy who is filled with _____always works hard. (79日大, 70夜大,
    (A) prohibition (B) fruition   (C) codition   (D) ambition   93、100指考)

33. We can not satisfy his_____needs.(100~103、105、107、109學測, 100、101、
    (A) cannibal   (B) medal   (C) animal   (D) metal   103~109指考)

34. He hurt his left _____at broad jump. (67、84日大, 66、82夜大, 107學測,
    (A) crackle   (B) ankle   (C) tackle   (D) pickle   108指考)

35. We_____the date of our wedding in the newspaper.(66、73、77日大,
    (A) announced   (B) denounced   92、100、105學測, 94、97、
    (C) renounced   (D) pronounced   102、108指考, 93指考補)

36. A(n)_____is a large tailless monkey or a monkey with a
    very short tail.   (67、74日大, 90學測, 107指考)

(A) whale   (B) swan   (C) swallow   (D) ape

37. He_____to her for coming late.   (75日大, 95、96學測, 92~94、97指考,
(A) approved   (B) apologized   (C) appointed   (D) applied   93、109指考補)

38. His first_____on the stage enjoyed great popularity.
(A) significance   (B) defiance   (81、88、90日大, 67、68夜大, 97、98、100、
(C) appearance   (D) alliance   105、108學測, 92、98、106、107指考)

39. His new work won_____from critics.   (105學測, 97、99、102、103、
(A) rival   (B) approval   (C) arrival   (D) survival   108指考)

40. He does not_____of the plan.   (69日大, 71夜大, 95、106學測, 100、103~
(A) appeal   (B) applaud   (C) apply   (D) approve   106指考)

41. The meeting was_____for Sunday.(76日大, 81夜大, 93、94、98、99、102學測,
(A) arrested   (B) arrayed   (C) arrogated   (D) arranged   91指考)

42. We_____at this conclusion.(89日大, 96、104、108學測, 91、95、97、102、104指考,
(A) arrived   (B) strived   (C) thrived   (D) deprived   93指考補)

43. He clipped out the newspaper_____.(90、93、94、96、98、105學測, 91、94、
(A) miracle   (B) article   (C) spectacle   (D) vehicle   107、109指考)

44. He was given a decision of guilty even though he_____his
innocence.   (74日大, 75夜大, 95、108指考)
(A) inserted   (B) deserted   (C) asserted   (D) averted

45. He served as_____to the editor.   (87日大, 66、75夜大, 93、103學測)
(A) assistant   (B) resistant
(C) accountant   (D) contestant

46. I_____that it is true.   (68、71日大, 82夜大, 82台大夜, 101、107、109學測,
(A) resume   (B) assume   (C) consume   (D) fume   95、99、101指考)

47. I_____you that this medicine doesn't have any side effects.
(A) insure   (B) assure   (70日大, 68、80夜大, 94、104學測,
(C) treasure   (D) measure   92、95、99指考)

48. Do you_____much importance to what he says?(93、95、105、108學測,

(A) attach   (B) attack   (C) attain   (D) attempt   91、95指考)

【解答】

1.(A)   2.(C)   3.(D)   4.(A)   5.(B)   6.(C)   7.(B)   8.(D)   9.(D)   10.(A)

11.(A)   12.(C)   13.(B)   14.(C)   15.(D)   16.(B)   17.(A)   18.(D)   19.(D)   20.(A)

21.(C)   22.(C)   23.(A)   24.(D)   25.(A)   26.(B)   27.(D)   28.(A)   29.(C)   30.(B)

31.(A)   32.(D)   33.(C)   34.(B)   35.(A)   36.(D)   37.(B)   38.(C)   39.(B)   40.(D)

41.(D)   42.(A)   43.(B)   44.(C)   45.(A)   46.(B)   47.(B)   48.(A)

心得筆記欄

頻率表 351 ～ 400

請您將認識的單字，
在A欄中作記號。

A B

- □□ attitude
- □□ automatic
- □□ aware
- □□ awful
- □□ balance
- □□ barber
- □□ base
- □□ basis
- □□ beneficial
- □□ bother
- □□ bound
- □□ brain
- □□ calculate
- □□ capable
- □□ capacity
- □□ capital
- □□ case
- □□ cattle
- □□ caution
- □□ center
- □□ civilization
- □□ coherent
- □□ communicate
- □□ community
- □□ companion

A B

- □□ compile
- □□ complex
- □□ compose
- □□ compulsory
- □□ concentrate
- □□ conclude
- □□ condemn
- □□ conform
- □□ conquer
- □□ consent
- □□ consistent
- □□ consumption
- □□ contact
- □□ contest
- □□ convenient
- □□ cope
- □□ correct
- □□ corrupt
- □□ creature
- □□ crush
- □□ cultivate
- □□ cupboard
- □□ cure
- □□ dangerous
- □□ decent

━━━━━━━━━━━━━━━ ≪ 頻率順序 351 〜 400 ≫ ━━━━━━━━━━━━━━━

attitude 〔 'ætə,tjud 〕 We must take a firm 我們必須採取堅定的態
n. 態度　　*attitude.* 圓 *viewpoint* 度。

automatic We can get chocolate 我們可由自動販賣機中
〔 ,ɔtə'mætɪk 〕 from *automatic* machines. 買到巧克力。
adj. 自動的 圓 *spontaneous* ; *self-acting*

aware 〔 ə'wɛr 〕 He is *aware* of his 他知道自己的粗魯。
adj. 知道的 rudeness. 圓 *knowing*

awful 〔 'ɔfl 〕 He died an *awful* death. 他死得可怕。
adj. 可怕的 圓 *brutal* ; *ruthless*

balance 〔 'bæləns 〕 He lost his *balance.* 他失去了身體的平衡。
n. 平衡 圓 *equalize* ; *weigh*

barber 〔 'bɑrbɚ 〕 I had a haircut at the 昨天我在理髮店理髮。
n. 理髮匠 *barber's* yesterday.

base 〔 bes 〕 He built a house at the 他在山麓建屋。
n. 底 ; 基礎 *base* of the mountain.

basis 〔 'besɪs 〕 The farmers form the 農民是一個國家的基礎。
n. 基礎 *basis* of a nation.

beneficial Exercise is *beneficial* to 運動有益於健康。
〔 ,bɛnə'fɪʃəl 〕 the health.
adj . 有益的 圓 *favorable* ; *useful*

bother 〔 'bɑðɚ 〕 It is a needless *bother.* 這是不必要的麻煩。
n. 麻煩 圓 *concern* ; *annoy*

bound 〔 baʊnd 〕 He kicked at the *bound* 他踢這被縛的囚犯。
adj. 被縛的 prisoner. 圓 *enclose*

brain 〔 bren 〕 The human *brain* is a 人類的腦是一個複雜的
n. 腦 complex organ. 器官。

calculate *v.* 計算 〔'kælkjə,let〕 He *calculated* the cost of heating. 同 *count* ; *figure* 他計算暖氣費用。

capable〔'kepəbl〕 *adj.* 能幹的 He is a very *capable* doctor. 反 *unable* 他是一個相當能幹的醫生。

capacity〔kə'pæsətɪ〕 *n.* 容量 The theatre has a *capacity* of 400. 這戲院能容四百人。

case〔kes〕 *n.* 事 A similar *case* might happen again. 同樣的事可能再發生。

cattle〔'kætl〕*n.* 牛 *Cattle* feed on grass. 牛吃草。

capital〔'kæpətl〕 *n.* 首都 Tokyo is the *capital* of Japan. 日本的首都是東京。

caution〔'kɔʃne〕 *n.* 小心 When crossing a busy street we must use *caution*. 同 *tip* ; *advise* 穿過街道時必須小心。

center〔'sɛntɚ〕 *n.* 中央 There was a large round table in the *center* of the room. 同 *middle* ; *heart* 房中央有個大圓桌。

civilization 〔,sɪvlə'zeʃən〕 *n.* 教化 The *civilization* of mankind has taken thousands of years. 人類開化已有幾千年了。

coherent〔ko'hɪrənt〕 *adj.* 一致的 Speech and writing should both be *coherent*. 寫作與演講應當前後連貫。

communicate *vt.* 傳遞 〔kə'mjunə,ket〕 A stove *communicates* heat to a room. 火爐將熱傳入一室內。

community *n.* 社區 〔kə'mjunətɪ〕 We work for the good of the *community*. 同 *society* 我們為社會福利而工作。

companion 〔kəm'pænjən〕 *n.* 同伴 A dictionary is his constant *companion*. 同 *partner* ; *friend* 反 *enemy* 他隨身帶字典。

compile 〔kəm'paɪl〕
vt. 編輯

These tables were *compiled* from actual observations.回 *gather*

這些表是由實際觀察而編成的。

complex 〔'kɑmplɛks〕
adj. 複雜的

Life is getting more *complex* and difficult.

生活變得愈加複雜而困難。

compose 〔kəm'poz〕
vt. 組成

Water is *composed* of hydrogen and oxygen.

水由氫和氧組成。

compulsory
〔kəm'pʌlsərɪ〕
adj. 強制的;必修的

Is English a *compulsory* subject ?
回 *compelled*; *required*

英語是必修科嗎?

concentrate
〔'kɑnsṇ,tret〕
vt. 集中

A convex lens is used to *concentrate* rays of light.回 *focus*; *strengthen*

凸透鏡用來集中光線。

conclude 〔kən'klud〕
vt. 結束;決定

She *concluded* that she would wait.回 *close*; *end*

她決定等候。

condemn 〔kən'dɛm〕
vt. 反對

I *condemn* such measures. 回 *disapprove*

我反對這種手段。

conform 〔kən'fɔrm〕
vi. 遵從

You must *conform* to the rules. 回 *comply*; *agree*

你應遵從規則。

conquer 〔'kɔŋkɚ〕
vt. 克服

We must *conquer* bad habits. 回 *overtake*

我們必須克服壞習慣。

consent 〔kən'sɛnt〕
vi. 同意

They *consented* to buy this house.回 *permit*

他們同意買這房子。

consistent
〔kən'sɪstənt〕
adj. 一致的

He is not *consistent* in his statements.
回 *comprise*; *include*

他的聲明前後不一致。

consumption
〔kən'sʌmpʃən〕
n. 消耗

This is produced for domestic *consumption*.
反 *production*

這是為國內消費而生產的。

contact〔'kɑntækt〕 A disease is communicated 病由接觸傳染。
　　n. 接觸　　　 by **contact**. 同 *touch*

contest〔kən'tɛst〕 The lawyer **contested** 律師逐點辯論。
　　vt. 爭論　　 every point. 同 *contend*

convenient Will the 3:50 train be 三點五十的火車對你方
　〔kən'vinjənt〕 **convenient** for you? 便嗎？
　　adj. 方便的 同 *handy*; *suitable*

cope〔kop〕 The police were scarcely 警察幾乎無法對付群眾。
　　vi. 對付 able to **cope** with the
　　　　 crowds. 同 *struggle*

correct〔kə'rɛkt〕 The answer is **correct**. 這答案是對的。
　adj. 正確的 *vt.*改正 同 *mark*; *change*

corrupt〔kə'rʌpt〕 One **corrupt** apple corrupts 一個壞蘋果可使許多好
　*vt.*使變壞 *adj.*腐敗的 many sound ones. 的變壞。

creature〔'kritʃɚ〕*n.*人 What a poor **creature**! 多可憐的人啊！

crush〔krʌʃ〕 Wine is made by **crushing** 葡萄酒是壓榨葡萄製成
　vt.vi. 壓碎 grapes. 同 *subdue*; *conquer* 的。

cultivate The farmer **cultivates** land. 農夫耕種土地。
　〔'kʌltə,vet〕*vt.*耕種 同 *condition*; *prepare*

cupboard〔'kʌbəd〕 There is a **cupboard** in 我房間有一個小衣櫥。
　　n. 碗櫥；衣櫥 my room.

cure〔kjʊr〕 I am here to **cure**. 我是來治病的。
　　vi. 治療 同 *restore*; *remedy*

dangerous **Dangerous** dogs should be 惡犬應加以鎖鏈。
　〔'dendʒərəs〕 chained up.
　　*adj.*危險的 同 *unsafe*; *hazardous*

decent〔'disn̩t〕 It is not **decent** to laugh 在葬禮時發笑是失禮的。
　adj. 合適的；正當的 at a funeral. 同 *respectable*

聯考試題演練

1. His _____ towards friends is cold. (83、85、87、88日大, 75、76夜大, 82台大夜,
   (A) attention   (B) attraction   92、94、95、104~108學測,
   (C) attitude   (D) attainment   95、98~100、105指考)

2. We can get chocolate from _____ machines. (70、87日大, 73夜大, 104學測,
   (A) automatically   (B) automation   95指考)
   (C) automobile   (D) automatic

3. We are all _____ of the significance of the study.
   (A) awkward   (B) awake   (85日大, 67、77、83、84夜大,
   (C) aware   (D) available   90、92、99、106學測, 98、102指考)

4. His sufferings were _____ to behold. (84、86、88、89日大, 78、82夜大, 95、
   (A) awful   (B) awkward   (C) aware   (D) anxious   105學測)

5. He lost his _____ and fell. (83、85、87日大, 95、98、103、105、106、109學測, 95、
   (A) average   (B) balance   (C) averaging   (D) balancing   103、106指考)

6. I had my hair cut at the _____.   (69、71日大)
   (A) barber's   (B) absorber's   (C) bargee's   (D) slumber's

7. The _____ of the statue is made of marble. (105~109學測, 109指考,
   (A) base   (B) basic   (C) bask   (D) basis   109指考補)

8. What _____ do you have for this judgment? (87日大, 92、99、104學測,
   (A) basic   (B) basis   (C) base   (D) bass 95、99、101、106指考)

9. Fresh air and good food are _____ to the health. (67、89、90日大,
   (A) beneficial   (B) benefit   74夜大, 97、104學測)
   (C) benefaction   (D) benefactor

10. Tell the children to stop _____ their father. (78、84日大, 71、84夜大,
    (A) bother   (B) bothering   82台大夜, 98、101、105學測,
    (C) smother   (D) smothering   103、106指考)

11. You are _____ to know the facts sooner or later. (89日大, 94指考)

(A) bind   (B) find   (C) bound   (D) found

12. Recently my mother has tennis on the _____ . (107、108學測,107、109指考, 109指考補)
   (A) brain   (B) breeze   (C) breath   (D) branch

13. Scientists can _____ the velocity of light. (93、98、102、106學測,106指考, 93指考補)
   (A) calculate   (B) legislate   (C) violate   (D) relate

14. He is _____ of teaching English. (66、68日大,90、95、97、103、107學測,97、106、108指考)
   (A) able   (B) enabled   (C) unable   (D) capable

15. This theatre's _____ is over five hundred. (71日大,101、104學測,104、108指考)
   (A) publicity   (B) simplicity   (C) capacity   (D) electricity

16. The pronoun 'I' is written with a _____ letter. (94、97、99、105學測,94、102指考)
   (A) large   (B) capital   (C) big   (D) small

17. In any _____ , you have to do your best. (107、109學測,107、109指考, 109指考補)
   (A) rate   (B) moment   (C) case   (D) sense

18. _____ were allowed to graze on the village common. (98學測,95指考, 93指考補)
   (A) Cattle   (B) Castle   (C) Battle   (D) Settle

19. Cross a railroad track with _____ . (67日大,72夜大,90學測,93、107、109指考)
   (A) cautiously   (B) cautious   (C) cautioned   (D) caution

20. She loves to be the _____ of interest. (101、102、104、106學測,101、105~109指考,109指考補)
   (A) center   (B) edges   (C) circle   (D) side

21. The _____ of mankind has taken thousands of years. (68、70日大,82台大夜,93、98學測,106~109指考,109指考補)
   (A) modernization   (B) authorization
   (C) civilization   (D) democratization

22. Speech and writing should both be _____ . (71日大,69夜大,95學測,94、95指考)
   (A) current   (B) coherent   (C) reverent   (D) different

23. We can _____ with people in most parts of the world by telephone. (83、88~90日大,67、74、78夜大,90、93~95、101、103學測,95、98、99指考)
   (A) commit   (B) communicate
   (C) commend   (D) command

24. We should work for the welfare of the_____.(108學測, 107~109指考,
(A) community (B) unity (C) opportunity (D) dignity 109指考補)

25. Who were your_____on the journey？   (74、88日大, 67夜大, 90、93、
(A) companion (B) comparison (C) company (D) companions 96學測)

26. We are_____an English-Chinese dictionary.   (66、68日大, 101學測)
(A) smiling (B) making (C) compiling (D) doing

27. Human beings are said to have_____feelings. (103、109學測, 97、99、
(A) relax (B) complex (C) climax (D) reflex 107、108指考)

28. Water is_____of hydrogen and oxygen. (71、87、90日大, 81夜大, 82台大夜,
(A) composed (B) consisted 92、94、95、97、101、102、105、106學測,
(C) compelled (D) concentrated 106、109指考, 109指考補)

29. School attendance is_____for all children.   (68、71夜大)
(A) compulsory (B) consolatory
(C) exclamatory (D) voluntary

30. You must_____on your studies for the entrance exam.
(A) concern (B) concentrate   (73、87、90日大, 68夜大,
(C) conceit (D) conceal 95、101、107學測, 91、108指考)

31. He_____that the plan was not workable.(95、97、98、105、106、109學測,
(A) ended (B) concluded (C) finished (D) concerned 95、99指考)

32. He was_____to life imprisonment.   (67、68日大, 95指考)
(A) condemned (B) judged (C) confessed (D) commended

33. You must_____to the rules.   (68日大, 67夜大, 95、106學測, 96、97、103、
(A) preform (B) reform (C) conform (D) inform 109指考)

34. She was able to_____her fear.   (67、70夜大, 105學測, 93指考)
(A) connect (B) confuse (C) conquest (D) conquer

35. I_____to your traveling abroad. (67、72夜大, 95學測, 92、95、99、107指考)
(A) present (B) sent (C) consent (D) absent

36. His behavior was not_____with his opinion.(72夜大, 98學測, 94、100、

(A) consistency　　　　(B) consistent　　　　106指考, 109指考補)
(C) consisting　　　　(D) consisted

37. The_____of ice cream increases when summer comes.
(A) consumption　　　(B) subscription　　　(73日大, 70夜大, 99、100、
(C) conception　　　(D) resumption　　　102學測, 94、103、107、108指考)

38. I come into_____with all kinds of people in my work.
(A) attact　　　　(B) abstract　　　(68、83、90日大, 68夜大, 92~94、98~
(C) contact　　　(D) contract　　　100、107、108學測, 93、98、105指考)

39. The enemy_____ed every inch of the ground. (100、102、105學測, 100、
(A) protest　　(B) arrest　　(C) invest　　(D) contest　　103、109指考)

40. It is not_____for me to return the book now. (98、105學測, 95、97、
(A) convenient　　(B) convince　　(C) convenience　(D) convinced　105、106指考)

41. The police were scarcely able to_____with the crowds.
(A) cope　　　　(B) hope　　　(70、71、86、90日大, 95、97、100、108、
(C) grope　　　(D) escape　　109學測, 96、98、101、105、107指考)

42. Your teacher_____your compositions.　(100、101、107、108學測, 98~
(A) distincts　　(B) competes　　(C) consists　　(D) corrects　　100指考)

43. One corrupt apple_____many sound ones.　　(70日大, 71、81夜大)
(A) corrupts　　(B) adopts　　(C) interrupts　　(D) intercepts

44. The girl saw a_____in the woods. (99、105、107、108學測, 100、105、108、
(A) creature　　(B) feature　　(C) miniature　　(D) immature　　109指考)

45. Tom put his foot on the head of the snake and_____it.
(A) crouched　　　　(B) crunched　　　(73、75夜大, 84、
(C) crushed　　　　(D) crossed　　　105、109學測, 101指考)

46. The belief that the youths must_____their minds was
widespread.　　(85、87日大, 70、72夜大, 82台大夜, 95、104學測, 95指考)
(A) motivate　　(B) cultivate　　(C) private　　(D) elevate

47. Take some plates out of the_____.　　(68、75日大, 109學測)

(A) cardboard　(B) seaboard　(C) blackboard　(D) cupboard

48. The doctor ＿＿＿＿me of a cold. (84、88日大, 69夜大, 95學測, 95、104、106指考)
　(A) endured　(B) figured　(C) cured　(D) injured

49. It is ＿＿＿＿to swin in this river. (101、107、109學測, 102、103、106、107指考,
　(A) numerous　(B) dangerous　(C) generous　(D) murderous　109指考補)

50. He was born of a ＿＿＿＿family.　(67、82日大, 66夜大, 95學測, 105、109指考)
　(A) adjacent　(B) recent　(C) decent　(D) complacent

【解答】

1.(C)	2.(D)	3.(C)	4.(A)	5.(B)	6.(A)	7.(A)	8.(B)	9.(A)	10.(B)
11.(C)	12.(A)	13.(A)	14.(D)	15.(C)	16.(B)	17.(C)	18.(A)	19.(D)	20.(A)
21.(C)	22.(B)	23.(B)	24.(A)	25.(D)	26.(C)	27.(B)	28.(A)	29.(A)	30.(B)
31.(B)	32.(A)	33.(C)	34.(D)	35.(C)	36.(B)	37.(A)	38.(C)	39.(D)	40.(A)
41.(A)	42.(D)	43.(A)	44.(A)	45.(C)	46.(B)	47.(D)	48.(C)	49.(B)	50.(C)

頻率表 401 ～ 450

請您將認識的單字，
在 A 欄中作記號。

A B

☐☐ deed
☐☐ defense
☐☐ define
☐☐ definite
☐☐ demand
☐☐ deny
☐☐ deprive
☐☐ depress
☐☐ deserve
☐☐ design
☐☐ diet
☐☐ dignity
☐☐ diligent
☐☐ discourage
☐☐ dislike
☐☐ dispute
☐☐ distant
☐☐ distribute
☐☐ document
☐☐ due
☐☐ economic
☐☐ edible
☐☐ efficient
☐☐ elbow
☐☐ element

A B

☐☐ elevator
☐☐ embarrass
☐☐ emergency
☐☐ emphasis
☐☐ encounter
☐☐ endeavor
☐☐ engage
☐☐ enlarge
☐☐ environment
☐☐ equal
☐☐ escape
☐☐ eventual
☐☐ evolution
☐☐ exact
☐☐ exaggerate
☐☐ exhibition
☐☐ extend
☐☐ extra
☐☐ facility
☐☐ fact
☐☐ factor
☐☐ fail
☐☐ fantasy
☐☐ favorite
☐☐ feat

≪ **頻率順序 401 ~ 450** ≫

deed〔did〕
n. 行為

His *deeds* do not agree with his words. 回 *act*

他言行不一致。

defense〔dɪ'fɛns〕
n. 防護;防禦

We never fight except in self-*defense*.

我們除自衞外,從不戰鬥。

define〔dɪ'faɪn〕
vt. 下定義;闡釋

A dictionary *defines* words. 回 *explain*

字典闡釋字的意義。

definite〔'dɛfənɪt〕
adj. 明白的;正確的

He has no *definite* aim in his life. 回 *clear*

他沒有正確的生活目的。

demand〔dɪ'mænd〕
vt. 要求;需要
n. 要求;請求

He *demanded* immediate payment.

他要求立刻付款。

This sort of work *demands* great patience.
回 *ask* ; *inquire*

這種工作需要很大的耐心。

deny〔dɪ'naɪ〕
vt. 否認;拒絕給予

The accused man *denied* the charge.

被告人不承認所控之罪。

She can *deny* her son nothing. 回 *refute*

她對其子百依百順。

deprive〔dɪ'praɪv〕
vt. 剝奪;使喪失

An accident *deprived* him of his sight.

意外的事使他失明。

depress〔dɪ'prɛs〕
vt. 壓下;使沮喪

The rainy days always *depress* me. 回 *sadden*

雨天總使我沮喪。

deserve〔dɪ'zɝv〕
vt. 應得;應受

The reward is more than he *deserves*. 回 *merit*

這獎賞是超過他所應得的。

design〔dɪ'zaɪn〕
n. 圖案

This theater seats over 2,000 people but is poor in *design*.

這戲院能容二千餘人,但設計欠佳。

diet〔'daɪət〕 Milk is a wholesome arti- 牛奶是有益於健康的食
n. 飲食 cle of *diet*. 品。

dignity〔'dɪgnətɪ〕 A man's dignity depends 一個人的高尚與否不在
n. 高尚的品德;尊嚴 not on his wealth but on 於他的財富,而在於他
what he is. 的品格。

diligent〔'dɪlədʒənt〕 He is the most *diligent* 他是我們班上最勤勉的
adj. 勤勉的 student in our class. 學生。
同 *industrious* ; *energetic*

discourage Repeated failures *dis-* 一再的失敗使他氣餒。
〔dɪs'kɝɪdʒ〕 *couraged* him.
vt. 失去勇氣 同 *deter* ; *prevent*

dislike〔dɪs'laɪk〕 I *dislike* him. 我不喜歡他。
n. 嫌惡 反 *like*
v. 嫌惡;憎嫌

dispute〔dɪ'spjut〕 There is no *disputing* 喜好無可爭論。
vt. 討論;辯論 about tastes.

distant〔'dɪstənt〕 The town is three miles 這鎮遠在三英哩外。
adj. 遠離的;遙遠的 *distant*. 反 *near*

distribute They *distributed* the 他們把獎品分發給優勝
〔dɪ'strɪbjʊt〕 prizes to the victors. 者。
vt. 分配 同 *scatter* ; *disperse*

document The book is highly *docu-* 這本書有許多史實記載。
〔*n.* 'dɑkjəmənt *mented*.
v. 'dɑkjə,mɛnt〕 同 *writing* ; *paper*
n. 公文 *vt.* 使含史實

due〔dju〕 When is the rent *due*? 房租應於何時付給?
adj. 到期的 同 *proper* ; *rightful*
反 *undue*

economic
〔,ikə'nɑmɪk〕
adj. 經濟學的

Economic viewpoints are useful for our everyday life.

經濟觀點對我們的日常生活有益。

edible〔'ɛdəbl〕
adj. 可食的

Toadstools are not *edible.*

毒蕈不可以吃。

efficient〔ə'fɪʃənt〕
adj. 有效率的

Tom is *efficient* in every-thing. 反 *inefficient*

湯姆做任何事都很有效率。

elbow〔'ɛl,bo〕
n. 肘

He is up to the *elbows* in work.

他正在埋頭工作。

element〔'ɛləmənt〕
n. 元素;生活環境

Water is the *element* of fish.

魚的生活環境是水。

elevator〔'ɛlə,vetɚ〕
n. 升降運送機

The *elevator* is used for raising grain.

這架升降機是作運送穀物之用。

embarrass
〔ɪm'bærəs〕
vt. 使困窘

Meeting strangers *em-barrasses* Tom.
同 *fluster*

會見生人使湯姆侷促不安。

emergency
〔ɪ'mɝdʒənsɪ〕
n. 緊急事件

This fire extinguisher is to be used only in *emer-gency.* 同 *crisis*

這滅火器只在緊急時使用。

emphasis〔'ɛmfəsɪs〕
n. 強調

Some schools lay special *emphasis* on language study. 同 *stress*

有些學校特別注重語文學科。

encounter
〔ɪn'kaʊntɚ〕
vt. 遭遇 (困難)

He *encountered* his enemy.
同 *meet* ; *battle*

他迎戰敵人。

endeavor〔ɪn'dɛvɚ〕
vi. 努力
n. 努力 ; 竭力

Make every *endeavor* to be here early.
同 *try* ; *effort*

盡早來這裏。

engage〔ɪn'gedʒ〕 Miss A is *engaged* to 　A小姐與B先生訂了婚。
vt. 與…訂婚;忙於 Mr. B. 反 *disengage*

enlarge〔ɪn'lardʒ〕 Knowledge *enlarges* the 　知識使心胸廣大。
vt. 擴大;增長 mind. 同 *increase*

environment I know little about his 　我不大曉得他的家庭環
〔ɪn'vaɪrənmənt〕 home *environment*. 　境。
n. 圍繞;環境 同 *surroundings*

equal〔'ikwəl〕 All men are not *equal* 　人的能力並非全一樣的。
adj. 相等的;公平的 in ability.

escape〔ə'skep〕 We *escaped* from the 　我們從敵人手中逃出。
vi. 逃脫 enemy.
n. 脫逃 同 *evade* ; *flee*

eventual After several failures, 　數經失敗後,他最終的
〔ɪ'vɛntʃʊəl〕 his *eventual* success sur- 　成功甚使我們驚訝。
adj. 最後的 prised us. 同 *final*

evolution〔,ɛvə'luʃən〕 In politics, England pre- 　在政治方面,英國採取
n. 進化 fers *evolution* to revo- 　漸近而不喜歡革命。
lution. 反 *devolution*

exact〔ɪg'zækt〕 Your description is not 　你的記述不太正確。
adj. 正確的 very *exact*. 同 *detailed*

exaggerate You *exaggerate* the diffi- 　你誇大了那些困難。
〔ɪg'zædʒə,ret〕 culties.
vt. 誇大 同 *overstate* ; *stretch*

exhibition You're making an *exhi-* 　你是在出醜。
〔,ɛksə'bɪʃən〕 *bition* of yourself.
n. 表現;展覽會

extend〔ɪk'stɛnd〕 Can't you *extend* your 　你不能多停留幾天嗎?
vt. 伸展;延長 visit for a few days more?

extra 〔'ɛkstrə〕
adj. 額外的
n. 號外

You will receive *extra* pay 你的額外工作將獲額外
for *extra* work. 的報酬。
同 *additional* ; *surplus*

facility 〔fə'sɪlətɪ〕
n. 設備;熟練

Practice gives *facility*. 熟能生巧。
反 *difficulty*

fact 〔fækt〕
n. 事實;眞相

Tell me the *facts* of the 把案情的眞相告訴我。
case. 反 *fiction*

factor 〔'fæktɚ〕
n. 因素;原動力

Luck was a *factor* in his 幸運是他成功的一個因
success. 同 *cause* 素。

fail 〔fel〕
vi. 失敗;缺少

We tried but *failed*. 我們嘗試過,可是失敗
反 *succeed* 了。

fantasy 〔'fæntəzɪ〕
n. 奇想;幻想

He lives in a world of 他生活在幻想世界中。
fantasy.

favorite 〔'fevərɪt〕
adj. 最喜愛的
n. 最受喜愛的人或物

Who is your *favorite* 你最喜愛的小說家是誰?
novelist ?
同 *choice* ; *cherished*

feat 〔fit〕
n. 功績;偉大的事業

The dam is a stupendous 這水壩乃是一項驚人工
engineering *feat*. 程上的偉績。

聯考試題演練

1. He performed a heroic _____.　　　　　　　(67、69夜大, 98指考)
   (A) heel　　　　(B) deed　　　　(C) beef　　　　(D) peep

2. Coastal _____ are very important to a maritime power.
   (A) licenses　　　　(B) defenses　　　　(73、85日大, 73夜大,
   (C) offenses　　　　(D) suspenses　　　95、103學測, 104指考)

3. The boundary is not clearly _____.　(95、97、108學測, 92、94、105、107指考,
   (A) defined　　(B) refined　　(C) confined　　(D) fined　109指考補)

4. He didn't give me a _____ answer. (83、89、90日大, 90、92、94、103、107學測,
   (A) finite　　(B) indefinite　　(C) infinite　　(D) definite　98指考)

5. He _____ that I pay.　(95、97、100、102、105~107學測, 95、98~100、102、108指考,
   (A) decided　　(B) defended　　(C) demanded　　(D) depended　109指考補)

6. They _____ aid to him.　　　　　　(67日大, 75夜大, 100、104指考)
   (A) defied　　(B) dismayed　　(C) denied　　(D) decayed

7. He was _____ of his money.　　　　　(69日大, 75夜大, 95指考)
   (A) deprived　　(B) derived　　(C) thrived　　(D) contrived

8. She _____ the keys of the piano. (87、88日大, 92、94、101、109學測, 91、98、
   (A) expressed　(B) depressed　(C) suppressed　(D) impressed　104指考)

9. He _____ praise.　　　(73、86日大, 68夜大, 82台大夜, 93、95、96、109學測, 101指考,
   (A) observes　(B) deserves　(C) reserves　(D) preserves　93指考補)

10. Whether by accident or _____, he arrived too late to help
    us.　(92~95、97、99、101~104、106~109學測, 91~95、97~99、101、103、104、106~108指考,
    (A) sign　　(B) design　　(C) resigne　　(D) assign　93指考補)

11. She got so fat that she had to _____.　(98、104、107~109學測, 97、103、
    (A) diet　　(B) quiet　　(C) soviet　　(D) disquiet　109指考)

12. The professor concluded his last lecture with _____.
    (A) vanity　　　　　　(B) eternity　　(73、87、90日大, 80夜大, 91指考)

(C) opportunity   (D) dignity

13. The Chinese are a _____ people.   (71、73日大, 82夜大, 101學測, 95、99指考)
(A) urgent   (B) negligent   (C) emergent   (D) diligent

14. Don't let one failure _____ you.   (66、75夜大, 96學測, 92、95指考)
(A) discourage   (B) encourage   (C) average   (D) rage

15. Most older people _____ young men's long hair.   (68日大, 95、104學測,
(A) discourse   (B) discuss   (C) dislike   (D) disease   97、108指考)

16. We _____ democracy with them.   (99、100、102、104、106、109學測, 99、103~
(A) displayed   (B) disproved   (C) discussed   (D) disposed   105、108指考)

17. The village is _____ from our town.   (80、82、83日大, 73、74夜大, 94、95、
(A) distinct   (B) distant   (C) distiguished (D) distemperful 108學測)

18. The teacher _____ the examination papers to the class.
(A) distributed   (B) disturbed   (75、85、87日大, 70夜大, 93、95、
(C) districted   (D) distressed   102、105、107學測, 102、105指考)

19. You may read the _____ at your leisure.   (67、68日大, 92、95、96、103、
(A) agreement   (B) contentment   104、106學測, 91、96、98、99、
(C) announcement   (D) document   101、105、107指考)

20. The _____ date will be six months later.   (105、106、108、109學測, 107、
(A) subdue   (B) undue   (C) residue   (D) due   109指考, 109指考補)

21. _____ viewpoints are useful for our everyday life. (84、87~89日大,
(A) Academic   (B) Mimic   98、100、101、105、107學測, 91、93、94、
(C) Economic   (D) Economical   99、101、105、107指考, 93、109指考補)

22. Tom is _____ in every thing. (88~90日大, 94、95、101、107、109學測, 95、97、
(A) ancient   (B) sufficient   (C) efficient   (D) deficient   105指考)

23. He _____ his way through the crowd.   (67日大, 95、100學測)
(A) endowed   (B) blowed   (C) elbowed   (D) allowed

24. There was an _____ of truth in what he said. (106學測, 107、109指考,
(A) element   (B) assignment   (C) agreement   (D) enjoyment 109指考補)

25. He is＿＿＿＿ed by lack of money.　(72日大, 72、82夜大, 106、108學測,
　　(A) embark　　(B) embarrass　(C) emerge　　(D) embrace　　104指考)

26. Open this door in an ＿＿＿＿.　(68日大, 71、81夜大, 93、105、107學測, 93指考)
　　(A) emergration　(B) emergency　(C) emergence　(D) emersion

27. He put＿＿＿＿on the necessity of immediate action.　(66、87日大,
　　(A) crisis　　　　　　　(B) emphasis　　71、82夜大, 95、103、105、109指考)
　　(C) analysis　　　　　　(D) synthesis

28. I＿＿＿＿an old friend of mine on the road the other day.
　　(A) enclosed　　　　　　(B) encouraged　　(67、87、88日大, 68夜大, 103、
　　(C) encountered　　　　 (D) endowed　　　105、108學測, 93、95、105指考)

29. The sick woman made no＿＿＿＿to get better.　(95、106學測, 95指考,
　　(A) enemy　　(B) engineer　　(C) endeavor　(D) environment 109指考補)

30. ＿＿＿＿in conversation, we did not see him go out. (80、87日大, 72、
　　(A) Engaged　　　　　　(B) Imaged　　　　74夜大, 95、106學測,
　　(C) Managed　　　　　　(D) Encouraged　　95、103、105～107指考)

31. I asked a photo studio to ＿＿＿＿the photograph. (67、84日大, 75夜大,
　　(A) charge　　(B) enlarge　　(C) merge　　(D) emerge　　95學測)

32. He lived in a favorable＿＿＿＿in his boyhood. (84、88、89日大, 84夜大,
　　(A) scenery　　　　　　(B) entertainment　94、97～99、106～109學測, 93～
　　(C) scene　　　　　　　(D) environment　96、98、101、103、108、109指考)

33. Ten dimes are＿＿＿＿to one dollar.　(90、94、97、99、106學測, 98、102、103、
　　(A) not　　(B) just　　(C) equal　　(D) one　105、106、108指考)

34. Nobody can ＿＿＿＿from his fate.　(97、100、102、103、106、108學測, 102～
　　(A) deny　　(B) arrest　　(C) avoid　　(D) escape　104、109指考)

35. His ＿＿＿＿success is certain.　(92、97、101～104、107、108學測, 95、100～105、
　　(A) eventual　　(B) punctual　　(C) actual　　(D) intellectual 107指考)

36. Human＿＿＿＿takes a different course from the other anima-
　　ls !　　　　　(70、71、89日大, 95、98、103、105學測, 105、109指考)

(A) solution   (B) revolution   (C) resolution   (D) evolution

37. He taught the_____meaning of the word to us. (87日大, 90、94學測,
    (A) total   (B) exact   (C) perfect   (D) mimic   91、105指考)

38. His heart is greatly_____(e)d by disease.   (66、68日大, 105學測)
    (A) example   (B) exalt   (C) exaperate   (D) exaggerate

39. Their school holds an art _____every year. (85、89日大, 68夜大, 90、
    (A) exhausted   (B) existence   106學測, 101、105、108指考)
    (C) exhibition   (D) exigency

40. Can't you_____your visit for a few days more ? (98學測, 98、104、
    (A) extend   (B) exquisite   (C) extent   (D) extenuate   105指考)

41. Television is available in each of the hotel rooms for an ____
    charge.   (87、89日大, 72、73、84夜大, 92、95、109學測, 98、101、108指考, 93指考補)
    (A) extra   (B) extirpate   (C) extract   (D) extinct

42. In the country one has no_____for study. (89日大, 103、105、108學測,
    (A) facilitate   (B) facilities   (C) fables   (D) fabric   94、98指考)

43. A sense of fun is close to a_____of humor. (106、108、109學測, 107、
    (A) feature   (B) favorite   (C) fact   (D) fit   108指考, 109指考補)

44. Diligence was the principal_____in his success. (105、108學測, 104、
    (A) factor   (B) factory   (C) facture   (D) factual   106、107指考)

45. What shall I do if I_____to find my lost key ? (103學測, 109指考,
    (A) fade   (B) face   (C) fag   (D) fail   109指考補)

46. He likes to build _____and castles in the air.(74、75夜大, 94、95學測,
    (A) farces   (B) fantasies   (C) farms   (D) faces   91、102指考)

47. What is your_____food ?   (79日大, 90、92、95~98、101、103、106、108學測,
    (A) favorite   (B) definite   (C) fatigue   (D) fatal   91、95、105指考)

48. Apparently impossible_____s are now accomplished by
    science.   (71、85日大, 72夜大, 95、97學測, 91、95、102指考)
    (A) fact   (B) feature   (C) feast   (D) feat

【解答】

1.(B)　2.(B)　3.(A)　4.(D)　5.(C)　6.(C)　7.(A)　8.(B)　9.(B)　10.(B)
11.(A)　12.(D)　13.(D)　14.(A)　15.(C)　16.(C)　17.(B)　18.(A)　19.(D)　20.(D)
21.(C)　22.(C)　23.(C)　24.(A)　25.(B)　26.(B)　27.(B)　28.(C)　29.(C)　30.(A)
31.(B)　32.(D)　33.(C)　34.(D)　35.(A)　36.(D)　37.(B)　38.(D)　39.(C)　40.(A)
41.(A)　42.(B)　43.(C)　44.(A)　45.(D)　46.(B)　47.(A)　48.(D)

心得筆記欄

頻率表 *451 ～ 500*

請您將認識的單字，
在A欄中作記號。

A B

☐☐ feed
☐☐ foundation
☐☐ fountain
☐☐ future
☐☐ generate
☐☐ generation
☐☐ generous
☐☐ glory
☐☐ goal
☐☐ gorge
☐☐ grammar
☐☐ grand
☐☐ grant
☐☐ grasp
☐☐ habit
☐☐ harvest
☐☐ height
☐☐ historical
☐☐ horror
☐☐ ignore
☐☐ illegal
☐☐ imitate
☐☐ immortal
☐☐ imply
☐☐ import

A B

☐☐ impress
☐☐ incline
☐☐ include
☐☐ incredible
☐☐ income
☐☐ industry
☐☐ influence
☐☐ insect
☐☐ institution
☐☐ intellectual
☐☐ intelligence
☐☐ interrupt
☐☐ invent
☐☐ investment
☐☐ involve
☐☐ item
☐☐ join
☐☐ laboratory
☐☐ lecture
☐☐ leisure
☐☐ liar
☐☐ library
☐☐ literature
☐☐ load
☐☐ local

≪頻率順序 451 ～ 500 ≫

feed 〔fid〕
vt. 飼育；供養
vi. 取為食料

He has a large family to *feed*. 圁 *nourish*; *supply*
他必須養活一個大家庭。

The sheep *feed* on grass.
羊以草為食。

foundation *n.* 基礎
〔faʊn'deʃən〕

The rumor has no *foundation*. 圁 *base*; *ground*
謠言無根據。

fountain 〔'faʊntn〕
n. 噴水池；本源

He poisoned the *fountain* of trust. 圁 *spring*
他破壞信用的本源。

future 〔'fjutʃɚ〕
n. 將來

Our *future* seems very uncertain. 圂 *past*
我們的前途似難預料。

generate 〔'dʒɛnə,ret〕
vt. 產生；使發生

A dynamo *generates* electricity. 圁 *cause*
發電機發電。

generation
〔,dʒɛnə'reʃən〕
n. 同時代的人

Our *generation* has seen a lot of changes.
我們這一代的人曾經歷過許多變化。

generous 〔'dʒɛnərəs〕
adj. 慷慨的；大方的

Mr. White was *generous* with his money. 圂 *severe*
懷特先生用錢大方。

glory 〔'glɔrɪ〕
n. 光榮

He won wealth and *glory*.
圂 *dishonor*
他贏得財富和光榮。

goal 〔gol〕
n. 終點；目標

He was the first to cross the *goal*. 圂 *starting*
他是第一個越過終點的。

gorge 〔gɔrdʒ〕
n. 厭惡
vt. 塞飽

The cruelty of war made his *gorge* rise.
圁 *stuff*; *devour*
戰爭的殘暴使他痛惡萬分。

grammar 〔'græmɚ〕
n. 文法；語法

His *grammar* is shocking.
他的措辭糟透了。

grand 〔grænd〕
adj. 雄偉的；主要的

He lives in a *grand* house.
圁 *large*; *great* 圂 *petty*
他住在一所富麗堂皇的房子裏。

grant〔grænt〕
vt. 允許；承諾
n. 許可

Please **grant** this request 請答應我們這項請求。
of ours. 同 *give*；*donate*

I **grant** that I am wrong. 我承認我錯了。

grasp〔græsp〕
vt. 緊握　n. 緊握

Grasp all, lose all.　　　樣樣都要，全部失掉。

同 *seize*；*hold* 反 *loosen*

habit〔'hæbɪt〕
n. 習慣

Habit is a second nature. 習慣是第二天性。

同 *custom*；*practice*

harvest〔'hɑrvɪst〕
n. 收穫；成果
v. 收割

The research yielded a 該項研究有了豐碩的成
rich **harvest**.　　　　　果。

同 *reap*；*gather*

height〔haɪt〕
n. 高度；身高

What is your **height**?　　你有多高？

historical
〔hɪs'tɔrɪkl̩〕
adj. 歷史的

The Meiji Restoration 明治維新在日本史上創
marks a **historical** epoch 一歷史新紀元。
in the Japanese history.

horror〔'hɑrɚ〕
n. 恐怖

She fled in **horror**.　　　她嚇跑了。

ignore〔ɪg'nor〕
v. 忽視

He tried to **ignore** my re-他想要忽視我的意見。
marks. 同 *disregard*

illegal〔ɪ'ligl̩〕
adj. 違法的

He committed an **illegal** 他做了不法的行為。
act.

imitate vt. 模仿
〔'ɪmə,tet〕

The little boy **imitated** 這小男孩模仿他的父親。
his father. 反 *create*

immortal〔ɪ'mɔrtl̩〕
adj. 不死的

A man's body dies, but 一個人的內體死去，但
his soul may be **immortal**.其靈魂可能不死。

imply〔ɪm'plaɪ〕
vt. 暗示

Silence sometimes **im-** 沉默有時意味應允。
plies consent. 同 *suggest*

import vt. 輸入；意含What does this news **im-** 此項消息有何意義？
〔ɪm'port〕n. 輸入品 **port**? 反 *export*

impress〔ɪm'prɛs〕I was deeply ***impressed*** 那光景在我心中留下深
vt. 使有深刻印象　　with the sight. 同 *effect* 刻印象。

incline〔ɪn'klaɪn〕Dogs ***incline*** toward meat 狗愛以肉爲食。
vi. 愛好；傾向　　as a food. 反 *decline*

include〔ɪn'klud〕The greater ***includes*** the 較大者包含較小者。
vt. 包括　　less. 反 *exclude*

incredible *adj*. 可疑的 The story seems ***incre-*** 我想那故事大不可能。
〔ɪn'krɛdəbl〕***dible*** to me. 反 *credible*

income〔'ɪŋ,kʌm〕He lives within his ***in-*** 他生活量入爲出。
n. 收入　　***come***. 同 *receipts*; *returns*

industry〔'ɪndəstrɪ〕Poverty is a stranger to 勤勞的人不會窮。
n. 勤勉；工業　　***industry***. 同 *trade*

influence He had a great ***influence*** 他對周遭的人有很大的
〔'ɪnfluəns〕on those around him. 影響力。
n. 影響；權勢 You have some ***influence*** 你多少能左右他們。
with them. 同 *sway*

insect〔'ɪnsɛkt〕Flies, mosquitoes, and 蚊，蠅，蚋皆係昆蟲。
n. 昆蟲　　gnats are ***insects***.

institution Public libraries, public 公共圖書館；公立公園
〔,ɪnstə'tjuʃən〕parks and museums are 和博物館都是公共設施。
n. 社會或教育事業 all ***institutions***.
　機構；創立

intellectual We think her a lettered 我們認爲她是個有學問
〔,ɪntl̩'ɛktʃuəl〕woman, for she speaks 的女人，因爲她說話文
adj. 智力的 in an ***intellectual*** way. 謅謅的。

intelligence *n*. 智力 The children were given 那些孩子們接受了智力
〔ɪn'tɛlədʒəns〕an ***intelligence*** test. 測驗。

interrupt *vt*. 打斷 A strange sound ***interrupt-*** 一個怪聲打斷了他的演
〔,ɪntə'rʌpt〕***ed*** his speech. 說。

invent〔ɪn'vɛnt〕
*vt.*發明

Who **invented** the steam engine？囚 *imitate*

誰發明了蒸汽機？

investment
〔ɪn'vɛstmənt〕
*n.*投資

Getting an education was a wise **investment** of time and money.

受教育是時間與金錢明智的投資。

involve〔ɪn'vɑlv〕
*vt.*包括；影響

It would **involve** living apart from my family.

那必然會使我和家人分居。

item〔'aɪtəm〕
*n.*條；項目

Are there any interesting **items** in the paper this morning？回 *part*；*segment*

今晨報紙上有什麼有趣的新聞嗎？

join〔dʒɔɪn〕
*vt.*連接；參加
*n.*相交點

I will **join** you later.
回 *connect*；*fasten*

過些時我將隨同你一起。

laboratory
〔'læbrə,torɪ〕
*n.*科學實驗室
*adj.*科學實驗室的

The fact was discovered in his chemical **labora-tory**.

這事實在他化學實驗室中被發現。

lecture〔'lɛktʃɚ〕
*n.*演講；教訓
*vt.*對…演講

The students listened to his **lecture** from beginning to end. 回 *speech*；*talk*

學生們聽他的演講從頭到結束。

leisure〔'liʒɚ〕
*n.*空閒；自在
*adj.*閒暇的

I have not a moment's **leisure**.
回 *freedom*；*spare time*

我沒有一點空閒。

liar〔'laɪɚ〕
*n.*說謊者

A successful **liar** should have a good memory.

成功的說謊者應有很好的記憶力。

library〔'laɪ,brɛrɪ〕
*n.*圖書館；書房

The house contained a **li-brary** besides the living, dining, and kitchen areas.

那棟房子除了客廳、餐廳及廚房外尚有書房。

literature *n.*文學
〔'lɪtərətʃɚ〕

Literature stands related to man as science stands to nature.

文學之於人的關係正如科學之於自然。

load 〔 lod 〕
n. 負荷
v. 裝載貨物（於）

Have you finished *loading* up yet? 反 *unload*
同 *burden* ; *pack*

你將貨物裝上（貨車）了嗎？

local 〔 'lokl 〕
adj. 地方的
n. 地方新聞

As a young reporter, he covered the *locals*.
同 *regional* ; *limited*

作爲一個年輕記者，他曾擔任地方新聞的採訪。

•心得筆記欄•

聯考試題演練

1. The moving belt_____s the machine the raw material. (105指考,
   (A) fee   (B) feed   (C) face   (D) federate   109指考補)

2. The_____of the Republic of China was in 1911. (90、92、96、103學測,
   (A) foundation (B) foster   (C) fountain   (D) feature 98、102、108指考)

3. A married man should provide for the_____of his family.
   (A) fusion   (B) fussy   (90、93、94、97~99、102、103、105、107、109學測,
   (C) further   (D) future   94、97、98、100、104、106、107指考, 93指考補)

4. Atomic power is used to_____electricity in the U.S.A.
   (A) generally   (B) gaze   (71日大, 70夜大, 92、99、
   (C) generate   (D) geologize   104學測, 100、104、106指考)

5. It was very_____of them to share with their friend.
   (A) general   (B) genius   (82、85日大, 70、72夜大, 96、
   (C) generous   (D) genteel   97、103、105學測, 92指考)

6. Scientific achievement may bring greater_____than fighting.
   (A) glory   (B) gloom   (71日大, 69夜大, 95、106學測)
   (C) gloss   (D) gloat

7. We want to achieve our_____within a month. (100、103、108學測, 102、
   (A) glass   (B) goal   (C) goose   (D) gleam   105、108指考)

8. The cruelty of war made his_____rise.   (75、89日大, 75夜大, 95、
   (A) goof   (B) gossip   (C) government (D) gorge   104指考)

9. Generally, Japanese know English_____but can't speak it
   well.   (71、85、88、90日大, 82台大夜, 95學測, 92、99指考)
   (A) grammar   (B) grace   (C) goal   (D) guard

10. What_____clothes you're wearing！ (66、73日大, 99學測, 94、99指考)
    (A) grand   (B) garage   (C) grange   (D) grandeur

11. I_____him permission to do this thing. (90、101學測, 94、100、105指考)

(A) grand   (B) granite   (C) grant   (D) graph

12. He _____ed her hands firmly at the airport.   (67、88日大, 67夜大)

(A) greet   (B) grasp   (C) govern   (D) great

13. My wife is in the _____ of reading books in the bathroom.

(A) hail   (B) habitate   (71、87、88日大, 72夜大, 93、94、98、

(C) habit   (D) hack   104、109學測, 92、98、99、103、109指考)

14. The research yielded a rich _____.   (75日大, 94、97、99、104、108學測, 93、

(A) harsh   (B) hare   (C) harmony   (D) harvest   99、100指考)

15. Tokyo Tower is famous for it's _____ all over the world.

(A) height   (B) haul   (72、75日大, 96、100學測,

(C) halt   (D) haste   94、96、104指考)

16. The Meiji Restoration marks a _____ epoch in Japanese

history.   (68、77、87日大, 75、80夜大, 94、101、104、108學測, 92、93、102、104、105指考)

(A) hate   (B) historical   (C) haunt   (D) harness

17. She recoiled in _____ from the snake.   (68日大, 72夜大, 100指考)

(A) hobble   (B) hoard   (C) horror   (D) hoax

18. He often _____s a traffic light.   (94~96、101、105學測, 95、100、101指考,

(A) ignore   (B) index   (C) identify   (D) indicate   93指考補)

19. This is an _____ trial.   (69、77、87日大, 106學測, 96、98、103、107指考, 93、

(A) illegal   (B) illegible   (C) ill   (D) illiquid   109指考補)

20. You should _____ the virtues of great and good men.   (68、69、81、

(A) imbue   (B) imbide   86、88日大, 77夜大,

(C) immense   (D) imitate   106學測, 106指考)

21. A man's body dies, but his soul may be _____.   (67日大, 67夜大,

(A) immovable   (B) immortal   93指考補)

(C) immit   (D) imitative

22. Silence sometimes _____ consent. (80、87日大, 94、95、98、103、107學測, 95、

(A) imports   (B) important   (C) implies   (D) impounds   106指考)

23. America _____s raw silk from Japan. (69、80日大, 68夜大, 102學測,
    (A) impotence (B) import (C) implore (D) impost 108指考)

24. A hero _____(e)s us with his courage. (98、101、103、104、106～108學測,
    (A) imprecise (B) impress (C) imprecate (D) imprace 104指考)

25. Increasing knowledge _____s one to further study. (90、93、94學測,
    (A) inclose (B) include (C) incline (D) income 93～95、106指考)

26. The price _____s postage charges. (70、75、83、88日大, 90、93、101～
    (A) increase (B) incrassate 105、107～109學測, 93、95、97、98、
    (C) incorporate (D) include 100～109指考, 93、109指考補)

27. The hero fought with _____bravery. (66、67、86日大, 99學測, 92、104、
    (A) incredible (B) inculpable (C) incuse (D) incurable 108指考)

28. My father lives on an _____from his annuity. (88日大, 68、74夜大,
    (A) income (B) incorporator 93、101指考)
    (C) inconstancy (D) inconsideration

29. Heavy _____in Japan developed after the war. (109學測, 106、108指考,
    (A) infamy (B) ifancy (C) industry (D) inference 109指考補)

30. What is the _____of the moon on the seasons？(88、89日大, 92、94、
    (A) informality (B) influence 95、97～100、102、106、108學測, 94、
    (C) influx (D) inflation 95、101、102、104、105、106、109指考)

31. Collecting _____is a good hobby for pupils. (66、81、85日大, 71夜大,
    (A) insular (B) insular 94、95、99、100、105、108學測,
    (C) inevitability (D) insects 93、99、100、103、107指考)

32. My mother works in a charitable _____. (67、75、90日大, 76夜大, 101、
    (A) insemination (B) institution 106學測, 92、96、101、107指考)
    (C) insulant (D) insurance

33. You can be called an _____with constant study. (82、87、88日大,
    (A) imitation (B) intellectual 82夜大, 91、96、106指考)
    (C) intimate (D) immortal

34. The average _____can afford to receive a medical education.

(A) intelligence　　　　(B) insult

(C) intellect　　　　　(D) insurrection

(71、81、83、87、88日大, 100、102、103、106學測, 93、96、105指考)

35. The war_____ed the flow of commerce between the two countries. (70、82、89日大, 68、81夜大, 93、98、104學測)

(A) interrogate　(B) interplay　(C) interrupt　(D) intern

36. Who_____ed the telephone? (75、77、82、84、87、89日大, 69、84夜大, 90、94、104~106、109學測, 91、92、94、107指考, 109指考補)

(A) invent　　　　　(B) internalize

(C) interpenetrate　　(D) interlink

37. National bonds are a safe_____. (71、83、87、90日大, 70、81夜大, 95學測, 96、102、103、105指考, 109指考補)

(A) invitation　　　　(B) investigation

(C) investment　　　 (D) inverse

38. The president was_____in the scandal. (106、108、109學測, 106、109指考, 109指考補)

(A) ireful　　(B) invoice　　(C) involved　　(D) invert

39. Are there any interesting_____s in the paper this morning?

(A) ivory　　　　　(B) itch

(C) item　　　　　(D) izzat

(80日大, 90、94、99、101、102、108學測, 93、97、98、102、104、109指考, 93、109指考補)

40. The brook_____s the river. (97、99、103、107學測, 93、94、98、99、101、104~106指考)

(A) join　　　(B) job　　　(C) joggle　　(D) jingle

41. He was_____ing a group of tourists. (73、83日大, 95學測, 91、92、101指考)

(A) leak　　(B) lecture　　(C) leaven　　(D) leave

42. Please look through these papers at your_____. (90學測, 96指考, 109指考補)

(A) legend　　(B) length　　(C) legal　　(D) leisure

43. A successful_____should have a good memory. (66、67日大)

(A) libelant　　(B) liaison　　(C) liar　　(D) liberator

44. The house contained a_____besides the living room, dining room and kitchen. (73、74、85日大, 80、81夜大, 94學測, 97、106指考, 93指考補)

(A) lick　　(B) liberty　　(C) library　　(D) libation

45. _____is related to man as science is to nature. (103、104學測,

(A) Literature　(B) Listener　　(C) Lister　　(D) Lint　99、104、107指考)

46. The normal teaching＿＿＿＿of a full professor is eight hours
    a week.　　　　　　　　　　　　　(67、72日大, 93、102、104指考)
    (A) loath　　　(B) lob　　　(C) loan　　　(D) load

47. It is very interesting to me to read a＿＿＿＿newspaper.
    (A) local　　　　　　(B) loom　　(94、99、102、105、107學測, 91、93、94、
    (C) loose　　　　　　(D) loony　　101、103、104、106、107指考, 109指考補)

【 解答 】

1.(B)	2.(A)	3.(D)	4.(C)	5.(C)	6.(A)	7.(B)	8.(D)	9.(A)	10.(A)
11.(C)	12.(B)	13.(C)	14.(D)	15.(A)	16.(B)	17.(C)	18.(A)	19.(A)	20.(D)
21.(B)	22.(C)	23.(B)	24.(B)	25.(C)	26.(D)	27.(A)	28.(A)	29.(C)	30.(B)
31.(D)	32.(B)	33.(B)	34.(A)	35.(C)	36.(A)	37.(C)	38.(C)	39.(C)	40.(A)
41.(B)	42.(D)	43.(C)	44.(C)	45.(A)	46.(D)	47.(A)			

頻率表 *501 ～ 550*

請您將認識的單字，
在A欄中作記號。

A B

□□ luxury

□□ marriage

□□ mass

□□ memory

□□ message

□□ millionaire

□□ military

□□ misery

□□ moral

□□ note

□□ obedient

□□ objective

□□ observe

□□ obtain

□□ occasion

□□ occur

□□ onion

□□ oppress

□□ original

□□ otherwise

□□ pain

□□ paralyze

□□ part

□□ party

□□ passion

A B

□□ path

□□ patient

□□ pay

□□ peculiar

□□ perceive

□□ perform

□□ philosophy

□□ phone

□□ photograph

□□ plain

□□ planet

□□ popularity

□□ pose

□□ possess

□□ potential

□□ poverty

□□ precede

□□ preparation

□□ prescription

□□ president

□□ press

□□ prestige

□□ pretend

□□ prevention

□□ primary

≪ 頻率順序 501 ～ 550 ≫

luxury〔'lʌkʃərɪ〕
　　n.奢侈；奢侈品
His salary is so low that he can enjoy few ***luxuries***. 回 *extravagance*
他的薪水很低，所以不能享受什麼奢侈品。

marriage〔'mærɪdʒ〕
　　n.婚姻
Their ***marriage*** was a very happy one.
他們的婚姻非常美滿。

mass〔mæs〕
　　n.塊
　　v.成爲一團
The clouds had ***massed*** in the west.反 *bit*
回 *bulk* ; *lump*
雲朵結集在西邊。

memory〔'mɛmərɪ〕
　　n.記憶力；紀念
Commit the poem to ***memory***.
記住這首詩。

message〔'mɛsɪdʒ〕
　　n.消息
　　v.通信
The ***message*** was important.
We ***messaged*** him that everything was going well. 回 *word*
這消息很重要。

我們通知他一切順利。

millionaire
　　〔,mɪljən'ɛr〕
　　n.百萬富翁;大富豪
He is a ***millionaire*** several times over.
他是幾百萬的大富翁。

military〔'mɪlə,tɛrɪ〕
　　adj.軍事的
　　n.軍人；軍隊
The ***military*** were called in to deal with the rioting. 回 *army*
軍隊被調來應付暴亂。

misery〔'mɪzərɪ〕
　　n.痛苦；不幸
Misery loves company.
反 *happiness*
禍不單行。

moral〔'mɔrəl〕
　　adj.品性端正的
　　n.教訓；品行
You may draw your own ***moral*** from this.
回 *right* ; *just*
你可以從這裏得到對自己的教訓。

note〔not〕 | I didn't take any ***notes***. | 我沒有記一點筆記。
n. 摘記；注意 | 同 *write* ; *record*
v. 記錄；注意

obedient〔ə'bidɪənt〕 | He is an ***obedient*** boy. | 他是個聽話的孩子。
adj. 順從的

objective | Actions are ***objective***. | 行動是眞實的。
〔əb'dʒɛktɪv〕 | 反 *subjective*
adj. 眞實的;客觀的 | My ***objective*** this summer | 我今夏的目標是學游泳。
n. 目的 | will be learning to swim.

observe〔əb'zɝv〕 | I ***observed*** him go out. | 我看見他出去了。
vt. 觀看；觀察 | 同 *see* ; *note*

obtain〔əb'ten〕 | He ***obtained*** a know- | 他學會了拉丁文。
vt. 獲得；擁有 | ledge of Latin.

occasion〔ə'keʒən〕 | It is a favorable | 此爲一有利的時機。
n. 特殊的時機 | ***occasion***.
vt. 導使；惹起

occur〔ə'kɝ〕 | Such a thing hardly | 這樣一件事情難得發生。
vi. 發生；使想起 | ***occurs***.
| An idea ***occurs*** to me. | 我想起一計。

onion〔'ʌnjən〕 | There's too much ***onion*** | 生菜食品中洋蔥太多了。
n. 洋蔥 | in the salad.

oppress〔ə'prɛs〕 | The country was ***oppressed*** 該國被暴君的統治所壓
vt. 壓迫；壓制 | by a tyrant's rule. | 迫。

original〔ə'rɪdʒənl〕 | The ***original*** plan was | 最初的計劃後來改變了。
adj. 最初的;原作的 | afterwards changed.
| 反 *copy* ; *translation*

otherwise
〔'ʌðɚ,waɪz〕
adv. 在別的方面
conj. 否則

Do what you are told ;
otherwise you will be
punished.

你得聽話，否則你將受
罰。

pain〔pen〕
n. 疼痛
vi. 疼痛

A toothache is a *pain*.
回 *suffering* ; *hurt*

牙痛是一痛苦。

paralyze〔'pærə,laɪz〕
vt. 使麻痺

His left arm was *para-lyzed*. 回 *deaden*

他的左臂癱瘓了。

part〔pɑrt〕
n. 部份；角色
v. 分開；分離

Only *part* of his story
is true.
We'll *part* no more.

他的故事只有一部分是
眞實的。
我們再也不分離了。

party〔'pɑrtɪ〕
n. 集會；政黨
vt. 以晚宴款待

The delegates were
partied.
回 *group* ; *company*

諸位代表接受招待參加
宴會。

passion〔'pæʃən〕
n. 熱情；愛情

Hate and fear are *pas-sions*.

恨與懼是強烈的情感。

path〔pæθ〕
n. 小徑

Keep to the *path* or you
may lose your way.

沿著這小路走，否則你
可能會迷路。

patient〔'peʃənt〕
adj. 忍耐的

n. 病人

Please be *patient*.
反 *impatient*

請忍耐些。

pay〔pe〕
vt. 付款
n. 工資

I have already *paid* for
the book.
回 *give* ; *compensate*

我已付清此書價款。

peculiar
〔pɪ'kjuljɚ〕
adj. 奇異的;特有的

This book has a *pecu-liar* value.
回 *strange* ; *odd*

這本書有特殊的價值。

perceive〔pɚ'siv〕 Nobody **perceived** me en- 沒有人發覺我進入房間。
vt. 覺察；知覺 tering the room.

perform〔pɚ'fɔrm〕 He **performed** his duty 他忠實地執行任務。
v. 完成；上演 faithfully. 回 *do*；*act*

philosophy *n*. 哲學 He majors in **philosophy**. 他主修哲學。
〔fə'lɑsəfɪ〕

phone〔fon〕 My friend **phoned** me at 那星期日早上十時，朋
v. 打電話 10 a.m. that Sunday. 友曾打電話給我。

photograph Let's take a **photo-** 我們把它照下來。
〔'fotə,græf〕 **graph** of it.
n. 照片 *v*. 攝影 回 *snap*；*film*

plain〔plen〕 The meaning is quite 這意義十分明顯。
adj. 清楚的;坦白的 **plain**.
n. 平原 回 *clear*；*understandable*

planet〔'plænɪt〕 A **planet** is a heavenly 行星是環繞太陽運行的
n. 行星 body that moves around 天體。
the sun.

popularity His **popularity** with stu- 他在學生中的聲望急速
〔,pɑpjə'lærətɪ〕 dents increased rapidly. 升高。
n. 流行；普遍 反 *unpopularity*

pose〔poz〕 The **pose** in the portrait 這雕像的姿勢很美。
n. 姿勢；僞裝 is very fine.
v. 作姿勢 回 *posture*；*position*

possess〔pə'zɛs〕 He **possessed** courage. 他有勇氣。
vt. 具有；持有 回 *own*；*have*

potential〔pə'tɛnʃəl〕He hasn't realized his 他尚未完全發揮他的潛
adj. 可能的 *n*. 潛力 full **potential** yet. 力。

poverty〔'pɑvɚtɪ〕 | He lived in a state of | 他生活在極度窮困中。
n. 貧窮；缺乏 | extreme *poverty*.

precede〔pri'sid〕 | This measure must be | 在採取此措施前須用溫
vt. 在前 | *preceded* by mild ones. | 和的手段。

preparation | The meal is in *prepa-* | 飯菜在預備中。
〔,prɛpə'reʃən〕 | *ration*.
n. 準備 | 回 *equipment*；*plan*

prescription | He fills a *prescription*. | 他照藥方配藥。
〔prɪ'skrɪpʃən〕 | 回 *order*；*direction*
n. 規定；藥方

president | The *President* of France | 法國第三共和的總統與
〔'prɛzədənt〕 | under the Third Republic | 立憲君主相似。
n. 董事長；總統 | resembled a constitutional | monarch.

press〔prɛs〕n. 壓 | The *press* of many duties | 許多事物纏身使她忙碌
vt. 壓；緊抱 | keeps her busy. | 不停。

prestige〔prɛs'tiʒ； | His *prestige* rose. | 他的威望提高了。
'prɛstɪdʒ〕n.威望 | 回 *importance*；*greatness*

pretend〔prɪ'tɛnd〕 | She *pretends* to like you, | 她偽稱喜歡你，但在背
vt. 偽裝；偽稱 | but talks about you behind | 後批評你。
| your back.

prevention | *Prevention* is better than | 預防勝於治療。
〔prɪ'vɛnʃən〕 | cure.
n. 防止；預防

primary | That is his *primary* goal | 那是他一生中的主要目
〔'praɪ,mɛrɪ〕 | in his life. | 標。
adj. 初級的；
主要的

聯考試題演練

1. His salary is so low that he can enjoy few _____. (70日大, 68、
   (A) lurchers　　　　　(B) lamp　　　　81夜大, 95、101學測,
   (C) lumber　　　　　(D) luxuries　　　103、104、107指考)

2. She objected to an arranged _____. (92、95、102、103、107、108學測, 95、
   (A)mayor　　(B)maximum　　(C)marriage　　(D)maxim　　97、98指考)

3. There were _____es of dark clounds in the sky. (90、96學測, 95、
   (A) massage　　(B) mass　　(C) mess　　(D)master 96、98、108指考)

4. They are going to erect a monument in _____of the dead.
   (A)memento　　　　　(B)memoir　　(95、97、101、103、104、106、108學測,
   (C)member　　　　　(D)memory　　93、97、99、104、108指考, 109指考補)

5. I've just received a _____from him. (94、106、109學測, 94、95、100、101、
   (A) message　　(B) merge　　(C) garage　　(D) mere　　104、107指考)

6. He was born a _____. (86、90學測, 105指考)
   (A) millionaire　　　　(B)mill
   (C) millenary　　　　(D)military

7. He lost his health in the _____service. (102學測, 104、106、107指考,
   (A) mercy　　(B) midst　　(C)military　　(D)middle　　109指考補)

8. _____loves company. (69、86日大, 70夜大, 102學測)
   (A)Misgiving　　(B) Misery　　(C) Mercy　　(D) Miss state

9. I want you to live a _____life. (67、89、90日大, 70夜大, 98學測, 91指考)
   (A)muture　　(B)mist　　(C)moral　　(D) missive

10. There was a _____of invitation on the table.(102、107學測, 101、104、
    (A) nose　　(B) note　　(C)notch　　(D) notation　　106指考)

11. A servant must be _____to his master. (72、78日大, 81夜大)
    (A) obedient　　(B) oath　　(C) oasis　　(D) objected

12. My _____this summer will be learning to swim.(104~106、108學測,

(A) objective   (B) oblige   (C) oblivious   (D) oblong   102、103指考)

13. I_____(e)d that an old lady became very pale.(108、109學測, 109指考,

    (A) obstruct   (B) obsolete   (C) observe   (D) obligate   109指考補)

14. He studied hard to_____a scholarship. (66、75日大, 81夜大, 99、102學測,

    (A) obtain   (B) obvious   (C) occupy   (D) obviate   93、97指考)

15. She found an_____to talk with a famous writer.   (108、109學測,

    (A) opinion   (B) obtrusion   (C) occupation   (D) occasion   106、109指考)

16. It_____to me that I had first met her ten years ago.

    (A) objected   (B) occurred   (94、98、103、104、106、107、109學測, 95、

    (C) obeyed   (D) omitted   100、101、104、106、107指考, 93指考補)

17. There is too much_____in the salad.   (70、75、89日大, 99、106學測)

    (A) oak   (B) onion   (C) oar   (D) oath

18. A good ruler will not_____the poor.   (69、70夜大)

    (A) impress   (B) opposite   (C) oppress   (D) opportunity

19. The_____locomotive was invented by Stephenson. (109學測、指考、

    (A) option   (B) opulence   (C) opinion   (D) original   指考補)

20. He reminded me of what I should_____have gotten.(105、109學測,

    (A) ought   (B) ounce   (C) otherwise   (D) other   103、104指考)

21. I dreaded the_____of separation from them.   (99、100、106學測,

    (A) plain   (B) page   (C) pain   (D) pageant   103、108指考)

22. Fear_____s my mind.   (68日大, 72夜大, 101學測, 91、94指考)

    (A) paralyze   (B) pant   (C) parade   (D) panick

23. A dime is a tenth_____of a dollar. (101、104~109學測, 101~108指考,

    (A) partake   (B) part   (C) particle   (D) parted   109指考補)

24. On her birthday she had a_____and invited her friends.

    (A) partition   (B) parting   (81、86、87日大, 69、70夜大, 95、108學測,

    (C) particular   (D) party   93、94、99、101、104、105指考)

25. Our schoolmaster has a _____ for music.　(67、88日大, 100、104學測,
    (A) passion　　(B) pass　　(C) parure　　(D) pasture　96、108指考)

26. Keep to the _____, and you'll get to a river.　(93、104、106學測,
    (A) patch　　(B) pasty　　(C) path　　(D) paste　93、104指考)

27. The Smiths are _____ s of Dr. Quack.　(90、92、97、104、109學測, 92、
    (A) patron　　(B) patient　　(C) patrician　　(D) patrial　97、98指考)

28. It wouldn't _____ me to take the job.(102、103、105、107學測, 101~103、
    (A) pause　　(B) patter　　(C) pave　　(D) pay　105~107、109指考)

29. Kyoto is an old town with a _____ history.　(68、73日大, 92、103、
    (A) peculiar　　(B) peaceful　　(C) pure　　(D) party　108指考)

30. I _____ that I could not make her change her mind.
    (A) perched　　　　(B) penetrated　　(71、72日大, 98、109學測,
    (C) peracuted　　　(D) perceived　　96、101、104、105、107指考)

31. _____ teaches us how to live.　(66、70日大, 76夜大, 100、101、106、107指考,
    (A) Philanthropism　　(B) Phenomenology　93指考補)
    (C) Philosophy　　　 (D) Philatelic

32. My friend _____ me at 10 a.m. that Sunday.(102、103學測, 102、103、107、
    (A) pondered　　(B) phoned　　(C) poised　　(D) appended　108指考)

33. You always _____ badly.　(77、84日大, 66、71夜大, 95、98、101、104學測, 93、
    (A) phrase　　　　(B) physic　　107指考)
    (C) photocopier　 (D) photograph

34. It is _____ enough that he should do our duty. (101、103、108學測,
    (A) prepare　　(B) piddle　　(C) plenty　　(D) plain　95、96指考)

35. A _____ is a heavenly body that moves around the sun.
    (A) plate　　　(B) planet　　(81、82日大, 95、109學測, 91、97、
    (C) plant　　　(D) platform　100、103、108、109指考, 109指考補)

36. The dictionary won great _____.　(103、104、106、109學測, 101、102、104、
    (A) popularity　(B) port　　(C) population　(D) portion　105、107指考)

37. The actress _____ for photographers.　(99、100、104、105、108、109學測,
(A) posed　　(B) popped　　(C) pored　　(D) pondered　108、109指考)

38. The old man was believed to _____ gold ornaments of great
value.　(70、72、87、88日大, 82台大夜, 95、101學測, 91、103、105、108、109指考)
(A) positive　　(B) pound　　(C) postpone　　(D) possess

39. Everybody has a _____ ability.　(83、90日大, 80、81夜大, 96、99、100、
(A) potential　　　　(B) powder　　103、107學測, 92～94、97、100～103、
(C) precarious　　　(D) postal　　105、107、108指考, 93指考補)

40. We were all in _____ during the war.　(77、90日大, 90、106學測, 102指考,
(A) postage　　(B) posterity　　(C) poverty　　(D) position　109指考補)

41. In Japanese the object _____ s the verb.　(68日大, 72夜大, 95、104指考)
(A) peach　　(B) precede　　(C) practice　　(D) praise

42. They are making _____ for the trip.　(72、80日大, 73、84夜大, 90、95、98、
(A) preservations　　(B) prejudices　　102、107學測, 105、108指考)
(C) presence　　　　(D) preparations

43. How many _____ s were there before Lincoln?　(69、87、90日大, 96～
(A) premise　　　　(B) president　　98、106、107學測, 97、99、
(C) pretention　　　(D) presumption　101、109指考, 109指考補)

44. The people's choice is sometimes _____ by some pressure
groups.　(87日大, 68、70、83夜大, 106、109學測, 96、99指考)
(A) pressed　　(B) prescribed　　(C) presided　　(D) pretended

45. His _____ rose.　(72日大, 71夜大, 94指考)
(A) presupposition　　(B) pretest
(C) prestige　　　　(D) presumptive

46. I don't _____ to judge them.　(66、88日大, 68夜大, 94、95、97學測, 105指考)
(A) pretend　　(B) pretext　　(C) pretty　　(D) prevail

47. The _____ of wrong-doing is one of the duties of the police.
(A) prevision　　　　(B) principle　　(88日大, 69、73夜大, 104學測,
(C) prevention　　　(D) prohibition　91、93、96指考)

48. That is his ＿＿＿＿goal in life. (92、95、104學測, 92、97、99、102、109指考,

(A) pretext　　(B) primary　　(C) primitive　　(D) principle　　109指考補)

【解答】

1.(D)	2.(C)	3.(B)	4.(D)	5.(A)	6.(A)	7.(C)	8.(B)	9.(C)	10.(B)
11.(A)	12.(A)	13.(C)	14.(A)	15.(D)	16.(B)	17.(B)	18.(C)	19.(D)	20.(C)
21.(C)	22.(A)	23.(B)	24.(D)	25.(A)	26.(C)	27.(B)	28.(D)	29.(A)	30.(D)
31.(C)	32.(B)	33.(D)	34.(D)	35.(B)	36.(A)	37.(A)	38.(D)	39.(A)	40.(C)
41.(B)	42.(D)	43.(B)	44.(A)	45.(C)	46.(A)	47.(C)	48.(B)		

心得筆記欄

| 頻率表 *551 ～ 600* | 請您將認識的單字，
在 A 欄中作記號。 |

A B

☐☐ prison

☐☐ proceed

☐☐ profit

☐☐ project

☐☐ prosper

☐☐ psalm

☐☐ punish

☐☐ rapid

☐☐ rare

☐☐ reasonable

☐☐ recall

☐☐ recover

☐☐ recreation

☐☐ region

☐☐ relative

☐☐ relax

☐☐ relieve

☐☐ repair

☐☐ represent

☐☐ reproach

☐☐ resident

☐☐ responsible

☐☐ restaurant

☐☐ reveal

☐☐ reward

A B

☐☐ ripe

☐☐ roar

☐☐ rob

☐☐ ruin

☐☐ savage

☐☐ scholar

☐☐ search

☐☐ secret

☐☐ sensible

☐☐ setback

☐☐ share

☐☐ shortage

☐☐ sin

☐☐ sole

☐☐ solid

☐☐ source

☐☐ span

☐☐ spot

☐☐ stable

☐☐ station

☐☐ steady

☐☐ steel

☐☐ stress

☐☐ stretch

☐☐ stuff

《 頻率順序 551 ～ 600 》

prison〔'prɪzn̩〕
n. 監獄

Put him in *prison*.
囘 *jail*；*penal*

將他監禁於獄中。

proceed〔prə'sid〕
vi. 進行；著手

Let us *proceed* to busi-
ness. 囜 *recede*

我們著手工作吧。

profit〔'prɑfɪt〕
n. 利潤；利益
v. 有益

What *profit* is there in
worrying？
囘 *gain*；*benefit*

發愁有什麼用？

project〔*v*.prə'dʒɛkt;
n.'prɑdʒɛkt〕
v. 計劃；投射

The film was *projected*
on the screen.
囘 *plan*；*scheme*

電影映在螢幕上。

prosper〔'prɑspɚ〕
vt. 使昌盛
vi. 旺盛

The business *prospers*.
Whatever *prospers* my
business is good. 囜 *decay*

商業繁榮。
任何使我生意昌隆的
都是好的。

psalm〔sɑm〕
n. 聖歌；讚美詩

David was said to be the
author of *psalms* in the
Bible. 囘 *hymn*

據說大衛王是聖經詩篇
的作者。

punish〔'pʌnɪʃ〕
vt. 處罰

How would you *punish*
stealing？囘 *discipline*

你如何處罰偷竊？

rapid〔'ræpɪd〕
adj. 迅速的

He made *rapid* progress.

他進步神速。

rare〔rɛr〕
adj. 罕見的；極好的

It is very *rare* for her
to arrive late.

她是很難得遲到的。

reasonable〔'riznəbl̩〕
adj. 合理的；講理的

Is the accused guilty be-
yond *reasonable* doubt？

被告是毫無疑問地有罪
嗎？

recall〔rɪ'kɔl〕
vt. 記起

The story *recalled* old
faces to my mind.

這個故事使我想起許多
老面孔。

recover 〔rɪ'kʌvɚ〕
vt. 恢復

He is *recovering* his courage. 同 *regain*

他的勇氣正在恢復。

recreation *n.* 娛樂
〔,rɛkrɪ'eʃən〕

I swim for *recreation*.
同 *play* ; *amusement*

我以游泳為消遣。

region 〔'ridʒən〕
n. 區域

This plant grows only in the tropical *regions*.

這植物僅生長於熱帶區域。

relative 〔'rɛlətɪv〕
n. 親戚
adj. 相對的

He is a *relative* of mine.
反 *absolute*

他是我的一個親戚。

relax 〔rɪ'læks〕
vt. 鬆弛

Relax your muscles.
同 *rest* ; *loosen*

放鬆你的肌肉。

relieve 〔rɪ'liv〕
vt. 減輕;免除

Aspirin *relieves* a headache. 反 *intensify*

阿斯匹靈減輕頭痛。

repair 〔rɪ'pɛr〕
vt. 修補
n. 修理

He *repairs* shoes.
同 *mend* ; *fix*
反 *break*

他修補鞋子。

represent
〔,rɛprɪ'zɛnt〕
vt. 象徵;代表

We chose a committee to *represent* us.
同 *portray* ; *depict*

我們選一個委員會來代表我們。

reproach 〔rɪ'protʃ〕
n. 責備;恥辱
vt. 譴責

The slums are a *reproach* to London.
同 *blame* ; *accuse*

貧民窟是倫敦之恥。

resident 〔'rɛzədənt〕
n. 居民
adj. 居住的

the Chinese *residents* of New York

紐約的中國居民

responsible
〔rɪ'spɑnsəbl〕
adj. 可靠的

I am not *responsible* for it.
同 *accountable* ; *answerable*

我不負此事之責任。

restaurant
〔'rɛstərənt〕
n. 餐廳

We had dinner at a *restaurant*.

我們在一家餐廳吃飯。

reveal〔rɪ'vil〕
vt. 洩露

Never *reveal* my secret.
回 *exhibit* ; *show*

永不要洩露我的秘密。

reward〔rɪ'wɔrd〕
n. 報答
vt. 酬謝；獎賞

The teacher *rewarded* Tom for his diligence.
回 *compensate*

因為湯姆勤勉，老師給他獎賞。

ripe〔raɪp〕
adj. 成熟的

Soon *ripe*, soon rotten.
回 *developed*

早熟早爛。

roar〔rɔr〕
v. 吼叫；轟鳴

The lion *roared*.
回 *thunder* ; *boom*

獅吼。

rob〔rɑb〕
vt. 搶刼

The bandits *robbed* a bank.

土匪搶刼了一家銀行。

ruin〔'ruɪn〕
n. 毀滅
vt. 破壞

You will *ruin* your prospects.
回 *destroy* ; *spoil*

你將毀滅你的前途。

savage〔'sævɪdʒ〕
adj. 天然的;野蠻的
n. 野人
vt. 亂踏

Gaudy colors please a *savage* taste.
回 *uncivilized* ; *barbarous*
反 *civilized*

絢麗的色彩討好粗略的胃口。

scholar〔'skɑlɚ〕
n. 學者

He is something of a *scholar*. 回 *savant*

他略有學者風範。

search〔sɝtʃ〕
vt. 搜尋
n. 搜尋

The house was *searched* very carefully.
回 *seek* ; *hunt*

這所房屋被仔細搜查過。

secret〔'sikrɪt〕
adj. 秘密的

Be as *secret* as the grave. 回 *hidden*

要極力地保守秘密。

sensible〔'sɛnsəbḷ〕 I am very ***sensible*** of　我深感你的好意。
adj. 可感覺的；感知 your kindness.

setback〔'sɛt,bæk〕 He has never suffered a　他在作戰中從未遭遇過
n. 挫折　　　　　　***setback*** in the course of　挫折。
　　　　　　　　his fighting.

share〔ʃɛr〕　He has some ***share*** of　他承受了幾分他父親的
n. 部分　　　　his father's genius.　天才。
vt. 分配　　　　回 *divide* ; *proportion*

shortage〔'ʃɔrtɪdʒ〕 Food ***shortages*** often　在戰爭時期常發生糧食
n. 缺乏　　　　　occur in time of war.　缺乏的情形。

sin〔sɪn〕　Repent the ***sins*** you have　懺悔你所犯的罪。
n. 罪　　　　***sinned.***
vt. 犯罪　　　回 *wrongdoing* ; *misconduct*

sole〔sol〕　She was sitting ***sole*** by　她一人坐在爐邊。
adj. 唯一的　　the hearth.　回 *only*

solid〔'salɪd〕 When water becomes ***solid***　水變成固體時，我們稱
adj. 固體的　　we call it ice.　之爲冰。

source〔sors〕 The river takes its　這河發源於湖。
n. 泉源　　　　***source*** from the lake.

span〔spæn〕　How brief is the ***span*** of　人生何其短促！
n. 一指距；短時間 life !
vt. 以指距量　　回 *extent* ; *distance*

spot〔spat〕　The leopard cannot change 豹不能改變其斑點；本
n. 斑點；地點　his ***spots.***　回 *stain*　性難移。

stable〔'stebḷ〕 Where did you ***stable*** your 你的馬養在哪個馬房裏？
n. 廏　　　　　horse ?
vt. 置於馬房　　回 *steady* ; *firm*
adj. 堅固的　　反 *unstable*

station [ˈsteʃən]
n. 車站

The train stops at every *station*.

這列火車每站都停。

steady [ˈstɛdɪ]
adj. 穩定的

What shall I do to make this table *steady* ?

我怎樣才可使這桌子平穩呢？

steel [stil]
n. 鋼

Most tools are made from *steel*.

大多數工具是由鋼做的。

stress [strɛs]
n. 壓迫力；重讀
vt. 強調

He *stressed* the importance of health.

回 *force* ; *strain*

他強調健康的重要性。

stretch [strɛtʃ]
v. 伸展
n. 伸展

Can't you *stretch* it and make it longer ?

回 *extend* ; *spread*

你不能把它拉長一些嗎？

stuff [stʌf]
n. 材料
vt. 填塞

We *stuffed* the bag with old clothes.

回 *fill* ; *load*

我們把舊衣服填塞袋中。

聯考試題演練

1. They were taken to _____ for stealing money. (87、89、90日大,
   (A) printability   (B) process   73夜大, 95學測, 95、
   (C) praise   (D) prison   104、106、107、109指考)

2. Her thinking probably does not _____ exactly that way.
   (A) progress   (B) prevent   (71、85、89日大, 75夜大,
   (C) probe   (D) proceed   95學測, 92、93指考)

3. The _____ s in the business are not large. (68、83、87、90日大, 70夜大,
   (A) profit   (B) proficiency   92、96、97、99、106學測, 98、
   (C) proffer   (D) profession   99、102、104指考, 109指考補)

4. Flying in a heavy machine was once thought an impossible
   _____. (90、92、95、98、103、109學測, 91、98、99、101~106指考, 93、109指考補)
   (A) project   (B) promise   (C) profoundly   (D) prominence

5. Nothing will _____ in his hands. (75、81夜大, 90、95、96、99、100學測, 95指考)
   (A) protect   (B) prostrate   (C) prosper   (D) prove

6. The boxer _____ his opponent severely. (88、89日大, 92、104、106學測,
   (A) purged   (B) punished   (C) purchased   (D) pursued   99、107指考)

7. Japanese economy developed _____ after World War Ⅱ.
   (A) rapaciously   (B) rambling   (88、90日大, 75、81夜大, 90、94、100、101、
   (C) rancid   (D) rapidly   109學測, 93、95、100、104指考, 93指考補)

8. We had a _____ time at his house yesterday. (102、105、107、109學測,
   (A) rash   (B) rare   (C) rapt   (D) raspy   107、108指考)

9. Can you think of a _____ excuse for our being late ?
   (A) rebellious   (B) rear   (67、79日大, 68夜大, 99、
   (C) reasonable   (D) reading   108學測, 97、100、109指考)

10. I _____ having met the woman before. (102、104、108學測, 100、106、
    (A) reaped   (B) recalled   (C) realized   (D) rebounded   108指考)

11. He _____ slowly after his long illness. (107學測, 108指考, 109指考補)

(A) redoubled　(B) redeemed　(C) redacted　(D) recovered

12. Some people look upon gardening as a _____ .　(73、78、84日大)
(A) recreation　(B) redemption　(C) recurrence　(D) reduction

13. This plant grows only in the tropical _____ s. (105~107學測, 104~
(A) refinement　(B) reference　(C) region　(D) refection　106指考)

14. In the ascent of man, he becomes _____ in his viewpoints.
(A) referee　　　　　(B) reformation　(93、95~97、99、102~104、109學測,
(C) refreshment　　(D) relative　97、103、106、108指考, 109指考補)

15. Don't _____ your efforts until the examinations are over.
(A) relax　　　　　(B) relegate　(71、80、81日大, 80、82夜大, 92、94、
(C) relight　　　　(D) relinquish　96、100、102、105~107學測, 101指考)

16. Your coming _____ s me of the trouble of writing a letter.
(A) relish　　　　　(B) relieve　(73、84、90日大, 70夜大, 92、94、95、99、
(C) relent　　　　　(D) remain　102、103、107、109學測, 95、100指考)

17. This house needs a lot of _____ (e)s before anyone can live in
it.　(75、90日大, 69夜大, 92、100、109學測, 94、101指考, 93、109指考補)
(A) repass　(B) renounce　(C) repair　(D) renovate

18. She _____ (e)d Japan at the World Women's Conference.
(A) repay　　　　　(B) report　(97、101、102、104學測, 94、96、98、
(C) repose　　　　(D) represent　99、104、106、107指考, 109指考補)

19. The slums are a _____ to London.　(69、70夜大)
(A) reprobate　(B) repress　(C) resistance　(D) reproach

20. Dr. Jones is a _____ physician at the hospital.　(103、107學測, 98、
(A) resident　(B) vequital　(C) reserved　(D) resentful　103指考)

21. The bus driver is _____ for the passengers' safety.(100、109學測,
(A) insensible　(B) responsible　(C) accessible　(D) permissible　97指考)

22. He _____ ed my secret plan to my mother. (82、88日大, 66、69夜大,
(A) rest　　　　　(B) retain　93、95、96、105、108學測, 92、94、95、
(C) reveal　　　　(D) retaliate　99、100、103、108指考, 93指考補)

23. I received a _____ for looking after the children during her absence. (80、87~89日大, 67、68夜大, 90、96、99、104、106學測, 92、98、99、109指考,
    (A) reward   (B) retirement   109指考補)
    (C) repent   (D) retard

24. Soon _____, soon rotten.   (69日大, 72夜大, 95、100學測)
    (A) risk   (B) rise   (C) reap   (D) ripe

25. He pressed on the accelerator, savagely _____ing the engine.
    (A) roast   (B) roar   (66、75日大)
    (C) recall   (D) rock

26. The disease had _____ him of his strength.(72日大, 74、82夜大, 98指考)
    (A) robbed   (B) road   (C) robe   (D) roam

27. The _____ of misspent years can not be quickly undone.
    (A) rule   (B) rust   (66、68、69、78日大, 95、104、
    (C) rumor   (D) ruin   105、108學測, 92、94、109指考)

28. Almost universally the children of _____s are contented and well behaved.   (68、70日大, 95指考)
    (A) saviour   (B) scarcity   (C) savage   (D) scale

29. That professor is not much of a _____. (106、109學測, 105、107指考,
    (A) science   (B) scope   (C) scholar   (D) scount   109指考補)

30. The thief _____ed the big house for valuable things.(103、109學測,
    (A) search   (B) scramble   (C) seed   (D) scrape   106~108指考)

31. We kept it a _____ among us.   (97、100、103、105、107、108學測, 94、98、
    (A) scratch   (B) scourge   (C) scrap   (D) secret   100指考)

32. The patient was speechless but still _____.   (98學測, 92、95指考,
    (A) separate   (B) sensible   (C) sentry   (D) settled   93指考補)

33. He has never suffered a _____ in the course of his fighting.
    (A) setback   (B) service   (68日大, 68夜大, 106指考)
    (C) session   (D) severance

34. It was a good _____ for him. (105學測, 100、102、103、105、106、108指考,
   (A) shade   (B) setting   (C) share   (D) severity   109指考補)

35. Food _____s often occur in time of war. (107學測, 91、97、99、101、
   (A) shortage   (B) shore   (C) shorten   (D) shove   104、109指考)

36. Lying, stealing, dishonesty, and cruelty are _____s. (67日大,
   (A) sample   (B) simple   67夜大)
   (C) sin   (D) skill

37. We have the _____ right of selling the article. (72日大, 106學測,
   (A) soil   (B) self   (C) sole   (D) solid   94、97指考)

38. They were glad to leave the boat and put their feet on _____
   ground. (73日大, 73夜大, 96、99、106、107、109學測, 91、109指考)
   (A) solicitous   (B) solid   (C) solemn   (D) solo

39. Pressmen can hide news _____. (102、103、105、107學測, 102、105~109指考,
   (A) solve   (B) soothe   (C) solution   (D) sources   109指考補)

40. A big national flag _____s the wall of the reception room.
   (A) span   (B) spare   (67日大, 74夜大, 104、106學測,
   (C) spark   (D) sparkle   95、103指考, 109指考補)

41. From this _____ you can see the ocean. (90、96、106學測, 107指考,
   (A) sport   (B) spot   (C) spouse   (D) spray   109指考補)

42. Concrete reinforced with steel is _____. (68日大, 94、103、108指考, 93、
   (A) stage   (B) stab   (C) stable   (D) stainable   109指考補)

43. The train went through the _____ without stopping. (85日大, 67夜大,
   (A) stay   (B) station   95、96、102、108學測, 97、
   (C) statute   (D) stain   101、108指考, 109指考補)

44. I had to put my hand on the ladder to _____ it. (72日大, 70夜大,
   (A) steady   (B) stead   95、98、103、105學測)
   (C) steal   (D) steerage

45. He _____(e)d his heart against the sufferings of the poor.

(A) steam   (B) stifle   (71、73、81夜大, 95、104、109學測,
(C) steep   (D) steel   92、94、96、100、108指考)

46. Under the＿＿＿of bad weather the ship had to return.
    (A) strength   (B) stream   (73、89、90日大, 71夜大, 82台大夜,
    (C) stress   (D) stretch   95、98、104、105學測, 98、99、108指考)

47. The wrestler＿＿＿ed out his arms before fighting.
    (A) catch   (B) stretch   (75日大, 72夜大, 96、99、104、
    (C) hatch   (D) match   105、106學測, 98、100、108指考)

48. We＿＿＿ed the bag with old clothes.   (75日大, 67夜大, 96、107學測,
    (A) stuff   (B) sniff   (C) stiff   (D) bluff   91、104指考)

【解答】

1.(D) 2.(D) 3.(A) 4.(A) 5.(C) 6.(B) 7.(D) 8.(B) 9.(C) 10.(B)
11.(D) 12.(A) 13.(C) 14.(D) 15.(A) 16.(B) 17.(C) 18.(D) 19.(D) 20.(A)
21.(B) 22.(C) 23.(A) 24.(D) 25.(B) 26.(A) 27.(D) 28.(C) 29.(C) 30.(A)
31.(D) 32.(B) 33.(A) 34.(C) 35.(A) 36.(C) 37.(C) 38.(B) 39.(D) 40.(A)
41.(B) 42.(C) 43.(B) 44.(A) 45.(D) 46.(C) 47.(B) 48.(A)

頻率表 601 ~ 650

請您將認識的單字，
在A欄中作記號。

A B

☐☐ substitute
☐☐ suburb
☐☐ succeed
☐☐ suffer
☐☐ suffice
☐☐ sufficient
☐☐ sum
☐☐ surge
☐☐ survive
☐☐ suspect
☐☐ synthesis
☐☐ theory
☐☐ toil
☐☐ tone
☐☐ tongue
☐☐ tournament
☐☐ traffic
☐☐ transplant
☐☐ tremble
☐☐ trend
☐☐ twin
☐☐ universe
☐☐ verse
☐☐ volcano
☐☐ vote

A B

☐☐ weed
☐☐ welfare
☐☐ wisdom
☐☐ withdraw
☐☐ wretched
☐☐ abide
☐☐ absolute
☐☐ abuse
☐☐ access
☐☐ accommodate
☐☐ accuracy
☐☐ accuse
☐☐ acknowledge
☐☐ acquire
☐☐ acute
☐☐ admiration
☐☐ admission
☐☐ adolescent
☐☐ affectation
☐☐ affection
☐☐ agriculture
☐☐ agricultural
☐☐ aim
☐☐ alien
☐☐ allow

≪頻率順序 601～650≫

substitute
〔'sʌbstə,tjut〕
n. 代替物
vt. 以…代替

We used honey as a **sub-stitute** for sugar.
同 *replace*；*change*

我們用蜂蜜做糖的代用品。

suburb〔'sʌbɝb〕
n. 市郊

He lives in the **suburbs**.

他住在城郊。

succeed〔sək'sid〕
vi. 成功；繼承

If you work hard, you will **succeed**.
Who will **succeed** when King Henry dies?

假如你努力工作，你就會成功。
亨利王駕崩後由誰繼承？

suffer〔'sʌfɚ〕
v. 遭受；生病

They were ready to **suffer** death for their country.
He is **suffering** from measles. 同 *endure*

他們願爲國家效死。

他患痲疹。

suffice〔sə'faɪs〕
v. 足夠；使滿足

Fifty dollars will **suffice** for her needs.

五十元足夠她用。

sufficient〔sə'fɪʃənt〕
adj. 充分的

Have we **sufficient** food for ten people? 同 *enough*

我們有夠十人吃的食物嗎？

sum〔sʌm〕
n. 金額
v. 總計

He paid a large **sum** for the house.
The instances **sum** up to several dozen. 同 *total*

他出了一筆巨款買了這房子。
這些例子總計數十個。

surge〔sɝdʒ〕
v. 起伏
n. 巨浪

A ship **surges** at anchor.
The sea was rolling in immense **surges**.
同 *wave*；*gush*

拋錨的船隨波起伏。
大海上浪濤洶湧。

survive〔səˈvaɪv〕
　v. 生命較⋯爲長

He *survived* his wife for many years. 同 *remain*

他比他太太多活好幾年。

suspect〔səˈspɛkt〕
　v. 懷疑
〔ˈsʌspɛkt〕
　n. 嫌疑犯

I *suspect* him to be a liar.

我懷疑他是個說謊者。

The police have arrested two *suspects*.

警察逮捕兩名嫌疑犯。

synthesis〔ˈsɪnθəsɪs〕
　n. 綜合;合成法

We produce rubber from petroleum by *synthesis*.

我們以合成法從石油中提煉塑膠。

theory〔ˈθɪərɪ〕
　n. 理論;學說

Your plan is excellent in *theory*. 同 *hypothesis*

你的計畫在理論上甚佳。

toil〔tɔɪl〕
　v. 辛苦
　n. 羅網

My father *toiled* all day long.

我父親整日辛勞。

A lion was caught in the *toils*. 同 *work*; *labor*

一隻獅子陷入羅網。

tone〔ton〕
　n. 音調;色調

He spoke in an angry *tone*. 同 *sound*; *pitch*

他以憤怒的語氣說話。

tongue〔tʌŋ〕
　n. 舌;語言

He answers in his mother *tongue*. 同 *language*

他以本國語回答。

tournament
〔ˈtɝnəmənt〕
　n. 比賽;馬上比武

He took part in the tennis *tournament*.
同 *contest*; *tourney*

他參加了網球比賽。

traffic〔ˈtræfɪk〕
　n. 交通
　v. 買賣

There was a lot of *traffic* on the roads.

路上車輛行人多。

We *traffic* with Japan.

我們和日本交易。

transplant
〔trænsˈplænt〕
　v. 移植;使遷徙

Some seedings do not *transplant* well.
同 *transfer*

一些幼苗不適合移植。

tremble〔'trɛmbḷ〕 His voice *trembled* with 他的聲音因憤怒而震顫。
vi. 發抖 anger.
n. 震顫 回 *shake ; quake*

trend〔trɛnd〕 The hills have a western 這些山延向西方。
n. 趨勢；流行 *trend.* 回 *direction*

twin〔twɪn〕 He was one of a *twin.* 他是孿生子之一。
n. 一對孿生子
adj. 孿生的

universe〔'junə,vɝs〕 Our world is but a 我們的世界只是宇宙一
n. 世界；宇宙 small part of the *uni-* 小部份。
verse.

verse〔vɝs〕 The article is written in 這篇文章是以韻文寫的。
n. 詩；韻文 *verse.* 回 *prose*

volcano〔vɑl'keno〕 The hill is an active 這山是一座活火山。
n. 火山 *volcano.*

vote〔vot〕 He *voted* for the Demo- 他投民主黨的票。
n. 投票權 crats.
v. 投票 回 *ballot ; choice*

weed〔wid〕 He is busy *weeding.* 他正忙著除草。
n. 雜草
vt. 除雜草

welfare〔'wɛl,fɛr〕 The matter concerns my 這事關係著我的幸福。
n. 福祉；福利 *welfare.* 回 *good*

wisdom〔'wɪzdəm〕 He is a man of *wisdom.* 他是一個睿智的人。
n. 智慧；明智的行為 反 *folly*

withdraw〔wɪθ'drɔ〕 He *withdrew* his hand 他從熱火爐前面將手抽
v. 取回；撤回 from the hot stove. 回。

wretched〔'rɛtʃɪd〕 The food at this hotel is 這家旅館的食物很差。
adj. 可憐的；惡劣的 *wretched*.

abide〔ə'baɪd〕 He *abided* here for many 他住這裏好幾年。
v. 居住；遵守 years.
We should *abide* by the 我們應遵守交通規則。
traffic rules.

absolute〔'æbsə,lut〕 *Absolute* quiet prevailed 他說話時，全場寂靜。
adj. 完全的；純粹的 while he was speaking.

abuse〔ə'bjuz〕 The tyrant should not 這暴君不應濫用他的職
vt. 濫用 *abuse* his authority. 權。
〔ə'bjus〕*n*. 惡習 回 *injure*；*damage*

access〔'æksɛs〕 Professors have free 教授可以自由使用圖書
n. 接近 *access* to the library. 館。

accommodate The big room will 這大房間能容納六張床。
〔ə'kɑmə,det〕 *accommodate* six beds.
vt. 容納；供給住宿 The host will *accommo-* 主人今晚將留我們住宿。
date us tonight.

accuracy〔'ækjərəsɪ〕 I doubt the *accuracy* of 我懷疑你說的話的正確
n. 正確性；準確性 your statement. 性。

accuse〔ə'kjuz〕 They *accused* me of 他們控告我接受賄賂。
v. 控告；歸咎 taking bribes.

acknowledge〔ək'nɑlɪdʒ〕We *acknowledge* his right 我們承認他有投票之權
vt. 承認；接受 to vote. 回 *recognize* 利。

acquire〔ə'kwaɪr〕 You must work hard to 你必須用功，以精通英
vt. 獲得 *acquire* a good knowledge 文。
of English. 回 *gain*

acute〔ə'kjut〕 Dogs have an *acute* sense 狗有敏銳的嗅覺。
adj. 銳的；敏感的 of smell. 回 *keen*

admiration
〔,ædmə'reʃən〕
n. 欽佩

Napoleon's military genius deserves *admiration*.
反 *disdain*

拿破崙的軍事天分值得欽佩。

admission〔əd'mɪʃən〕
n. 准入;入場費

Admission to the school is by examination.

進入該校是要經過考試。

Admission to the concert is one dollar.

音樂會的門票是一元。

adolescent〔,ædl'ɛsnt〕
n. 年輕人

The audience were mostly *adolescents*.

聽眾大半是年輕人。

affectation *n.* 假裝
〔,æfɪk'teʃən〕

His *affectations* are insufferable.

他的虛飾行為令人難以忍受。

affection〔ə'fɛkʃən〕
n. 愛情;情感

He won that girl's *affection*.

他贏得那女孩的愛。

agriculture
〔'ægrɪ,kʌtʃɚ〕
n. 農耕;農藝

He is engaged in *agriculture*.
同 *farming* ; *cultivation*

他從事農業。

agricultural
〔,ægrɪ'kʌltʃərəl 〕
adj. 農產的

My father is an *agricultural* worker.

我父親是一個農業工作者。

aim〔em〕
v. 瞄準;企圖

He could not *aim* straight.

他瞄不準。

He *aimed* at honors.

他圖得榮譽。

alien〔'eljən〕
n. 外國人
adj. 不相同的

He is an *alien*.

他是個外國人

Their ideals are *alien* to our way of thinking.
同 *foreign* ; *different*

他們的思想和我們的完全不同。

allow〔ə'lau〕
v. 允許;承認

Smoking is not *allowed* here.

此處不准吸煙。

We must *allow* that he is wrong.

我們必須承認他錯了。

聯考試題演練

1. I believe his role can't be_____d for any other.
   (A) institute   (B) substitute   (75、76日大, 72夜大, 90、92、96、100、
   (C) constitute   (D) destitute   108、109學測, 93、94、98、108指考)

2. I'm certain you'll_____on the entrance examination.
   (A) subject   (B) suffer   (66、67、68日大, 94~96、106學測,
   (C) succumb   (D) succeed   92、94、97、101、102、106、109指考)

3. I_____ed from a bad headache this morning. (103、105~109學測, 103、
   (A) differ   (B) proffer   (C) suffer   (D) offer   107、108指考)

4. Fifty dollars will_____for her needs.   (68夜大)
   (A) suffice   (B) suffocate   (C) suffix   (D) suffuse

5. The pension is not_____for living expenses. (107學測, 101、102、104、
   (A) sufficient   (B) deficient   (C) proficient   (D) efficient   107指考)

6. _____ up the main points of the lesson in three sentences.
   (A) Summarize   (B) Summon   (68、79、89日大, 72夜大, 95、99指考)
   (C) Summate   (D) Sum

7. The crowd_____through the streets.   (75日大, 71夜大, 95學測, 93、
   (A) surmised   (B) surged   (C) surmounted (D) surprised   109指考補)

8. Many people were killed in the railroad accident, but he could
   _____.   (70、80、89日大, 93~96、99、105、107、108學測, 91、94、96、106、108指考,
   (A) surrender   (B) surround   (C) survey   (D) survive   93指考補)

9. The police have arrested two_____s in connection with the
   bank robbery.   (64日大, 70夜大, 97、102學測, 96、105、106指考)
   (A) suspect   (B) sustain   (C) suspend   (D) suspire

10. Only political parties can produce the_____or comprise of
    interest necessary to make representative government work.
    (A) hypothesis   (B) synthesis   (C) thesis   (D) parenthesis (87日大,
                                                         81夜大)

11. Your plan is practicable in_____. (95、98、105、106學測, 95、108指考)

(A) category   (B) allegory   (C) theory   (D) compulsory

12. After long _____, I was very tired.   (70、73日大)
    (A) toil   (B) tolerance   (C) tail   (D) toleration

13. The doctor's _____ was serious.   (67、88日大, 73夜大, 97、101學測, 102、
    (A) tomb   (B) atone   (C) tone   (D) intone   109指考)

14. The doctor asked the patient to stick his _____ out.
    (A) teeth   (B) tonsils   (85日大, 72夜大, 95、105學測, 109指考)
    (C) nose   (D) tongue

15. _____ in a big city is controlled by red and green lights.
    (A) Trains   (B) Traffic   (82、89日大, 95、100、101、103、105學測,
    (C) Traits   (D) Tram   92、98、103、107、108指考, 93、109指考補)

16. Poppies do not _____ well and should be planted where they
    are to grow.   (75、87日大, 73夜大, 93學測)
    (A) transplant   (B) transmit   (C) transport   (D) translate

17. He _____ d at the sound of bursting bombs.   (87日大, 69、75夜大,
    (A) grumble   (B) crumble   (C) trouble   (D) tremble   108指考)

18. A modern _____ among young people is going to a disco.
    (A) tend   (B) trend   (70、76、80日大, 92、95、96、98、99、
    (C) rend   (D) attend   106學測, 93、95、107指考, 109指考補)

19. He was one of a _____.   (66日大, 73夜大, 90、102學測, 95指考)
    (A) twine   (B) twist   (C) twin   (D) twit

20. God made the _____.   (67、77、87日大, 70夜大, 90學測, 97、103、108指考)
    (A) universal   (B) uniserial   (C) university   (D) universe

21. The Conservative _____ was unanimously against the measure.
    (A) vote   (B) note   (69日大, 75夜大, 95、104學測)
    (C) vow   (D) devote

22. The teacher will _____ out the hopeless pupils.   (75日大, 70夜大,
    (A) weed   (B) need   (C) heed   (D) breed   94學測)

23. Every country aims at the increase of social _____ today.

(A) warfare   (B) share

(C) welfare   (D) flare

(69、72、88、90日大, 90學測, 92、101指考)

24. He showed great _____ in what he said and done. (87日大, 103學測, 93指考補)

(A) happy   (B) wisdom   (C) wish   (D) front

25. He _____ his hand from the hot stove. (69、70日大, 78夜大, 102學測)

(A) withheld   (B) witnessed   (C) withstood   (D) withdrew

26. Boys are often _____ when they first go to school. (67日大, 69夜大)

(A) intended   (B) abashed

(C) wretched   (D) charmed

27. You had better _____ your time. (72夜大)

(A) abate   (B) abash   (C) abuse   (D) abide

28. One cannot lead a life on _____ principles. (94、101學測, 95、108指考, 109指考補)

(A) absolute   (B) salute   (C) resolute   (D) flute

29. He _____ my confidence in letting this secret become known.

(A) accussed   (B) abused

(C) excused   (D) refused

(66、83、86日大, 78、81夜大, 101學測, 97、102、107指考)

30. _____ to university education is difficult for the poor.

(A) Recess   (B) Excess

(C) Abbess   (D) Access

(68、89日大, 93、99、103、106、107學測, 92、94~96、102、107、108指考)

31. The government agreed to _____ a number of Vietnamese refugees.

(67、89日大, 107學測, 103指考)

(A) accommodate   (B) elucidate

(C) invalidate   (D) liquidate

32. Some people doubted the _____ of the report. (105、109學測)

(A) diploma   (B) obstinacy   (C) accuracy   (D) democracy

33. She _____ him of stealing her car. (85、89日大, 78夜大, 95指考)

(A) accused   (B) accumulated

(C) acceded   (D) accommodated

34. She won't _____ her faults. (68、90日大, 76夜大, 95、109指考)
(A) ledge   (B) accredit   (C) knowledge   (D) acknowledge

35. A child tries to _____ anything it wants. (95、101、106、107學測, 95、100、
(A) active   (B) across   (C) achieve   (D) acquire   105指考)

36. Dogs have an _____ sense of smell. (73夜大, 95、104指考)
(A) actual   (B) acute   (C) acid   (D) actionable

37. I can only express my _____ for his courage. (87~89日大, 84夜大,
(A) admiration   (B) preparation   90、93~95學測, 108指考)
(C) sepapration   (D) consideration

38. _____ to the school is by examination. (73、81日大, 77夜大, 96學測,
(A) Commission   (B) Admission   99、102指考)
(C) Omission   (D) Permission

39. His _____ are insufferable. (72夜大)
(A) expectations   (B) affectations
(C) habitations   (D) imitations

40. She had a mother's _____ for small children. (84日大, 72夜大, 98、
(A) perfection   (B) defection   (C) infection   (D) affection   106指考)

41. The population of _____ has decreased with acceleration.
(A) agriculture   (B) capture   (87、90日大, 66夜大, 94、103學測,
(C) culture   (D) scripture   96、105指考, 93指考補)

42. He took _____ at the target with his rifle. (103、105學測, 105~
(A) aim   (B) attention   (C) purpose   (D) destination   107指考)

43. Luxury is _____ to his nature. (66日大, 93學測, 94、95指考, 109指考補)
(A) alienate   (B) alien   (C) alienable   (D) alienation

44. She wanted to take it with her, but he did not _____ that.
(A) allude   (B) allocate   (C) allege   (D) allow
(87、88、90日大, 75、84夜大, 91、92、95、97、100~109學測,
91、92、98~102、104~109指考, 93、109指考補)

【解答】

1.(B)	2.(D)	3.(C)	4.(A)	5.(A)	6.(D)	7.(B)	8.(D)	9.(A)	10.(B)
11.(C)	12.(A)	13.(C)	14.(D)	15.(B)	16.(A)	17.(D)	18.(B)	19.(C)	20.(D)
21.(A)	22.(A)	23.(C)	24.(B)	25.(D)	26.(C)	27.(D)	28.(A)	29.(B)	30.(D)
31.(A)	32.(C)	33.(A)	34.(D)	35.(D)	36.(B)	37.(A)	38.(B)	39.(B)	40.(D)
41.(A)	42.(A)	43.(B)	44.(D)						

心得筆記欄

頻率表 *651 ～ 700*

請您將認識的單字，
在A欄中作記號。

A B

- □□ alter
- □□ alternative
- □□ ample
- □□ amuse
- □□ anguish
- □□ annoy
- □□ appeal
- □□ applaud
- □□ apply
- □□ appoint
- □□ approach
- □□ argue
- □□ army
- □□ arouse
- □□ artistic
- □□ ascertain
- □□ ashamed
- □□ assign
- □□ astronomy
- □□ atmosphere
- □□ attain
- □□ auditory
- □□ authority
- □□ autograph
- □□ automobile

A B

- □□ avenue
- □□ bachelor
- □□ bare
- □□ barely
- □□ bargain
- □□ barrel
- □□ basin
- □□ bean
- □□ behalf
- □□ benefit
- □□ betray
- □□ biography
- □□ bitter
- □□ blade
- □□ bless
- □□ bomb
- □□ booklet
- □□ bore
- □□ boss
- □□ bottle
- □□ brief
- □□ calculation
- □□ cancel
- □□ canyon
- □□ captain

≪頻率順序 651 ～ 700 ≫

alter〔'ɔltɚ〕
  v. 改變；更改

You must **alter** your way of living. 回 *diversify*

你必須改變你的生活方式。

alternative
  〔ɔl'tɝnətɪv〕
  adj. 二者選一

We have two **alternative** courses；surrender or death. 回 *choice*

我們有兩條路；投降或死，任擇其一。

ample〔'æmpl〕
  adj. 充足的；廣濶的

They have an **ample** supply of rice. 回 *large*

他們的米供應充足。

amuse〔ə'mjuz〕
  vt. 使樂；娛樂

The monkey's funny appearance **amused** us.

猴子有趣的樣子使我們發笑。

anguish〔'æŋgwɪʃ〕
  n. 痛苦 *vt*.使痛苦

The loss of her son **anguished** her deeply.

她兒子的死亡使她悲痛萬分。

annoy〔ə'nɔɪ〕
  vt. 使苦惱；騷擾

I was **annoyed** at his intrusion. 回 *tease*

我被他的闖入所煩擾。

appeal〔ə'pil〕
  n. 吸引力
  vi. 求助；上訴

The game has lost its **appeal**.

He **appealed** against the judge's decision.

這遊戲已引不起人們的興趣。

他不服法官的判決而上訴。

applaud〔ə'plɔd〕
  v. 鼓掌，贊許

We **applauded** him for his courage.

我們稱讚他的勇敢。

apply〔ə'plaɪ〕
  vt. 使接觸；應用
  vi. 應用；請求

The argument **applies** to this case.

He **applied** himself to learning French.

這論點適用於此一情形。

他專心學法文。

appoint〔ə'pɔɪnt〕
  vt. 任命；設備

He was **appointed** mayor of the city.

Our house is not well **appointed**. 回 *elect*

他被任命為市長。

我們的房子設備不佳。

approach
〔ə'protʃ〕
vt. 行進；向～提議
n. 方法；進口

As we *approached* the man, we saw that he was blind.
我們走近時，發現他是瞎子。

We *approached* him with the idea.
我們向他提出這觀念。

a new *approach* to the study of English
學習英文的新方法

argue〔'argjʊ〕
vi. 辯論
vt. 主張；證明

The counsel *argued* the case.
辯護律師辯護這案件。

His clothes *argue* poverty.
他的衣服證明了他的貧窮。

army〔'armɪ〕
n. 軍隊；大群

to enter the *army*
入伍

an *army* of ants
一群螞蟻

arouse〔ə'raʊz〕
vt. 喚醒；引起
vi. 醒來；振作

The noise *aroused* him from his sleep.
噪音把他由睡夢中喚醒。

The book *aroused* a great sensation. 回 *inflame*
這本書引起轟動。

artistic〔ar'tɪstɪk〕
adj. 藝術的；美術的

He had wide-ranging *artistic* interests.
他有廣泛的藝術興趣。

ascertain〔,æsɚ'ten〕
vt. 探知；確定

It's difficult to *ascertain* what really happened.
事情眞相甚難探出。

ashamed〔ə'ʃemd〕
adj. 羞恥的；恥於

She is *ashamed* of her old dress. 反 *proud*
她因爲穿舊衣服而感覺丟臉。

assign〔ə'saɪn〕
vt. 分派；指定
n. 讓受人

These rooms have been *assigned* to them.
這些房間已分配給他們。

to *assign* a contract
讓渡契約

astronomy *n.* 天文學
〔ə'stranəmɪ〕

Astronomy is the science of the sun, moon, stars and planets.
天文學是研究太陽、月亮、星星和行星的科學。

atmosphere *n.* 大氣
〔'ætməs,fır〕
The rocket entered the earth's *atmosphere*.
火箭進入地球的大氣層。

attain〔ə'ten〕
v. 達到；成就
He *attains* the purpose.
圓 *reach* ; *arrive*
他達到了目的。

auditory〔'ɔdə,torı〕
adj. 聽覺的 *n.* 聽眾
the *auditory* nerve
反 *visual*
聽覺神經

authority〔ə'θɔrətı〕
n. 權力；當局
He has absolute *authority*.
他有絕對的權威。

autograph *n.* 親筆
〔'ɔtə,græf〕
an *autograph* letter
圓 *sign* ; *endorse*
一封親筆信

automobile *adj.* 自動的
〔,ɔtə'mobıl〕 *n.* 汽車
an *automobile* torpedo
自動魚雷

avenue〔'ævə,nju〕
n. 大街；方法
The best *avenue* to success is hard work.
成功最好的方法是努力工作。

bachelor〔'bætʃələ〕
n. 未婚男子
He is still a *bachelor*.
反 *spinster*
他還是一個單身漢。

bare〔bɛr〕
adj. 赤裸的；空的
vt. 使赤裸
The hill is *bare* of trees.
He *bared* his sword.
圓 *naked* ; *open*
這山沒有樹木。
他拔出了劍。

barely〔'bɛrly〕
adv. 僅；貧乏地
She is *barely* sixteen.
The room was furnished *barely* but neatly.
她僅十六歲。
這房間陳設雖不多但也整潔。

bargain〔'bɑrgın〕
n. 廉價出售的東西；交易
Those goods are offered at a *bargain*.
I made a satisfactory *bargain* with him.
那些貨物是廉價出售的。
我和他作了一次滿意的交易。

barrel〔'bærəl〕
n. 一桶之量
They sent me a *barrel* of beer.
他們送我一大桶啤酒。

basin〔'besn〕
n. 盆；盤或盆之容量

Wash your hands in the *basin*.

在盆內洗你的手。

We need another *basin* of water.

我們須要另一盆水。

bean〔bin〕
n. 豆
vt. 擊打～的頭

Bean is rich in protein.

豆富含蛋白質。

He has *beaned* as many as four batters in one game.

在一場比賽中，他投球打中四個打擊手的頭。

behalf〔bɪ'hæf〕〕
n. 利益；方面

He worked for weeks in *behalf* of the Community Chest. 回 *interest*

他為社會慈善基金工作幾個禮拜。

benefit〔'bɛnəfɪt〕
n. 利益
vt. 有益於

This is for your *benefit*.

這是為你的利益。

Exports *benefit* a nation. 回 *advantage*

出口對國家有益。

betray〔bɪ'tre〕
vt. 洩露；出賣

He *betrayed* his country.

他出賣他的國家。

He *betrayed* his friend's secret. 回 *deceive*

他洩露他朋友的秘密。

biography〔baɪ'ɑgrəfɪ〕
n. 傳記

I have just read the *biography* of Milton.

我剛才讀完了彌兒敦的傳記。

bitter〔'bɪtɚ〕
adj. 苦的；難受

Good medicines taste *bitter*. 回 *unpleasant*

良藥苦口。

blade〔bled〕
n. 刀鋒；刀口

a pocket-knife with two *blades*

雙刃小刀

bless〔blɛs〕
vt. 祝福；感謝

We *bless* him for his kindness. 回 *praise*

我們感謝他的仁慈。

bomb〔bɑm〕
n. 炸彈
v. 轟炸

The big building was completely demolished by the enemy's *bombs*.

這座大廈完全為敵人的炸彈所炸毀。

booklet〔'bʊklɪt〕
n. 小冊子

A **booklet** is a thin book and usually in paper covers.

小册子是薄的書，且通常是紙面。

bore〔bor〕
v. 穿孔；厭煩

I was never **bored** with his stories.

我對他的故事永不感到厭煩。

boss〔bɔs〕
n. 老板；領袖

He is the **boss** of the Republican Party.

他是共和黨的領袖。

bottle〔'bɑtl〕n. 瓶
v. 裝入瓶中

The **bottle** leaks badly.

這瓶漏得很厲害。

brief〔brif〕n. 摘要
adj. 簡短的

He gave a **brief** talk to the students. 回 *short*

他對學生作了簡短的談話。

calculation n. 計算
〔ˌkælkjə'leʃən〕

He made a mistake in his **calculation**.

他的計算中有個錯誤。

cancel〔'kænsl〕
v. 取消；删去

He **canceled** his order. 回 *erase*

他取消訂貨。

canyon〔'kænjən〕
n. 峽谷

the Grand **Canyon**

美國的大峽谷

captain〔'kæptɪn〕
n. 船長，隊長
vt. 統率

The boy is the **captain** of the team.

那男孩是該隊隊長。

聯考試題演練

1. If you don't _____ your way of living, you will never succeed in life. (72日大, 109學測, 97、98、106指考)
   (A) chatter (B) alter (C) waver (D) totter

2. Is there no _____ to what you propose? (99、100學測, 98、100、101指考,
   (A) captive (B) operative (C) alternative (D) relative 109指考補)

3. The money is _____ for the expenses. (68夜大)
   (A) ample (B) purple (C) simple (D) staple

4. That's an _____ story. (71夜大, 90、104學測, 91、97指考)
   (A) amiable (B) amble (C) amicable (D) amusing

5. The child was badly hurt and was in _____ all evening. (95學測,
   (A) analogy (B) anguish (C) antipathy (D) ancient 100指考)

6. James is always _____ with arithmetic. (86日大, 90、95、102、108學測,
   (A) annoyed (B) enjoyed (C) destroyed (D) employed 97指考)

7. The old principal's address _____ strongly to the audience.
   (A) concealed (B) appealed (88、90日大, 97、99~101、106、107、
   (C) stealed (D) dealed 109學測, 99、101指考, 109指考補)

8. We _____ him for his courage. (73、89日大, 90學測)
   (A) appoint (B) appraise (C) approve (D) applaud

9. The graduate _____ for the computer job. (100、105、109學測, 104、107、
   (A) applauded (B) approached (C) applied (D) approved 108指考)

10. The time _____ for the meeting was 8:00. (95、106、108學測, 95、104、
    (A) approved (B) applied (C) appointed (D) approached 108指考)

11. The summer vacation is _____. (89日大, 92、98、99、102~104學測, 91、
    (A) approving (B) approaching 95、99、107、109指考, 109指考補)
    (C) apprehending (D) appointing

12. I _____ with my parents about the matter. (92、95、104、107學測, 92、

(A) armed   (B) armored   (C) argued   (D) arised   93、107指考)

13. Caesar's_____ is said to have been very strong. (102學測, 104指考,
   (A) army   (B) armada   (C) element   (D) armory   109指考補)

14. Their terrible sufferings_____ our pity.   (66、86日大, 101、103學測,
   (A) rised   (B) arised   (C) rosed   (D) aroused   94指考)

15. He had wide-ranging_____ interests.   (93、105、106學測, 93、95、106、
   (A) athletic   (B) aesthetic   (C) plastic   (D) artistic   108指考)

16. It is difficult to_____ what really happened.   (70日大)
   (A) sustain   (B) ascertain   (C) abstain   (D) maintain

17. You ought to be_____ of yourself for behaving so rudely. (100、
   (A) ashamed   (B) resumed   (C) consumed   (D) blamed   104、106學測)

18. I will have to_____ you to a new department.   (95、102、103學測,
   (A) deign   (B) design   (C) assign   (D) resign   93、95、106指考)

19. _____ is the science of the stars, planets, and all other
   heavenly bodies.   (68日大, 108指考)
   (A) Astronomy   (B) Anatomy   (C) Autonomy   (D) Academy

20. There is an_____ of peace and calm in the country quite dif-
   ferent from the_____ of a big city.   (80、82日大, 80、83夜大,
   (A) sphere   (B) atmosphere   95、101、103學測, 101、
   (C) hemisphere   (D) atmospheric   104、105指考, 109指考補)

21. He who wishes to_____ success must accomplish something
   every day.   (85、87、89日大, 68夜大, 95指考)
   (A) contain   (B) abstain   (C) detain   (D) attain

22. He doesn't have_____ over his children.   (105、106學測, 95、98、100、
   (A) authority   (B) rapidity   (C) maturity   (D) reality   103、109指考)

23. The_____ industry has developed remarkably in postwar
   Japan.   (68日大, 81夜大, 109指考補)
   (A) sterile   (B) automobile   (C) gracile   (D) fertile

24. The best＿＿＿＿to success is hard work. (73日大, 91、93、95指考)

　(A) aversion　(B) avenue　(C) average　(D) aviation

25. ＿＿＿＿is an unmarried person. (68夜大, 95、100指考)

　(A) Bachelor　(B) Report　(C) Conguered　(D) Building

26. He fought with＿＿＿＿hands, without boxing gloves. (84日大, 99、103、

　(A) dark　(B) dear　(C) barren　(D) bare　109學測, 108指考)

27. His daughter was＿＿＿＿out of her teens. (104、106、109學測, 105、106、

　(A) shortly　(B) directly　(C) barely　(D) violently　109指考)

28. I made a satisfactory＿＿＿＿with him. (68、76日大, 95、107學測, 93指考)

　(A) bargain　(B) fountain　(C) curtain　(D) brain

29. They sent me a＿＿＿＿of beer. (68夜大)

　(A) barrel　(B) barrow　(C) barrier　(D) barrack

30. Wash your hands in the＿＿＿＿. (75、87日大, 95指考)

　(A) basin　(B) base　(C) basis　(D) bass

31. ＿＿＿＿are rich in protein. (75日大, 107學測, 99、109指考)

　(A) Beam　(B) Beans　(C) Bead　(D) Beach

32. I have done it on＿＿＿＿of my friend. (89日大, 68夜大, 93、107、108學測,

　(A) behavior　(B) beggar　(C) behalf　(D) belt　91、95、101指考)

33. Merchants derived great＿＿＿＿from the business.

　(A) benefaction　(B) benediction　(85、89、90日大, 96、98、100、103、

　(C) benefit　(D) benefactor　104、108學測, 105、108、109指考)

34. Would you＿＿＿＿your wife ? (70日大, 98指考)

　(A) bestar　(B) beheld　(C) betroth　(D) betray

35. I have just read the＿＿＿＿of Milton. (73夜大, 95學測, 91、95指考)

　(A) biography　(B) lithography

　(C) geography　(D) stenography

36. He had a＿＿＿＿experience failing the entrance examination.

　(A) outer　(B) latter　(66夜大, 94、98、109學測, 95指考)

(C) later　　　　　　　(D) bitter

37. The priest＿＿＿＿＿them at the end of the Mass. (98、102、109學測,
   (A) blended　　(B) blessed　　(C) bleeded　　(D) blinked　95、106指考)

38. The first atomic＿＿＿＿＿was dropped on Hiroshima in 1945.
   (A) tomb　　(B) lamb　　(C) comb　　　　(D) bomb (108學測, 106指考)

39. This machine can＿＿＿＿＿through solid rock. (66、81夜大, 109學測, 92~
   (A) borrow　　(B) born　　(C) bore　　(D) abort　95、106指考)

40. He was fired by his＿＿＿＿＿. (74、83、84日大, 96、98、99學測)
   (A) loss　　　　　　(B) cross
   (C) boss　　　　　　(D) moss

41. This＿＿＿＿＿leaks badly. (85日大, 99、102、108、109學測, 95指考)
   (A) butter　　(B) bottle　　(C) cattle　　(D) battle

42. The car made a＿＿＿＿＿stop at the railway crossing. (100學測,
   (A) brief　　(B) brazen　　(C) brave　　(D) broad　102、104指考)

43. He made a mistake in his＿＿＿＿＿. (73夜大, 102、103學測, 92指考)
   (A) coronation　　　　(B) calculations
   (C) civilization　　　　(D) conversation

44. He＿＿＿＿＿his order. (73、80、86日大, 79夜大, 92、100、104、109學測)
   (A) quarreled　　(B) compelled　　(C) repelled　　(D) canceled

45. The＿＿＿＿＿refused to leave the bridge of his ship while the
   danger lasted. (71日大, 83夜大, 91、109學測, 92、101指考)
   (A) captain　　(B) capital　　(C) capacity　　(D) capability

【解答】

1.(B)	2.(C)	3.(A)	4.(D)	5.(B)	6.(A)	7.(B)	8.(D)	9.(C)	10.(C)
11.(B)	12.(C)	13.(A)	14.(D)	15.(D)	16.(B)	17.(A)	18.(C)	19.(A)	20.(B)
21.(D)	22.(A)	23.(B)	24.(B)	25.(A)	26.(D)	27.(C)	28.(A)	29.(A)	30.(A)
31.(B)	32.(C)	33.(C)	34.(D)	35.(A)	36.(D)	37.(B)	38.(D)	39.(C)	40.(C)
41.(B)	42.(A)	43.(B)	44.(D)	45.(A)					

頻率表 701～750

請您將認識的單字，
在A欄中作記號。

A B

☐☐ capture

☐☐ cash

☐☐ castle

☐☐ casual

☐☐ cathedral

☐☐ cavity

☐☐ cease

☐☐ cell

☐☐ certificate

☐☐ certify

☐☐ chamber

☐☐ character

☐☐ charming

☐☐ charity

☐☐ chicken

☐☐ childhood

☐☐ choke

☐☐ circulate

☐☐ civilized

☐☐ classify

☐☐ clutch

☐☐ color

☐☐ column

☐☐ comment

☐☐ commit

A B

☐☐ committee

☐☐ comparable

☐☐ comparative

☐☐ compare

☐☐ compass

☐☐ compassion

☐☐ compensate

☐☐ competent

☐☐ competition

☐☐ composure

☐☐ compress

☐☐ compromise

☐☐ compute

☐☐ conceal

☐☐ conceive

☐☐ confident

☐☐ confirm

☐☐ conjecture

☐☐ conscience

☐☐ consequence

☐☐ conservative

☐☐ considerable

☐☐ construct

☐☐ consume

☐☐ contain

≪ **頻率順序 701 ～ 750** ≫

capture〔ˈkæptʃɚ〕 The chief was *captured*. 首領已被擄。
　v. 捕捉　　　　　　　反 *release*
　n. 被擄的人　　　　　同 *apprehend*；*seize*

cash〔kæʃ〕　　　　I have no *cash* on me. 我身上沒帶現款。
　n. 現款　*v*. 兌現　反 *credit* 同 *currency*；*money*

castle〔ˈkæsl〕　　He *castled* up in his 他安居於他的山間別墅。
　n. 城堡　　　　　　mountain retreat.
　vt. 使安全　　　　同 *palace*；*mansion*

casual〔ˈkæʒʊəl〕 We dressed in *casual* clo- 我們穿著便服去野餐。
　adj. 偶然的；　　　thes for picnic. 反 *regular*
　不規則的;隨便的　　同 *accidental*；*chance*

cathedral　　　　A *cathedral* is under the 總教堂是由首席的牧師
　〔kəˈθidrəl〕　　charge of a dean. 主持的。
　n. 主教的座堂；大
　或重要的教堂

cavity〔ˈkævətɪ〕 There is a *cavity* in the 地下有一個洞穴。
　n. 穴；洞　　　　　earth. 同 *hole*

cease〔sis〕　　　My joy shall never *cease*. 我的快樂永無休止。
　v. 停止；終止　　　反 *begin* 同 *stop*；*end*

cell〔sɛl〕 *n*. 密室 He was imprisoned in a 他被關在密室裏。
　；動植物之細胞　　*cell*.

certificate *n*. 證書 The professor conferred a 教授頒證書給他的學生。
　〔sɚˈtɪfəkɪt〕　　*certificate* on his student.

certify〔ˈsɝtə,faɪ〕 I can *certify* to his good 我能證明他的品性優良。
　v. 證明；保證　　　character.
　　　　　　　　　　同 *demonstrate*；*sure*

chamber [ˈtʃembɚ] This rifle can **chamber** 這鎗膛可以裝短彈或長
n. 房間　vt. 可以放 short or long cartridges. 彈。
入鎗膛　　　　　回 room ; compartment

character n. 品性 He's a man of fine **cha-** 他是一個品性良好的人。
[ˈkærəktɚ]　　　 **racter**.

charity [ˈtʃærətɪ] He contributes freely to 他對慈善事業慷慨捐助。
n. 慈善機構；施與 organized **charities**.

charming adj. 迷人的 She is a **charming** girl. 她是一個迷人的女孩。
[ˈtʃɑrmɪŋ] 嬌媚的 回 enchanting ; alluring

chicken [ˈtʃɪkən] He is feeding **chickens**. 他正在餵雞。
n. 雞　adj. 年輕的

childhood n. 兒童時期 He lost his parents in 他幼時即喪父母。
[ˈtʃaɪld,hʊd] his **childhood**.

choke [tʃok] The smoke almost **choked** 這烟幾乎把我悶死。
v. 使窒息；阻塞 me. 回 suffocate

circulate v. 流通 Blood **circulates** in human 血在人體內循環。
[ˈsɝkjə,let] body. 回 broadcast ; publish

civilized [ˈsɪvḷ,aɪzd] Our nation is a **civilized** 我們的國家是一個開化
adj. 文明的;開化的 nation. 反 wild 的國家。

classify [ˈklæsə,faɪ] Books are usually **clas-** 書籍通常按科目分類。
vt. 分類；列等 **sified** according to sub-
　　　　　　　　jects. 回 group ; organize

clutch [klʌtʃ] A drowning man will 急不暇擇。
v. 抓牢；抓住 **clutch** at a straw.

color [ˈkʌlɚ] There isn't enough **color** 這張畫色彩不夠。
n. 顏色；外表 in the picture.

column [ˈkɑləm] There are two **columns** 這本書上每頁有兩欄。
n. 圓柱；欄 on each page of this book.
　　　　　　　回 pillar ; division

comment *n.* 註解 〔ˊkɑmɛnt〕 *vi.* 談論
Everyone *commented* on her new hat. 同 *note* ; *remark*
每個人都在談論她的新帽子。

commit〔kəˊmɪt〕 *vt.* 委任 ; 作
The college student *committed* suicide. 同 *entrust*
這個大學生自殺了。

committee *n.* 委員會 〔kəˊmɪtɪ〕
He is a member of the *committee* on Education.
他是教育委員會的委員。

comparable 〔ˊkɑmpərəbḷ〕 *adj.* 可比的
A fire is *comparable* with the sun; both give light and heat.
火可和太陽相比，兩者皆放光和熱。

comparative 〔kəmˊpærətɪv〕 *adj.* 比較的
We live at *comparative* ease.
我們過著比較舒適的生活。

compare〔kəmˊpɛr〕 *v.* 比較 ; 比喻
Life is *compared* to a candle.
生命被比喻為蠟燭。

compass〔ˊkʌmpəs〕 *n.* 指南針 *vt.* 環行
Magellan's ship *compassed* the earth.
麥哲倫的船繞行了地球。

compassion *n.* 同情 〔kəmˊpæʃən〕
I had *compassion* on him. 同 *sympathy*
我憐憫他。

compensate *v.* 補償 〔ˊkɑmpən,set〕
Nothing can *compensate* for the loss of one's health. 同 *balance*
沒有東西可以補償一個人健康的損失。

competent *adj.* 能幹的 〔ˊkɑmpətənt〕
Two *competent* witnesses testified. 同 *able*
兩個有資格的證人作證。

competition *n.* 競爭 〔,kɑmpəˊtɪʃən〕 比賽
Competition is getting keener in the cotton market.
棉花市場的競爭漸趨激烈。

composure〔kəmˊpoʒɚ〕 *n.* 鎮靜
He tries to keep his *composure*. 同 *calmness*
他試著保持鎮靜。

compress v. 壓縮　The air in a tire is com-　輪胎中的空氣受到壓縮。
〔kəm'prɛs〕　pressed. 同 squeeze

compromise n. 和解　He has no spirit of com-　他是個沒有妥協精神的
〔'kɑmprə,maɪz〕　promise. 同 accommodation　人。

compute 〔kəm'pjut〕My mother computed the　母親計算我們的旅費。
v. 計算；估計　cost of our trip.

conceal 〔kən'sil〕　He concealed himself be-　他藏身樹後。
vt. 隱藏；　hind the tree.
對…保守秘密　反 reveal

conceive 〔kən'siv〕　Such a badly conceived　設想得這麼壞的計畫必
v. 設想；表明　scheme is sure to fail.　定會失敗。

confident〔'kɑnfədənt〕We are confident of victo-　我們確信我們會勝利。
adj. 確信的　ry. 反 diffident

confirm 〔kən'fɝm〕　This news confirms my　這消息加強了我的決心。
vt. 證實；加強　resolution. 反 deny

conjecture n. 推測　His conjecture is not well　他的猜測沒有充分的根
〔kən'dʒɛktʃɚ〕　founded.　據。
vt. 推想　同 suppose

conscience n. 良心　She behaves as if she has她的行動像是做了什麼
〔'kɑnʃəns〕　something on her con-　虧心事。
science.

consequence n. 結果　The consequence of his　他跌下的結果是斷了一
〔'kɑnsə,kwɛns〕　fall is a broken leg.　條腿。

conservativen.保守者He is a conservative.　他是一個保守者。
〔kən'sɝvətɪv〕　反 progressive

considerable　He has considerable trou-　他有相當大的麻煩。
〔kən'sɪdərəbl〕　bles.
adj. 值得考慮的；　同 important
不少的

construct *vt.* 組成　He wrote a well-***con-***　他寫了一本結構完善的
〔kən'strʌkt〕　***structed*** novel.　小說。
　n. 構造而成之物　回 *form*

consume〔kən'sjum〕He is ***consumed*** with age. 他因年老而衰弱。
　vt. 消耗；浪費　回 *spend*

contain〔kən'ten〕　This purse ***contains*** much 這錢包裏裝了很多錢。
　vt. 容納；容忍　money. 回 *include*

心得筆記欄

聯考試題演練

1. He was _____ trying to escape from the country. (103、105、108學測,
   (A) captive   (B) captured   (C) captivated   (D) capsized   104、107指考)

2. I don't accept checks. I want hard _____. (77、78日大, 98學測, 102、
   (A) cask   (B) carve   (C) cash   (D) carter   103指考)

3. A man's home is his _____. (66日大, 77夜大, 94學測)
   (A) casque   (B) castle   (C) cast   (D) caster

4. There is a _____ in my tooth. (73夜大, 96學測)
   (A) caveat   (B) caviar   (C) cavern   (D) cavity

5. The factory has _____ making bicycles. (73日大, 82台大夜, 100、105學測)
   (A) celebrated   (B) censured
   (C) civiled   (D) ceased

6. He was imprisoned in a _____. (96、97、103學測, 92、97、99、102、103、108、
   (A) collar   (B) cellarer   (C) cell   (D) cellarage   109指考)

7. The accounts were _____ correct. (75日大, 94指考, 93指考補)
   (A) ceremonial   (B) certified   (C) centrifugal   (D) central

8. There will be a _____ concert held this weekend. (94、102指考,
   (A) chamberlain   (B) chamber   93指考補)
   (C) chamberleon   (D) champion

9. She smiled in a _____ way. (70夜大, 90~92、109學測, 101指考)
   (A) charmed   (B) chary   (C) chaste   (D) charming

10. She left the money to _____. (70夜大, 97、106學測, 91、96、98指考)
    (A) cherish   (B) charts   (C) charity   (D) chasers

11. The hen has five _____. (81日大, 71夜大, 93學測, 93、106指考, 93指考補)
    (A) chickadees   (B) chiefs   (C) children   (D) chickens

12. I played the piano in my _____. (72、87日大, 103、106學測, 97、98、
    (A) childish   (B) childhood   (C) childlike   (D) child   100指考)

13. He swallowed a plum-stone and was almost _____ .　　(69日大)

(A) chopped　　(B) choked　　(C) chored　　(D) chipped

14. In many buildings hot water _____ through pipes to keep rooms warm.　　(68日大, 94、95、98指考)

(A) circumstance　　(B) circus

(C) circulates　　(D) circle

15. People who work in libraries spend a lot of time _____ books.　　(94指考, 109指考補)

(A) classifying　　(B) clattering

(C) carefully　　(D) cantering

16. She _____ her daughter to her breast.　　(72夜大)

(A) cluster　　(B) clutched　　(C) clutter　　(D) chatter

17. Facts are often _____ by prejudice.　　(100、108、109學測, 93、97、100、103、104、106指考)

(A) colorful　　(B) colorable　　(C) colored　　(D) color

18. No _____ ! I have nothing to say on this subject.　　(71、89日大, 98、102、107學測, 92、95、96、107指考)

(A) commentary　　(B) commerce

(C) commisary　　(D) comment

19. He has _____ himself to support his brother's children.

(A) collected　　(B) committed　　(103、105學測, 100、101、105、106指考, 109指考補)

(C) cared　　(D) collated

20. The House goes into _____ tomorrow.　　(68、78、86日大, 95、101、105學測, 95、106、109指考, 109指考補)

(A) committee　　(B) commitment

(C) commodity　　(D) common

21. His achievements are _____ with the best.　　(79、90日大, 67夜大, 99、100指考, 93指考補)

(A) comparative　　(B) comparable

(C) compared　　(D) compatible

22. _____ your translation with the model translation on the blackboard.　　(82、84日大, 74、79夜大, 90、92、101、108學測, 91、94、95、108指考, 109指考補)

(A) Compare　　(B) Compass　　(C) Compel　　(D) Compress

23. The old sailor had many adventures within the _____ of
his lifetime. (74夜大, 98學測)
(A) compassion (B) comparison
(C) compass (D) compassionate

24. Our president is filled with_____for the refugees. (66日大,
(A) compassion (B) compass 96學測, 105指考)
(C) comparison (D) compassionate

25. Do employers in your country_____workers for injuries
suffered？ (67、86、89日大, 95、96、105學測, 95、98指考, 93指考補)
(A) compel (B) compete (C) complete (D) compensate

26. Jane is a_____teacher. (75、77、80、89、90日大, 95學測, 91、95指考)
(A) competent (B) competitive
(C) compensatory (D) complex

27. He behaves with great_____. (70夜大)
(A) composer (B) compost (C) composure (D) comprehension

28. In her anger she_____her lips so tightly that they went
white. (68、87日大, 93指考)
(A) comprised (B) compromised
(C) comprehended (D) compressed

29. We _____with them on the matter. (87日大, 70夜大, 94學測, 91、95、
(A) compressed (B) combined 101、105～107指考)
(C) compromised (D) compared

30. Mother_____the cost of our trip. (85日大, 75夜大, 94指考)
(A) compounded (B) computed
(C) composed (D) committed

31. He_____himself behind the trees. (70夜大, 95學測, 95、98、104、106、
(A) concealed (B) concentrated 107指考)
(C) conceded (D) concerned

32. I can't_____where he has gone. (70日大, 95學測, 103指考)
(A) concede (B) conceive

(C) concentrate   (D) consecrate

33. He feels_____of passing the examination.   (68、82、87日大, 90、99、
    (A) confidential   (B) confidence   100、109年學測, 94、101指考)
    (C) confiding   (D) confident

34. I am_____in my opinions by what you told me.   (96、107學測, 104、
    (A) confined   (B) conflicted   (C) confirmed   (D) conformed   107指考)

35. The rumor raised much_____.   (68日大)
    (A) conjecture   (B) conjugation
    (C) congestion   (D) conjunction

36. She behaves as if she has something on her_____.
    (A) conscious   (B) conscientious   (68日大, 80夜大, 92、
    (C) conscience   (D) conscript   94學測, 91、99指考)

37. The_____of his fall is a broken leg.   (68、77、88、89日大, 84夜大,
    (A) conservancy   (B) consequence   93、94、98、102、104、105、107學測,
    (C) consensus   (D) consideration   91~93、95、98、103指考)

38. It is economical to choose suits of a_____style.   (75夜大, 104、
    (A) contemporary   (B) consentient   107學測, 91指考)
    (C) consecutive   (D) conservative

39. The mayor is a_____citizen.   (72、79、80日大, 104學測, 91指考, 93指考補)
    (A) considerable   (B) consistent
    (C) considerate   (D) conspicuous

40. The engineers are planning to_____a bridge over the river.
    (A) constitute   (B) constrain   (80、87日大, 94、95、109學測, 91、92、94、
    (C) construct   (D) constrict   102、103、105、108、109指考, 93指考補)

41. He had_____the best years of his life in prison. (102、106學測,
    (A) consulted   (B) contained   (C) contacted   (D) consumed   107指考)

42. Whisky_____a large percentage of alcohol.
    (A) contains   (B) condensed   (C) consumes   (D) condemned
    (96~101、105、107~109學測, 91、95、104、105、108指考, 93、109指考補)

┌─【解答】─────────────────────────────────────

1.(B)　　2.(C)　　3.(B)　　4.(D)　　5.(D)　　6.(C)　　7.(B)　　8.(B)　　9.(D)　　10.(C)

11.(D)　12.(B)　13.(B)　14.(C)　15.(A)　16.(B)　17.(C)　18.(D)　19.(B)　20.(A)

21.(B)　22.(A)　23.(C)　24.(A)　25.(D)　26.(A)　27.(C)　28.(D)　29.(C)　30.(B)

31.(A)　32.(B)　33.(D)　34.(C)　35.(A)　36.(C)　37.(B)　38.(D)　39.(A)　40.(C)

41.(D)　42.(A)

心得筆記欄

頻率表 *751 ～ 800*

請您將認識的單字，
在A欄中作記號。

A B

☐☐ contemporary

☐☐ contemptible

☐☐ contract

☐☐ contradict

☐☐ contradictory

☐☐ convert

☐☐ cooperate

☐☐ core

☐☐ cottage

☐☐ cough

☐☐ council

☐☐ counterfeit

☐☐ courage

☐☐ courtesy

☐☐ credit

☐☐ creditable

☐☐ critical

☐☐ crisis

☐☐ criticism

☐☐ crucial

☐☐ crude

☐☐ crystal

☐☐ customer

☐☐ dam

☐☐ damp

A B

☐☐ decay

☐☐ declare

☐☐ decrease

☐☐ dedication

☐☐ deeply

☐☐ defeat

☐☐ defect

☐☐ deliberate

☐☐ delicious

☐☐ deliver

☐☐ delivery

☐☐ demonstrate

☐☐ descendant

☐☐ descent

☐☐ describe

☐☐ desirable

☐☐ desolate

☐☐ destination

☐☐ destine

☐☐ destiny

☐☐ detain

☐☐ deter

☐☐ device

☐☐ devour

☐☐ diagnosis

≪頻率順序 751～800≫

contemporary
〔kən'tɛmpəˌrɛrɪ〕
adj. 同時代的

We all tend to seek the society of our *contemporaries*.

我們都傾向於和年齡相仿的人結交。

contemptible
〔kən'tɛmptəbl̩〕
adj. 可輕視的

He is *contemptible* for his meanness. 同 *mean*

他的行為卑劣可鄙。

contract *vt.* 收縮；締結〔kən'trækt〕

I *contract* friendship with a person. 同 *reduce*

我與人結交。

contradict *v.* 否認；抵觸〔ˌkɑntrə'dɪkt〕

He *contradicted* himself. 同 *dispute*

他自相矛盾。

contradictory
〔ˌkɑntrə'dɪktərɪ〕
adj. 矛盾的;相反的

His scheme is *contradictory* to common sense.

他的計畫不合常識。

convert〔kən'vɝt〕
vt. 轉變;〔'kɑnvɝt〕
n. 改變信仰

They *converted* an old house into a new one. 同 *change*

他們將舊屋改變為新屋。

cooperate *vi.* 合作〔ko'ɑpəˌret〕

They *cooperate* in perfect harmony. 同 *assist*

他們合作無間。

core〔kor〕
n. 果心；中心

He is English to the *core*.

他是個道道地地的英國人。

cottage〔'kɑtɪdʒ〕
n. 小屋

He is now living in a *cottage*.

他現在住在小屋中。

cough〔kɔf〕
vi. 咳嗽

He *coughs* badly.

他咳嗽得很厲害。

council〔'kaʊnsl̩〕
n. 會議

The city *council* is a meeting place. 同 *conference*

市議會是集會的場所。

counterfeit v. 偽造 The ten-dollar note is a 這張十元鈔票是假的。
['kaʊntəfɪt] *counterfeit.*
adj. 贋造的 n. 贋品囙 *fake*

courage ['kɜɪdʒ] You should call up *cour-* 你應振作精神。
n. 勇氣 *age.* 囙 *bravery*

courtesy ['kɜtəsɪ] They showed us great 他們對我們甚有禮貌。
n. 禮貌 *courtesy.*

credit ['krɛdɪt] His *credit* is good. 他的信用好。
n. 信用 囙 *honor*

creditable adj. 可歸功 Victory was directly *cre-* 勝利可直接歸功於他的
['krɛdɪtəbl̩] *ditable* to his efforts. 努力。

critical ['krɪtɪkl̩] She looks on everything 她以吹毛求疵的眼光看
adj. 吹毛求疵的 with a *critical* eye. 每一樣事物。

crisis ['kraɪsɪs] He was very calm during 他在危急之際甚為鎮靜。
n. 危機 the *crisis.* 囙 *emergency*

criticism n. 吹毛求疵 He hates *criticism.* 他討厭吹毛求疵。
['krɪtə,sɪzəm]

crucial ['kruʃəl] at the *crucial* moment 在重要關頭
adj. 嚴重的 囙 *critical*

crude [krud] *crude* manner 粗魯的舉止
adj. 粗的；原始的 囙 *rough*

crystal ['krɪstl̩] The dining-table shone 餐桌上擺設銀器和玻璃
n. 水晶；精製玻璃 with silver and *crystal.* 器。

customer n. 顧客 Tom has lost some of 湯姆已喪失一部份最好
['kʌstəmə] his best *customers.* 的顧客。

dam [dæm] There are several *dams* 橫過尼羅河的水壩有好
n. 水壩 across the Nile. 幾個。

damp [dæmp] n. 濕度 I don't like *damp* wea- 我不喜歡潮濕的天氣。
adj. 潮濕的 vt. 使潮濕 ther.

decay〔dɪ'ke〕 Our powers ***decay*** in old 我們的精力在年老時衰
vi. 衰弱；腐敗 age. 同 *spoil* 退。

declare〔dɪ'klɛr〕 The prisoner ***declared*** 犯人聲言他是無罪的。
vt. 公告；斷言 that he was innocent.

decrease〔dɪ'kris〕 Our hunger ***decreases*** as 我們的饑餓隨吃而減少。
v. 減少 *n*. 減少 we eat.

dedication *n*. 供奉 the ***dedication*** of a church 教堂之祝聖禮
〔,dɛdə'keʃən〕

deeply〔'diplɪ〕 He is ***deeply*** interested 他對此門學科有濃厚的
adv. 在深處;深刻地 in the subject. 興趣。

defeat〔dɪ'fit〕 We ***defeated*** the enemy in 我們在那次戰爭中把敵
vt. 擊敗 *n*. 失敗 the battle. 人打敗了。

defect〔dɪ'fɛkt〕 He has some ***defect*** in 他視力不佳。
n. 缺點 *vi*. 叛變 eyesight. 同 *weakness*

deliberate *adj*.有意的 He told us a ***deliberate*** 他存心對我們說謊。
〔dɪ'lɪbərɪt〕 lie.
〔dɪ'lɪbə,ret〕 同 *easy*
v. 考慮

delicious〔dɪ'lɪʃəs〕 Doesn't it smell ***delicious***! 好香的味道!
adj. 美味的 同 *tasty*

deliver〔dɪ'lɪvɚ〕 Did you ***deliver*** my mes- 你已將我的信交給你父
vt. 遞送 sage to your father? 親了嗎?

delivery〔dɪ'lɪvərɪ〕 Your letter came by the 你的信是於第二次送信
n. 遞送 second ***delivery***. 時到的。

demonstrate *vt*.證明 How can you ***demonstrate*** 你如何證明地球是圓的?
〔'dɛmən,stret〕 that the world is round?

descendant *n*. 後裔 They are the ***descendants*** 他們是孔子的後裔。
〔dɪ'sɛndənt〕 of Confucius.

descent 〔dɪ'sɛnt〕
n. 降下

The balloon made a slow *descent*. 反 *ascent*

氣球慢慢降落。

describe 〔dɪ'skraɪb〕
vt. 敍述

He was *described* as being very clever. 同 *define*

他被形容為非常聰明。

desirable 〔dɪ'zaɪrəbl〕
adj. 優良的

This *desirable* property is to be sold or let.

這優良房地產要出售或出租。

desolate 〔'dɛslɪt〕
adj. 荒涼的

This island was *desolate*. 同 *empty*

此島幾無人烟。

destination n. 目的地
〔,dɛstə'neʃən〕

The *destination* of his study is the law. 同 *goal*

他打算將來讀法律。

destine 〔'dɛstɪn〕
vt. 預定；命運注定

They were *destined* never to meet again.

命運注定他們永不再相逢。

destiny 〔'dɛstənɪ〕
n. 命運

It was his *destiny* to die in a foreign country.

他命定客死異國。

detain 〔dɪ'ten〕
vt. 使延遲

This question need not *detain* us. 同 *delay*

我們無需在這問題上多耽擱。

deter 〔dɪ'tɝ〕
vt. 妨礙

The large dog *deterred* trespassers. 同 *hinder*

這條大狗阻止了侵入者。

device 〔dɪ'vaɪs〕
n. 發明的東西

This is an ingenious *device*. 同 *instrument*

這是一個精巧的發明物。

devour 〔dɪ'vaʊr〕
vt. 吃；吞噬

The hungry boy *devoured* his dinner.

那飢餓的孩子狼吞虎嚥地吃晚飯。

diagnosis n. 診斷
〔,daɪəg'nosɪs〕

A doctor can't treat an illness until he has made a *diagnosis*.

醫生未作診斷之前，無法治病。

聯考試題演練

1. Lincoln and General Lee were _____. (70日大, 106、109學測, 92、93、
   (A) contemporary   (B) contemporaries   97、98、106指考, 93指考補)
   (C) cosmonauts   (D) companions

2. Cowards and cheats are _____. (72日大, 92指考)
   (A) contemplative   (B) contaminative
   (C) contradictive   (D) contemptible

3. Metals _____ on cooling. (69、87日大, 92、95、98、100、107學測, 95、100、
   (A) contract   (B) contradict   (C) continue   (D) contest   105指考)

4. His way of life _____ his stated principles. (95學測, 95、100、109指考)
   (A) contrary   (B) contradicts   (C) controls   (D) contributes

5. Reports of the result of the battle were so _____ we did
   not know which side had won. (72、87日大, 99指考)
   (A) continuous   (B) contradiction
   (C) contradictory   (D) convertible

6. They _____ the study into a nursery when the baby was
   born. (67日大, 95、96、99、102、103、106指考, 93指考補)
   (A) converted   (B) convicted   (C) conveyed   (D) conversed

7. They _____ toward the common end. (88日大, 98、99學測, 91、93、101指考,
   (A) convince   (B) cooperate   (C) copy   (D) cook   93指考補)

8. He is rotten to the _____. (68夜大, 101、108指考, 109指考補)
   (A) copy   (B) core   (C) cork   (D) cord

9. I live in a garden _____. (70夜大)
   (A) council   (B) baggage   (C) cotton   (D) cottage

10. He _____ up a fish bone. (66、88日大)
    (A) coughs   (B) counts   (C) courts   (D) courses

11. They called together a _____ of the town's industrial leaders.
    (A) counsel   (B) counselor   (69夜大, 101、109學測)

(C) council   (D) councilor

12. The old miser's widow＿＿＿＿a grief she did not feel.　(72夜大)
   (A) counteracted   (B) counterchecked
   (C) counterfeited   (D) counterchanged

13. Although blinded by the explosion, he faced the future with
    ＿＿＿＿.　(68日大, 94學測, 95、104、109指考)
    (A) course   (B) bondage   (C) carriage   (D) courage

14. He did me the＿＿＿＿of answering the question.　(71夜大, 96指考,
    (A) courtesy   (B) courteous   (C) infancy   (D) policy　109指考補)

15. No＿＿＿＿is given at this shop; payment must be in cash.
    (A) credibility   (B) credible　(73、79、88日大, 93、107學測,
    (C) credit   (D) credibly　98、103、109指考, 109指考補)

16. Alice's record of perfect attendance is very＿＿＿＿to her.
    (A) credit   (B) creditable　(72夜大)
    (C) credibly   (D) creditably

17. He is so＿＿＿＿that no one can get along with him.　(108指考,
    (A) criticize   (B) crisis   (C) critical   (D) critic　109指考補)

18. His fever dropped and the doctor announced that the＿＿＿＿
    was over.　(87、89、90日大, 68夜大, 105、107、109學測, 95、104、107、108指考)
    (A) cripple   (B) critic   (C) criteria   (D) crisis

19. He was pleased to read the favorable＿＿＿＿of his new book.
    (A) criticism   (B) critic   (C) criticize   (D) critical　(108指考)

20. We passed the＿＿＿＿test.　(67夜大, 92、102、109學測, 94、104~106、109指考,
    (A) cruel   (B) beneficial   (C) crucial   (D) cultural　109指考補)

21. Sugar in a natural state we call＿＿＿＿sugar.　(84日大, 68夜大)
    (A) crudely   (B) crude   (C) cruelly   (D) cruel

22. The stream had been＿＿＿＿over with ice.　(66夜大, 95指考)
    (A) crystalized   (B) creamed   (C) crushed   (D) cropped

23. They secure _____ by advertising. (99、102學測, 91、93、95、97、99、100、102~
    (A) customs   (B) customers   (C) cutters   (D) curtains.   105指考)

24. We have just completed a new big _____. (75日大, 95學測, 95、107指考)
    (A) damage   (B) damn   (C) dame   (D) dam

25. If you put on _____ clothes, you will probably catch cold.
    (A) damned   (B) dangerous   (72日大, 79夜大, 95、109學測)
    (C) damp   (D) dampen

26. Her teeth _____ because they were not taken care of. (72、87日大,
    (A) diseased   (B) deceived   (C) declined   (D) decayed   95學測)

27. The boys _____ themselves against cheating. (93、95、104、107、108學測,
    (A) decade   (B) declined   (C) decorated   (D) declared   106指考)

28. The workmen want to _____ the number of working hours.
    (A) decrease   (B) decree   (C) decorate   (D) deceive (109學測、指考)

29. It's the _____ of land for public use by Mr. Smith.   (75夜大)
    (A) decoration   (B) deception   (C) dedication   (D) decoration

30. She felt her mother's death _____.   (87日大, 73夜大, 93學測, 91、95、
    (A) deliberate   (B) deliberately   101指考)
    (C) deep   (D) deeply

31. The army _____ their enemy again. (88日大, 90、92、96學測, 94、98、101、105、
    (A) defaced   (B) defeated   (C) deferred   (D) defended   109指考)

32. He possesses many _____ of character.   (70夜大, 109學測, 102、104、
    (A) defenses   (B) defaults   (C) deferences   (D) defects   106指考)

33. He is very _____ in his action.   (67、82日大, 95指考)
    (A) deliberate   (B) delicately   (C) deliberative   (D) delete

34. Doesn't it smell _____!   (79、81日大, 79夜大, 95、108學測, 106、107指考,
    (A) precious   (B) envious   (C) delicious   (D) laborious   93指考補)

35. The postman _____ a wrong letter.   (93、105、107學測, 95、97、101、102、
    (A) conversed   (B) obverted   (C) delivered   (D) diverted 104、107指考)

36. There is no＿＿＿＿of letters on Sundays.　　(72、80日大, 98學測, 95、
   (A) bravery　　(B) delivery　　(C) slavery　　(D) bribery　　102指考)

37. How would you＿＿＿＿that the world is round？　　(88日大, 75夜大,
   (A) demonstrate　　　(B) demolish　　82台大夜, 90、94、105學測, 91、94、
   (C) demoralize　　　(D) demobilize　　104~106、109指考, 109指考補)

38. He has left＿＿＿＿living to this day.　　(71日大, 105指考)
   (A) dosolation　　　(B) desertion
   (C) deskman　　　(D) descendant

39. The balloon made a slow＿＿＿＿.　　(73日大, 95指考)
   (A) despair　　(B) descent　　(C) desert　　(D) design

40. I could not＿＿＿＿the horrible scene.　(81、84、85、88日大, 73夜大, 92、93、
   (A) describe　　　(B) description　　95、98、104~108學測, 91、94、96~
   (C) describable　　　(D) descriptive　　99、106、108、109指考)

41. For this job, it is＿＿＿＿to know something about medicine.
   (A) desirable　　　(B) deskbound　　(68日大, 90、92、100學測, 93指考)
   (C) desperate　　　(D) deserted

42. The island was＿＿＿＿.　　(71夜大)
   (A) destruct　　(B) despise　　(C) desolate　　(D) despiteful

43. The plane departed for its next＿＿＿＿on time.(75夜大, 94、98、103學測,
   (A) desolation　　　(B) desertion　　94、104指考, 109指考補)
   (C) destination　　　(D) desecration

44. The traveler was＿＿＿＿for Paris.　　(87日大, 66夜大, 94學測, 94、97指考)
   (A) destroyed　　(B) destined　　(C) despondent　　(D) desired

45. ＿＿＿＿sometimes plays strange tricks on poor human beings.
   (A) Dignity　　　(B) Dessert
   (C) Despite　　　(D) Destiny　　(66夜大, 92、95指考)

46. He got home two hours late and said he had been＿＿＿＿in
   the office by business.　　(75夜大)
   (A) obtained　　(B) detained　　(C) detached　　(D) detected

47. The dog_____trespassers.　　　　　　　　(67夜大, 92指考)

(A) deterred　　(B) pilfered　　(C) petered　　(D) showered

48. Planes have a lot of_____.　　(102、104、108、109學測, 104、105、107指考,

(A) devices　　(B) development (C) devils　　(D) devoirs　　109指考補)

49. The lion_____the sheep.　　　　　　　　(75夜大, 95學測)

(A) devoted　　(B) devoured　　(C) devised　　(D) deviated

50. A doctor cannot treat an illness until he has made a_____.

(A) diagram　　　　　(B) diagraph　　(87日大, 72夜大, 104學測, 97指考)

(C) diagnosis　　　　(D) diagonal

【解答】

1.(B)	2.(D)	3.(A)	4.(B)	5.(C)	6.(A)	7.(B)	8.(B)	9.(D)	10.(A)
11.(C)	12.(C)	13.(D)	14.(A)	15.(C)	16.(B)	17.(C)	18.(D)	19.(A)	20.(C)
21.(B)	22.(A)	23.(B)	24.(D)	25.(C)	26.(D)	27.(D)	28.(A)	29.(C)	30.(D)
31.(B)	32.(D)	33.(A)	34.(C)	35.(C)	36.(B)	37.(A)	38.(D)	39.(B)	40.(A)
41.(A)	42.(C)	43.(C)	44.(B)	45.(D)	46.(B)	47.(A)	48.(A)	49.(B)	50.(C)

頻率表 *801 ～ 850*

請您將認識的單字，
在A欄中作記號。

A B

- □□ diagram
- □□ dialogue
- □□ dictate
- □□ dilemma
- □□ diligent
- □□ diploma
- □□ direct
- □□ direction
- □□ disapprove
- □□ disciple
- □□ discuss
- □□ disgrace
- □□ dispatch
- □□ display
- □□ dispose
- □□ dissuade
- □□ district
- □□ ditch
- □□ domestic
- □□ donkey
- □□ donate
- □□ draft
- □□ drain
- □□ draught
- □□ drawback

A B

- □□ drift
- □□ droop
- □□ drought
- □□ dump
- □□ dusk
- □□ eager
- □□ earnest
- □□ economical
- □□ educate
- □□ elementary
- □□ emerge
- □□ employ
- □□ enclose
- □□ enterprise
- □□ entertain
- □□ entrust
- □□ err
- □□ erupt
- □□ esteem
- □□ estimate
- □□ eternal
- □□ evacuate
- □□ evolve
- □□ exceed
- □□ excel

≪**頻率順序 801 ~ 850** ≫

diagram *n.* 圖樣
〔'daɪə,græm〕
He drew a ***diagram*** of a gear-box. 同 *draw*
他畫齒輪箱的圖解。

dialogue *n.* 對話
〔'daɪə,lɔg〕
Plays are written in ***dialogue***. 同 *conversation*
劇本是用對白寫的。

dictate〔dɪk'tet〕
v. 口授；命令
Businessmen often ***dictate*** their letters. 同 *order*
商人們常口授信稿令人筆錄。

dilemma *n.* 左右為難
〔də'lɛmə〕
be on the horns of a ***dilemma***
進退兩難

diligent *adj.* 勤勉的
〔'dɪlədʒənt〕
He is the most ***diligent*** student in our class.
他是我們班上最用功的學生。

diploma *n.* 文憑
〔dɪ'plomə〕
a ***diploma*** in architecture
建築科系畢業證書

direct〔də'rɛkt〕
vt. 指導
Can you ***direct*** me to the post office? 同 *conduct*
你能指示我去郵局的路嗎？

direction *n.* 指導
〔də'rɛkʃən〕
He did the work under my ***direction***.
他在我的指導下做事。

disapprove *v.* 不贊成
〔,dɪsə'pruv〕
Does he ***disapprove*** of lipstick? 反 *admit*；*approve*
他反對口紅嗎？

disciple *n.* 門徒
〔dɪ'saɪpl〕
a ***disciple*** of Kant
同 *believer*
康德的門徒

discuss *vt.* 討論
〔dɪ'skʌs〕
I ***discussed*** the problem with my friends.
我跟朋友們討論這個問題。

disgrace *n.* 不名譽
〔dɪs'gres〕
Honest poverty is no ***disgrace***. 同 *dishonor*
誠實的貧窮不足為恥。

dispatch *vt.* 派遣
〔dɪ'spætʃ〕
A cruiser was ***dispatched*** to the island to restore order. 同 *transmit*
巡洋艦奉派到該島恢復秩序。

display〔dɪ'sple〕 The peacock **displayed** its 孔雀展現其美麗的尾部
*vt.*展示 *n.*展覽　fine tail feathers.　羽毛。

dispose〔dɪ'spoz〕 God **disposes** all things 上帝隨其意旨安排萬物。
*vt.*處理；安排　according to His will.

dissuade〔dɪ'swed〕 They **dissuade** him from 他們勸阻他不要走。
*vt.*勸阻　going. 図 *persuade*

district *n.*管區；區域 This is a purely agricul- 這是純粹的農業區域。
〔'dɪstrɪkt〕　tural **district**. 回 *region*

ditch〔dɪtʃ〕*n.*壕溝 die in a **ditch** 死於壕溝；窮困潦倒而
*vt.*以壕溝圍繞　死

domestic〔də'mɛstɪk〕 He had many **domestic** 他有許多家庭糾紛。
*adj.*屬於家務的；　troubles.
屬於本國的　図 *foreign*；*wild*

donkey〔'dɑŋkɪ〕 He is as stubborn as a 他非常固執。
*n.*驢；頑固的人　**donkey**. 回 *ass*；*dolt*

donate *vt.*贈與 He **donated** a large sum of 他捐了一大筆款子給孤
〔'donet〕　money to the orphanage. 兒院。

draft〔dræft〕 You'll catch cold if you 如果你坐在風口上，你
*n.*氣流；草稿　sit in a **draft**.　會感冒。
*vt.*起草；拉開　回 *air*；*sketch*

drawback *n.*缺點 Everything has its **draw-** 每件東西都有缺點。
〔'drɔ,bæk〕　**back**.

drain〔dren〕 That ditch **drains** water 那條溝排出沼澤中的水。
*vt.*排水；使耗盡　from the swamp.
*n.*水管；精力　回 *exhaust*

draught〔dræft〕 Turn the electric fan on 打開電風扇，好讓空氣
*n.*氣流；草稿　and make a **draught**. 流通。
*vt.*起草；拉開　回 *draft*

drift〔drɪft〕 I caught the ***drift*** of his 我懂了他的話的意思。
 n. 沖流；意向 words.
 vt. 漂流 回 *tendency*

droop〔drup〕 Her head ***drooped*** sadly. 她的頭悲哀地低垂。
 vi. 下垂 回 *dangle*

drought〔draʊt〕 There was a long ***drought*** 久旱不雨。
 n. 久旱 反 *wet*

dump〔dʌmp〕 Where can I ***dump*** this 垃圾可以倒在什麼地方？
 vt. 倒下；傾銷 rubbish? 回 *unload*

dusk〔dʌsk〕 She was invisible in the 她在昏暗的房間裏別人
 n. 黃昏；昏暗 ***dusk*** of the room. 反 *dawn* 看不到她。

eager〔'igɚ〕 I am ***eager*** to do it. 我極想做這件事。
 adj. 渴望的 回 *keen* 反 *listless*

earnest〔'ɝnɪst〕 Life is real! 人生是眞實的！
 adj. 熱心的；重要的 Life is ***earnest***! 反 *idle* 人生是重要的！

economical *adj.* 節儉的 An efficient engine is 效率高的機器節省燃料。
 〔,ikə'nɑmɪkl̩〕 ***economical*** of fuel.

educate *vt.* 教育 He was ***educated*** in 他在英國受教育。
 〔'ɛdʒə,ket〕 England. 回 *teach*；*instruct*

elementary He has only an ***elementary*** 他對文法只有一點初步
 〔,ɛlə'mɛntərɪ〕 knowledge of grammar. 的知識。
 adj. 基本的；初步的 回 *primary* 反 *advanced*

emerge〔ɪ'mɝdʒ〕 The sun ***emerged*** from 太陽自雲後出現。
 vi. 出現 behind the clouds.

employ〔ɪm'plɔɪ〕 The work will ***employ*** 50 這工作需僱用五十人。
 vt. 僱用；使忙於 men. 回 *engage* 反 *dismiss*

enclose〔ɪn'kloz〕 ***Enclosed*** please find a 茲附上滙票一紙，請查
 vt. 圍繞；隨函附寄 money order. 反 *disclose* 收。

enterprise
〔'ɛntɚ,praɪz〕
*n.*企業；進取心

He is always embarking on new **enterprises**. 同 *undertaking*

他總在著手新的企業計畫。

entertain
〔,ɛntɚ'ten〕
*vt.*使娛樂；招待

We were all **entertained** by his tricks. 同 *amuse*

我們對他的把戲都感興趣。

entrust〔ɪn'trʌst〕
*vt.*信託

Can I **entrust** you with the task? 同 *delegate*

我可以把這事交給你辦嗎？

err〔ɝ〕
*vi.*做錯

To **err** is human, to forgive divine. 同 *sin*

犯錯是人之常情，寬恕是超凡的。

erupt〔ɪ'rʌpt〕
*vi.*爆發

Geysers and volcanoes **erupt**. 同 *discharge*

噴泉及火山均能爆發。

esteem〔ə'stim〕
*vt.*尊敬；認為
*n.*尊重

No one **esteems** your father more than I do. 反 *despise*; *disesteem*

沒有人比我更尊重你父親。

estimate
〔'ɛstəmɪt〕*n.* 估計
〔'ɛstə,met〕*v.* 估計

I **estimate** his income at £ 500。同 *measure*

我估計他的收入為五百鎊。

eternal〔ɪ'tɝnl〕
*adj.*永恒的

The Christian religion promises **eternal** life.

基督教許諾永生。

evacuate *vt.*撤退
〔ɪ'vækjʊ,et〕

The soldiers **evacuated** the fort. 同 *withdraw*

軍隊撤離碉堡。

evolve〔ɪ'vɑlv〕
*vt.*發展

He has **evolved** a new plan. 同 *develop*

他發展出一項新計劃。

exceed〔ɪk's id〕
*v.*超過

Their success **exceeded** all expectation. 同 *excel*

他們的成功完全出乎預料。

excel〔ɪk'sɛl〕
*v.*優於

He **excels** all of us in tennis. 同 *surpass*

他在打網球方面勝過我們所有的人。

聯考試題演練

1. The _____ with the doctor continued. (75日大, 103學測)
   (A) dialogue　　(B) diameter　　(C) diamond　　(D) diagnose

2. I'll have to _____ an urgent letter to my secretary. (85日大, 70夜大)
   (A) dictate　　(B) decorate　　(C) dilate　　(D) donate

3. Her _____ was whether to go to the party in her old dress or to stay at home. (71日大, 109指考)
   (A) dilution　　(B) diligence　　(C) dilation　　(D) dilemma

4. _____ is a sure warrant of success. (74日大, 82夜大, 95、101學測)
   (A) Experience　　　　(B) Diligence
   (C) Deference　　　　(D) Difference

5. You have to undergo several examinations before you get the _____. (70日大, 77夜大, 103學測)
   (A) drama　　(B) diploma　　(C) dogma　　(D) diplomat

6. The general _____ his men to advance slowly. (70、83、87、90日大, 68夜大, 96、99、107、108學測, 91、94、101~103、109指考, 93、109指考補)
   (A) directed　　　　(B) directive
   (C) directional　　　　(D) directness

7. He was driving a car in the _____ of London. (105、109學測, 108指考, 109指考補)
   (A) detection　　(B) direction　　(C) defection　　(D) directness

8. I'm sorry I must _____ of your action. (87日大, 74夜大)
   (A) disappear　　(B) disappoint　　(C) disapprove　　(D) disagree

9. A bronze statue of his was erected by his _____. (71日大, 97學測)
   (A) principles　　(B) peoples　　(C) examples　　(D) disciples

10. We _____ how to solve the problem. (100、102、104、106、109學測, 103~105、108指考)
    (A) disallowed　　(B) distilled　　(C) discussed　　(D) disannuled

11. Honest poverty is no _____. (68日大, 96指考)
    (A) necklace　　(B) palace　　(C) disgrace　　(D) trace

12. He _____ his lunch and hurried to the station. (71夜大)
(A) matched (B) hatched (C) dispatched (D) latched

13. Various costumes of foreign countries are _____ in the
museum. (74、84、88、90日大, 82夜大, 90、99、100、102~106學測, 94、95、103、105指考,
(A) displayed (B) dispersed (C) dispatched (D) disguised 93指考補)

14. The chance of going abroad _____ me to accept the offer.
(A) disposed (B) dispelled (75、84夜大, 92學測)
(C) dispensed (D) displaced

15. They _____ him from going. (72夜大)
(A) dissented (B) dissipated (C) disserved (D) dissuaded

16. This is a purely agricultural _____. (71夜大, 107學測, 95指考)
(A) distance (B) district (C) distinction (D) distress

17. We _____ the old policy when it proved ineffective. (75日大)
(A) pitched (B) ditched (C) hitched (D) fetched

18. For its _____ water supply, the Netherlands uses the Rhine.
(A) domestic (B) democratic (67、84夜大, 92、101學測,
(C) dogmatic (D) dramatic 92、93、102指考)

19. He is as stubborn as a _____. (91學測, 108指考)
(A) monkey (B) money (C) donkey (D) enemy

20. He _____ a large sum of money to that orphanage. (70夜大, 93學測,
(A) donated (B) donable (C) donation (D) donor 102指考)

21. He wrote the first _____ of the story. (73日大, 106學測, 91指考)
(A) drift (B) drill (C) draft (D) dragon

22. A farmer must _____ his land well for certain crops. (95、107學測,
(A) drawl (B) drape (C) dread (D) drain 95、109指考)

23. Everything has its _____. (72夜大, 98學測, 104指考)
(A) drawer (B) drawback (C) drawing (D) drawbar

24. The boat _____ down the river helplessly. (73日大, 104學測)

(A) drooped　　(B) driven　　(C) drifted　　(D) drain

25. Her head _____ sadly. (72夜大)
(A) drooped　　(B) drooled　　(C) droned　　(D) drole

26. There was a long _____. (73、87、89日大, 105學測, 107指考)
(A) drought　　(B) daughter　　(C) draught　　(D) drawback

27. Where can I _____ this rubbish. (73夜大, 102、107學測)
(A) dump　　(B) bump　　(C) jump　　(D) hump

28. She was invisible in the _____ of the room. (72夜大)
(A) duel　　(B) duty　　(C) dusk　　(D) dummy

29. I'm _____ for you to meet my new friends. (88日大, 70夜大, 108學測,
(A) eager　　(B) earthy　　(C) each　　(D) easy　　　93、105指考)

30. They say that she is an _____ Christian. (85、89日大, 70、77夜大, 103～
(A) eastern　　(B) easeful　　(C) early　　(D) earnest　　105學測)

31. An efficient engine is _____ with fuel. (87日大, 70、81夜大, 104學測)
(A) economic　　(B) economical　　(C) economics　　(D) economize

32. My daughter was _____ at an English university. (104學測, 105、106、
(A) graduated　　(B) elevated　　(C) educated　　(D) habituated　　109指考)

33. Your son needs some _____ exercises for the piano. (99、104學測)
(A) elementary　　(B) elevated　　(C) elemental　　(D) elegant

34. A strange island _____ suddenly in the sea. (99、104學測, 105、107～
(A) employed　　(B) emigrated　　(C) emerged　　(D) emitted　　109指考)

35. The big enterprise _____ a great number of workers every
year. (70、76夜大, 92學測, 91指考)
(A) destroys　　(B) overjoys　　(C) annoys　　(D) employs

36. I'll _____ your letter with mine. (84、87日大, 71夜大, 102、106、107學測,
(A) enlarge　　(B) enclose　　(C) enforce　　(D) engage　　100指考)

37. Local _____ is discouraged due to heavy government taxation.
(A) advertise　　　　(B) surprise (70、82夜大, 95學測、指考)

(C) enterprise   (D) disguise

38. She_____her friends at dinner.   (70、82日大, 82台大夜, 92、94學測, 91、
     (A) abstained   (B) maintained   (C) sustained   (D) entertained   97指考)

39. He_____his friend with the property.   (73夜大)
     (A) enjoined   (B) entrusted   (C) enhanced   (D) enlisted

40. It's better to_____on the side of mercy.   (66夜大)
     (A) erode   (B) erupt   (C) err   (D) erase

41. Geysers and volcanoes_____.   (70夜大)
     (A) erode   (B) erase   (C) erect   (D) erupt

42. No one_____your father more than I do.   (66日大, 95學測, 96指考)
     (A) establishs   (B) estates   (C) esteems   (D) escapes

43. It's impossible to_____his abilities yet. (99、102、104、105學測, 99、103、
     (A) estimate   (B) establish   (C) esteem   (D) estrange   105、106指考)

44. The Christian religion promises_____life.   (66日大, 93、94、106學測)
     (A) eternal   (B) ethical   (C) effectual   (D) ethnic

45. The soldiers_____the fort.   (68夜大, 103指考)
     (A) evaporated   (B) evaluated   (C) evacuated   (D) evaded

46. Animals_____by themselves within their circumstances.
     (A) evite   (B) evert   (C) evoke   (D) evolve   (109指考補)

47. He was discharged from the army because he_____his
     senior's order.   (71日大, 92、107學測, 96、97指考)
     (A) succeeded   (B) bleeded   (C) exceeded   (D) proceeded

48. He_____other students in English.   (70日大, 93、106學測)
     (A) exchanges   (B) excels   (C) exclaims   (D) excites

【解答】

1.(A)   2.(A)   3.(D)   4.(B)   5.(B)   6.(A)   7.(B)   8.(C)   9.(D)   10.(C)

11.(C)	12.(C)	13.(A)	14.(A)	15.(D)	16.(B)	17.(B)	18.(A)	19.(C)	20.(A)
21.(C)	22.(D)	23.(B)	24.(C)	25.(A)	26.(A)	27.(A)	28.(C)	29.(A)	30.(D)
31.(B)	32.(C)	33.(A)	34.(C)	35.(D)	36.(B)	37.(C)	38.(D)	39.(B)	40.(C)
41.(D)	42.(C)	43.(A)	44.(A)	45.(C)	46.(D)	47.(C)	48.(B)		

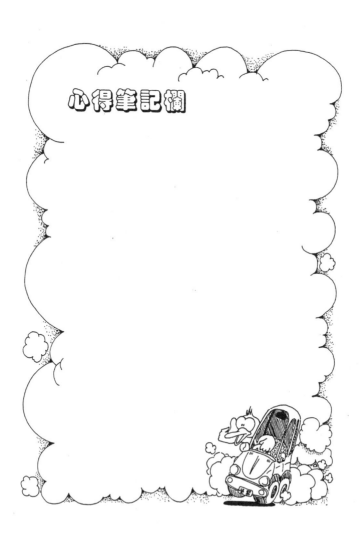

心得筆記欄

頻率表 851 ～ 900

請您將認識的單字，
在A欄中作記號。

A B

- □□ excite
- □□ exciting
- □□ exclaim
- □□ exclude
- □□ excursion
- □□ execute
- □□ exercise
- □□ exert
- □□ exhaust
- □□ exhibit
- □□ expedition
- □□ expose
- □□ exposure
- □□ extinct
- □□ extinguish
- □□ extract
- □□ extraordinary
- □□ fade
- □□ falsehood
- □□ familiar
- □□ fascination
- □□ feasible
- □□ feature
- □□ fend
- □□ ferry

A B

- □□ fertilize
- □□ fiction
- □□ figure
- □□ filial
- □□ fix
- □□ flavor
- □□ flood
- □□ flourish
- □□ forehead
- □□ foremost
- □□ forsake
- □□ frail
- □□ friendship
- □□ frown
- □□ frustrate
- □□ fulfill
- □□ funeral
- □□ furniture
- □□ gallant
- □□ gallop
- □□ garbage
- □□ genius
- □□ gentle
- □□ gesture
- □□ gloomy

~~~~~~~~~~~~~~~~~~~~~~ ≪頻率順序 851 ～ 900 ≫ ~~~~~~~~~~~~~~~~~~~~~~

excite〔ɪk'saɪt〕
vt. 激動；興奮

The news *excited* everybody.　回 *stir*

消息傳來，人人爲之鼓舞。

exciting〔ɪk'saɪtɪŋ〕
adj. 興奮的

What an *exciting* game！

多刺激的比賽！

exclaim〔ɪk'sklem〕
v. 呼喊

He *exclaimed* that I should not leave without him.　回 *shout*

他大叫說我不應丟下他而去。

exclude〔ɪk'sklud〕
vt. 拒絕

The immigrants were *excluded* from the country.　回 *reject*

那些移民被拒絕入境。

excursion *n.* 遠足
〔ɪk'skɝʒən〕

We went on an *excursion* to the park.

我們遠足到公園。

execute *vt.* 實現
〔'ɛksɪ,kjut〕

He *executed* the captain's orders.　回 *perform*

他執行了船長的命令。

exercise *vt.* 訓練
n. 運動〔'ɛksɚ,saɪz〕

The doctor advised her to take more *exercise*.

醫生囑咐她多運動。

exert〔ɪg'zɝt〕
vt. 運用

A ruler *exerts* authority.
回 *use*　反 *neglect*

統治者運用權威。

exhaust〔ɪg'zɔst〕
vt. 用盡；使疲憊

We were *exhausted* by the climb up the hill.

我們因登上小山而筋疲力竭。

exhibit〔ɪg'zɪbɪt〕
vt. 顯示；展覽

Ted *exhibits* in several galleries.　回 *show*

泰德在數處畫廊展出作品。

expedition *n.* 遠征
〔,ɛkspɪ'dɪʃən〕

We went on an *expedition* to the Antarctic.

我們到南極探險。

expose〔ɪk'spoz〕
vt. 暴露；展覽

Don't *expose* the baby to the draft.　反 *cover*

不要使嬰兒暴露在風口。

exposure〔ɪk'spoʒɚ〕 *Exposure* to the rain 這機器因暴露於雨中而
　　　n. 暴露　　　　has spoiled this machin- 損壞。
　　　　　　　　　　ery.

extinct〔ɪk'stɪŋkt〕 Many animals and birds 許多鳥獸現已絕種。
　　adj. 絕種的;熄滅的 are now *extinct*.

extinguish *vt.* 消滅 Death will not *extin-* 死亡並不會消滅我們。
　　〔ɪk'stɪŋgwɪʃ〕 *guish* us. 回 *crush*

extract〔ɪk'strækt〕 He *extracted* a letter 他從口袋中掏出一封信。
　　vt. 抽出　　　from his pocket.

extraordinary He is a man of *extraor-* 他有驚人的力氣。
　　〔ɪk'strɔrdn̩,ɛrɪ〕 *dinary* strength.
　　adj. 驚人的　　回 *special* ; 反 *normal*

fade〔fed〕 The flowers have *faded*. 花已凋謝。
　　vi. 褪色;凋謝　回 *dim* ; 反 *bloom*

falsehood〔'fɔls·hʊd〕 He was convicted of 他因詐欺被判有罪。
　　n. 虛假;作偽 *falsehood*. 反 *truth*

familiar〔fə'mɪljɚ〕 He has very few 他很少有親密的朋友。
　　adj. 親密的　　*familiar* friends.

fascination *n.* 魅力 They found a certain 他們發現戰鬥有某種魅
　　〔,fæsn̩'eʃən〕 *fascination* in combat. 力。

feasible〔'fizəbl̩〕 His story sounds *feasible*.他的故事可能是真的。
　　adj. 可能的　　回 *possible*

feature〔'fitʃɚ〕 Her eyes are her best 她容貌生得最好的一部
　　n. 特徵　　　*feature*. 分是她的眼睛。

fend〔fɛnd〕 Most baby fishes have to 大部分魚苗均須自行覓
　　vt.vi. 謀生 *fend* for themselves. 食。

ferry〔'fɛrɪ〕 The boatman rowed the 船夫帶旅客過渡頭。
　　n. 渡頭　　　traveler over the *ferry*.

fertilize〔'fɝtḷ,aɪz〕
vt. 使肥沃

The soil has been *fertilized* by the crop of alfalfa.

這塊地由於種了紫苜蓿而肥沃。

fiction〔'fɪkʃən〕
n. 小說

He prefers history to *fiction*. 同 *legend*

他對歷史要比小說喜歡些。

figure〔'fɪgɚ, -gjɚ〕
n. 數字

Are you good at *figures*? 同 *number*

你是否擅長於計算？

filial〔'fɪlɪəl〕
adj. 孝順的

The children treated their parents with *filial* respect.

孩子們孝敬他們的父母。

fix〔fɪks〕
vt. 使穩固

We *fixed* the post in the ground. 同 *mend*

我們把柱子插在地上。

flavor〔'flevɚ〕
n. 味　*vt.* 加味於

Chocolate and vanilla have different *flavors*.

巧克力和香草精，其味各不同。

flood〔flʌd〕
n. 洪水　*v.* 氾濫

The meadows were *flooded*. 同 *overfill*

草地被洪水淹沒。

flourish〔'flɝɪʃ〕
v. 茂盛；盛行

I hope the family are all *flourishing*. 同 *prosper*

我希望全家平安。

forehead〔'fɔr,hɛd〕
n. 前額

He has a broad *forehead*.

他的額頭寬潤。

foremost〔'for,most〕
adj. 最先的；首要的 同 *chief*

He is our *foremost* poet.

他是我國最重要的詩人。

forsake〔fɚ'sek〕
vt. 遺棄；放棄

She has *forsaken* her old friends. 同 *abandon*

她遺棄她的老友。

frail〔frel〕
adj. 脆弱的

He is a *frail* child. 同 *weak*；反 *tough*

他是一個脆弱的小孩。

friendship *n.* 友誼
〔'frɛndʃɪp〕

How long will the *friendship* last？

這友情將可持續多久？

frown〔fraʊn〕
n. 蹙額　v. 顰眉

There was a deep *frown* on his face.　囘 *scowl*

他的額頭深深皺著。

frustrate vt. 破壞
〔ˈfrʌstret〕

He *frustrates* his enemies in their plans.　囘 *defeat*

他破壞他的敵人的計劃。

fulfill〔fʊlˈfɪl〕
vt. 實踐；滿足

He *fulfilled* his expectations.　囘 *perform*

他滿足他的願望。

funeral〔ˈfjunərəl〕
n. 葬禮

The admiral was given a state *funeral*.

這位海軍上校被授以國葬。

furniture〔ˈfɝnɪtʃɚ〕
n. 傢俱

Beds, chairs, tables, and desks are all *furniture*.

床、椅、桌及書桌皆是傢俱。

gallant〔ˈgælength〕
adj. 勇敢的；莊嚴的

A ship with all of its sails spread is a *gallant* sight.　囘 *brave*

一隻所有的帆均揚起的船是壯麗的景色。

gallop〔ˈgæləp〕
n. 疾馳　v. 騎快馬

He rode away at full *gallop*.　囘 *run*

他騎馬疾馳而去。

garbage〔ˈgɑrbɪdʒ〕
n. 垃圾

garbage can
囘 *rubbish*

垃圾箱

genius〔ˈdʒinjəs〕
n. 天才；才能

He is a man of *genius*.
囘 *talent*

他是一個天才。

gentle〔ˈdʒɛntl〕
adj. 溫和的；文雅的

His behavior was very *gentle*.　囘 *tender*

他的舉止非常文雅。

gesture〔ˈdʒɛstʃɚ〕
n. 手勢；姿勢

This actor is a master of the art of *gesture*.

此演員精於表情。

gloomy〔ˈglumɪ〕
adj. 幽暗的；黑暗的

He feels *gloomy* about the future of a warring world.

她對戰亂世界的未來感到悲觀。

聯考試題演練

1. The audience was _____ with the exciting game. (100、106學測, 100、
   (A) excised　　(B) excessed　　(C) excited　　(D) excepted　　108指考)

2. The country's recent event was very _____ to my study.
   (A) astonishing　　　　(B) exciting　　　　(75夜大, 92學測, 92、
   (C) striking　　　　　 (D) threatening　　　95、98、101指考)

3. 'What！' he _____ 'Are you leaving without me？'　　(68日大)
   (A) exclaimed　(B) acclaimed　(C) disclaimed　(D) reclaimed

4. We can _____ the possibility that the money won't arrive.
   (A) exclude　　　　(B) excuse　　　(67日大, 93、95、107學測,
   (C) conclude　　　 (D) seclude　　　95、98、106、109指考)

5. They made an _____ to the Youth Park yesterday.　(67日大)
   (A) immersion　(B) explosion　(C) impulsion　(D) excursion

6. All orders will be promptly _____.　(68日大, 93學測, 101、103、109指考)
   (A) execrated　(B) executed　(C) exerted　(D) exempted

7. He is engaged in doing his French _____. (81、86、88、90日大, 72夜大,
   (A) precises　　　　(B) merchandises　　82台大夜, 92、93、95、99、
   (C) concises　　　　(D) exercises　　　 101、103、104學測, 94指考)

8. He _____ himself to win the race.　　(66日大, 95指考)
   (A) deserted　(B) asserted　(C) exerted　(D) converted

9. My sister _____ herself playing tennis every day.　(94、98學測,
   (A) exhausts　(B) bursts　(C) disgusts　(D) trusts　91、95指考)

10. The girl's powers of endurance were _____ during the climb.
    (A) prohibited　　　　(B) inhibited　　(66日大, 82台大夜, 101、109學測,
    (C) exhibited　　　　 (D) inhabited　　99、101、105、108、109指考)

11. Every year we go on an _____ to Africa.　(72夜大)
    (A) exhibition　　　　(B) exposition
    (C) expedition　　　　(D) edition

12. During the summer she went to the seaside to_____her
    body to the sun.　(68日大, 81夜大, 95、98、99、106、109學測, 92、98、101、108指考)
    (A) expose　　(B) suppose　　(C) dispose　　(D) propose

13. The old books were dried by_____to the sun. (90、106、108學測,
    (A) measure　　(B) pleasure　　(C) exposure　　(D) treasure　95指考)

14. Many animals and birds are now_____.(71日大, 84夜大, 95學測, 96指考,
    (A) instinct　　(B) extinct　　(C) distinct　　(D) strick　93、109指考補)

15. Our hopes have been_____by those failures.　(66日大, 95指考)
    (A) externalized　　　　(B) extorted
    (C) distinguished　　　　(D) extinguished

16. He has_____a great many examples from the grammar book.
    (A) distracted　　　　(B) extracted　　(70夜大, 95學測)
    (C) attracted　　　　(D) contracted

17. The mathematician's efforts were_____. (68夜大, 90、95學測, 97~99、
    (A) extravagant　　　　(B) extraordinary　104指考, 109指考補)
    (C) extralegal　　　　(D) extracurricular

18. What do you call the flower that_____in the evening. (100、102、
    (A) lades　　(B) hides　　(C) bides　　(D) fades　109學測,100指考)

19. Truth, if exaggerated, may become_____.　　(69夜大)
    (A) falsehood　(B) likelihood　(C)knighthood　(D) hardihood

20. I am_____with his character.　(101、104、108學測, 100、104、106指考,
    (A) familial　(B) famed　　(C) famished　(D) familiar　109指考補)

21. At play, children hold a certain_____over adults.(89日大, 75夜大,
    (A) fascination　　　　(B) imagination　90、92、103學測)
    (C) examination　　　　(D) destination

22. Travel to the moon may become_____by the end of this
    century.　　　　　　　　　　　(89日大, 75夜大, 92指考)
    (A) sensible　(B) visible　　(C) feasible　(D) omissible

23. Commercialism is a_____of Chinese mass media.(109學測、指考補)

(A) stature   (B) future   (C) feature   (D) signature

24. He raised his arm up to _____ the branches from his eyes.
(A) bend   (B) fend   (C) lend   (D) rend   (72夜大)

25. The boatman rowed the traveler on the _____.   (70夜大, 103學測,
(A) furry   (B) berry   (C) ferry   (D) curry   103指考)

26. The soil has been _____ by the crop of alfalfa. (75日大, 95、98學測)
(A) legalized   (B) realized   (C) rationlized   (D) fertilized

27. Works of _____ are reviewed in the Sunday editions in England.   (81日大, 69、79夜大, 106學測, 91、102、104、108指考)
(A) friction   (B) faction   (C) fiction   (D) fraction

28. Please write in Arabic _____.   (70、81日大, 92、95、101、104、108學測,
(A) amounts   (B) pictographs   93~97、100~102、104、105指考,
(C) characters   (D) figures   93、109指考補)

29. The children treated their parents with _____ respect. (73日大)
(A) filial   (B) genial   (C) colonial   (D) denial

30. The painter _____ his eyes on the picture.(100學測, 101、105、108指考,
(A) laxed   (B) fixed   (C) vexed   (D) mixed   109指考補)

31. My mother _____ the cake with lemon. (93、97、99、100、108、109學測, 99、
(A) favored   (B) tasted   (C) flavored   (D) cooked   100、108指考)

32. There is a threat of _____ in the coming of a typhoon.(105學測,
(A) fleet   (B) blood   (C) gloom   (D) flood   102、107指考)

33. Alchemy _____ during the Middle Ages.   (63、89日大, 92學測, 94指考)
(A) flourished   (B) nourished   (C) perished   (D) feverish

34. Put your hand on my _____.   (68日大, 102學測)
(A) blockhead   (B) fountainhead
(C) forehead   (D) spearhead

35. He is the _____ painter of the age.   (70夜大)
(A) forever   (B) foreign   (C) foresight   (D) foremost

36. He is going to _____his wife and children. (69夜大)
   (A) forbid   (B) forsake   (C) forage   (D) forment

37. Struggling with his burden, the_____old man alighted the
   bus. (67日大, 95學測)
   (A) trail   (B) frail   (C) tail   (D) detail

38. She was surrounded by much_____. (69、79、86日大, 94、97學測, 98指考)
   (A) lordship   (B) scholarship   (C) friendship   (D) dealership

39. There was a deep_____on his face. (74日大, 103學測)
   (A) frown   (B) crown   (C) brown   (D) clown

40. The artist has never been_____by the gloomy prospects.
   (A) concentrated   (B) frustrated   (81日大, 68夜大, 99、101、
   (C) illustrated   (D) demonstrated   102學測, 94指考, 93指考補)

41. If you make a promise, you should_____it. (88、89日大, 94、107學測,
   (A) fulfilment   (B) fulfill   (C) fulness   (D) full   93、104指考)

42. Many people attended the old lady's_____. (66夜大, 106學測, 94、103、
   (A) funerary   (B) funereal   (C) funeral   (D) ceremony   109指考)

43. Inventions have seldom been the product of one man's_____
   alone. (70、81、89日大, 78夜大, 90、105、107學測, 93、102、105指考)
   (A) genius   (B) general   (C) genial   (D) generous

44. He was_____in manners but firm in action. (73、81、84、88日大)
   (A) gentility   (B) genteel   (C) gentle   (D) gentleman

45. _____usually plays a great role in daily conversation.
   (A) Posture   (B) Gesture   (67、86日大, 108學測, 98、109指考)
   (C) Stature   (D) Structure

【解答】

1.(C)	2.(B)	3.(A)	4.(A)	5.(D)	6.(B)	7.(D)	8.(C)	9.(A)	10.(C)
11.(C)	12.(A)	13.(C)	14.(B)	15.(D)	16.(B)	17.(B)	18.(D)	19.(A)	20.(D)
21.(A)	22.(C)	23.(C)	24.(B)	25.(C)	26.(D)	27.(C)	28.(D)	29.(A)	30.(B)

31.(C)　32.(D)　33.(A)　34.(C)　35.(D)　36.(B)　37.(B)　38.(C)　39.(A)　40.(B)
41.(B)　42.(C)　43.(A)　44.(C)　45.(B)

心得筆記欄

頻率表 **901 ～ 950**

請您將認識的單字，
在 A 欄中作記號。

A B

□□ glorious
□□ glow
□□ gorilla
□□ grade
□□ graduate
□□ grain
□□ gravity
□□ graze
□□ grief
□□ grocer
□□ handle
□□ happiness
□□ harmony
□□ harsh
□□ hay
□□ hazardous
□□ healthy
□□ hedge
□□ heritage
□□ hesitate
□□ hire
□□ horizon
□□ honesty
□□ hospitality
□□ humanity

A B

□□ humid
□□ hurtle
□□ hush
□□ hut
□□ hymn
□□ hypothesis
□□ identical
□□ identify
□□ illuminate
□□ illusion
□□ immense
□□ impulse
□□ incident
□□ indispensable
□□ indulge
□□ industrial
□□ industrious
□□ infect
□□ inferior
□□ influence
□□ inform
□□ informal
□□ ingenious
□□ ingredient
□□ inherit

━━━━━━━━━━━━━━━━ ≪ 頻率順序 901 ～ 950 ≫ ━━━━━━━━━━━━━━━━

glorious〔'glorɪəs〕How *glorious* the sunset 多麼燦爛的落日啊！
adj. 光榮的　　　　 is !囘 *splendid* ; *renowned*

glow〔glo〕　　 The western sky is *glow-* 西方的天空發出紫色和
n. 光輝　　　　 *ing* with purple and crim- 紅色光輝。
vi. 發熾熱的光　 son. 囘 *flush*

gorilla *n.* 大猩猩　 He looks like a *gorilla*. 他看起來像隻大猩猩。
〔gə'rɪlə〕

grade〔gred〕　 The rank of major is one 少校的階級較上尉高一
n. 等級；分數　 *grade* higher than that of 級。
v. 分級　　　　 captain. 囘 *classify*

graduate　　　 I have just *graduated* 我剛從高中畢業。
〔'grædʒʊˌet〕 from the senior high
v. 畢業；得到學位 school.

grain〔gren〕　 There is a ship with a 那裏有一艘裝載穀物的
n. 穀類；顆粒　 cargo of *grain* over there. 船。

gravity〔'grævətɪ〕 He could hardly keep his 他幾乎保持不住他的莊
n. 地心引力；嚴肅 *gravity*. 重態度。

graze〔grez〕　 There are cattle *grazing* 那兒有牛羣在田野中吃
v. 吃青草；放牧　 in the fields over there. 草。

grief〔grif〕　 He died of *grief*. 他憂愁而死。
n. 悲傷；可憂之事　囘 *sorrow*

grocer〔'grosɚ〕 A *grocer* sells groceries. 雜貨商賣雜貨。
n. 食品雜貨商

handle〔'hændl〕 The speaker was roughly 演講者受羣眾侮辱。
n. 柄　 *v.* 對付;管理 *handled* by the mob.

happiness *n.* 快樂 My *happiness* is beyond 我的快樂是難以形容的。
〔'hæpɪnɪs〕 description. 囘 *delight*

harmony 〔'hɑrmənɪ〕They worked in perfect 他們合作無間。
　　n. 協調；和睦　　*harmony*. 反 *discord*

harsh 〔hɑrʃ〕　　He is a *harsh* man. 他是一個無情的人。
　　adj. 粗糙的；苛刻的 同 *rough*

hay 〔he〕　　Make *hay* while the sun 把握時機。
　　n. 乾草　　shines. 同 *fodder*

hazardous *adj*.危險的 This is a *hazardous* in- 這是一項冒險的投資。
　　〔'hæzədəs〕　vestment.

healthy 〔'hɛlθɪ〕　She is a very *healthy* 她是一個健康的孩子。
　　adj. 健康的　　child. 同 *well*

hedge 〔hɛdʒ〕　　It's a *hedge* of stones. 這是座石子圍牆。
　　n. 灌木樹籬；限制 The island is *hedged* in 該島四面環海。
　　v. 圍籬笆；包圍　 by water. 同 *boundary*

heritage *n*. 遺產　Chinese have a great cul- 中國有偉大的文化遺產。
　　〔'hɛrətɪdʒ〕　tural *heritage*. 同 *heredity*

hesitate 〔'hɛzə,tet〕He *hesitated* to take such 他不願冒這樣大的危險。
　　v. 猶豫；躊躇　　a big risk. 同 *pause*

hire 〔haɪr〕　　He makes a living by *hi-* 他靠出租馬匹為生。
　　vt. 僱　　*ring* out horses.
　　n. 工資；租金　This car is for *hire*. 這輛車是出租的。

horizon *n*.地平線　The sun sank below the 太陽沉到地平線下。
　　〔hə'raɪzn〕　　*horizon*.

honesty 〔'ɑnɪstɪ〕I am sure of his *honesty*. 我相信他的誠實。
　　n.誠實；公正　反 *dishonesty*

hospitality *n*.殷勤　I partook of *hospitality*. 我受了厚遇。
　　〔,hɑspɪ'tælətɪ〕

humanity *n*.人類　Advances in science help 科學進步有助於全人類。
　　〔hju'mænətɪ〕　all *humanity*.

humid 〔'hjumɪd 〕
adj. 潮濕的

Summer in Taipei is hot and **humid**. 反 *dry*

台北的夏天炎熱而潮濕。

hurtle 〔'hɝtl 〕
v. 碰撞；衝擊

Spears **hurtled** against shields. 同 *collide*；*crash*

矛猛擊於盾上。

hush 〔hʌʃ 〕
v. 使平靜；緩和
n. 安靜

Mother **hushed** the baby to sleep.

in the **hush** of night

母親催眠使嬰孩入睡。

在靜悄悄的夜晚

hut 〔hʌt 〕
n. 小屋；茅舍

There is a **hut** by the river. 同 *cabin*

河旁有一座小茅屋。

hymn 〔hɪm 〕
n. 聖詩；讚美

We praise God in **hymns**. 同 *psalm*

我們唱聖歌讚美上帝。

hypothesis *n.* 假設
〔haɪ'pɑθəsɪs 〕

This is a pure **hypothesis**. 同 *supposition*

這完全是一種假設。

identical *adj.* 同一的
〔aɪ'dɛntɪkl 〕

Both events happened on the **identical** day.

兩件事發生在同一天。

identify *v.* 認明
〔aɪ'dɛntə,faɪ 〕

Can you **identify** your umbrella among these?

你能在這些傘中認出你的嗎？

illuminate *vt.* 照明
〔ɪ'lumə,net 〕

The room is poorly **illuminated**. 同 *light*

這房間照明不足。

illusion *n.* 幻影
〔ɪ'ljuʒən 〕

It is only an optical **illusion**. 同 *vision*

那只是視覺幻象。

immense *adj.* 廣大的
〔ɪ'mɛns 〕

China has an **immense** territory. 同 *huge*

中國有廣大的領土。

impulse *n.* 刺激
〔'ɪmpʌls 〕

You shouldn't act on **impulse**. 同 *thrust*

你不該衝動行事。

incident *n.* 事件
〔'ɪnsədənt 〕

Frontier **incidents** have been common on the border. 同 *event*；*occurrence*

邊界事件在邊境常發生。

indispensable
〔͵ɪndɪs'pɛnsəbl〕
*adj.*不可缺少的
*n.*不可缺少之物

Air is ***indispensable*** to
life.
Air and food are ***indis-
pensables***. 同 *necessary*

空氣對生命是必要的。

空氣和食物是必要的東
西。

indulge〔ɪn'dʌldʒ〕
*v.*放任；縱容

He ***indulges*** his children
too much.

他太放縱孩子。

industrial *adj.*工業的
〔ɪn'dʌstrɪəl〕

It is an ***industrial*** bank.

那是家工業銀行。

industrious *adj.*勤勉的
〔ɪn'dʌstrɪəs〕

He is ***industrious*** in his
business. 同 *diligent*

他勤於經營事業。

infect〔ɪn'fɛkt〕
*v.*傳染；傳播

His high spirits ***infected***
all his companions.

他精神好使他朋友都振
作。

inferior〔ɪn'fɪrɪɚ〕
*adj.*初級的
*n.*部下；晚輩

This cloth is ***inferior*** to
real silk.
A good leader gets on
well with ***inferiors***.

這布次於真絲。

一個好領袖能與部屬和
好相處。

influence *v.*影響
〔'ɪnflʊəns〕
*n.*影響；權力

Don't be ***influenced*** by
bad examples.
Will you exercise your ***in-
fluence*** on my behalf?

不要受惡例的影響。

你願意使用你的權力幫
我忙嗎？

inform〔ɪn'fɔrm〕
*v.*通知；報告

Has he been ***informed*** of
his father's death?

他父親的死訊通知他了
沒？

informal〔ɪn'fɔrml〕
*adj.*非正式的

It's ***informal*** English.
反 *formal*

這是俗用英語。

ingenious *adj.*智巧的
〔ɪn'dʒinjəs〕

He is an ***ingenious*** author.
同 *clever*

他是個有創造力的作家。

ingredient *n.*成分
〔ɪn'gridɪənt〕

Understanding is one of the
most important ***ingredients***
of a successful marriage.

了解是成功婚姻中最重
要的因素之一。

inherit〔ɪn'hɛrɪt〕 The eldest son will **inherit** 長子將繼承爵位。
v. 繼承　　　　　the title. 回 *receive*

聯考試題演練

1. Robert thought it_____to die for his sovereign's cause.
   (A) glorious (B) various (C) serious (D) curious (72日大, 95指考)

2. The western sky was_____with purple and crimson.   (70夜大,
   (A) glooming (B) glossing (C) gloating (D) glowing 109指考補)

3. An elementary school in America has eight_____. (98、99、107、
   (A) grains (B) grafts (C) grades (D) grapes 109學測, 98指考)

4. After three years at Oxford, he_____.(96、100、103學測, 92、94、100指考,
   (A) evaluated (B) elevated (C) graduated (D) excavated 93指考補)

5. We should eat up every_____of rice in our bowls. (66夜大, 98學測,
   (A) grape (B) grain (C) grave (D) grease 107指考)

6. An apple falls towards the center of the earth because of
   _____.   (75夜大, 91指考)
   (A) treaty (B) droughty (C) piety (D) gravity

7. The bullet_____his shoulder.   (75日大, 96、108學測)
   (A) grazed (B) gravitated (C) greased (D) gratified

8. His failure to live a good life was a great_____to his
   parents.   (69日大, 83夜大, 91指考)
   (A) brief (B) relief (C) thief (D) grief

9. The_____of that door is made of wood. (97、99、105學測, 96、100、
   (A) candle (B) handle (C) huddle (D) bundle 102、109指考)

10. His promotion brought him_____.   (66日大, 94學測, 103指考)
    (A) faintness (B) neatness (C) happiness (D) keenness

11. The_____of their home was disturbed by the death of their
    child.   (67、87日大, 98、101、102、109學測)
    (A) harmony (B) mutiny (C) destiny (D) gloomy

12. She was_____to her servants, so they dislike her. (90、102學測,

(A) slash   (B) trash   (C) rash   (D) harsh   104指考)

13. If you want to become a millionaire, you must make _____ while the sun shines.   (73日大, 103指考)
    (A) hay   (B) hazard   (C) quay   (D) haze

14. We think of sports as active and creative, for they create _____ bodies.   (92、94~96、98、100、101、108學測, 97、103、104、106、108指考,
    (A) wealthy   (B) antipathy   (C) healthy   (D) sympathy   93指考補)

15. The farmhouse had been _____ off from the path.   (70夜大)
    (A) savage   (B) hedged   (C) pledged   (D) assuaged

16. Chinese have a great cultural _____.   (97、101學測, 102、106、108、
    (A) peerage   (B) hermitage   (C) outrage   (D) heritage   109指考)

17. Lily _____ over the choice between the two umbrellas.
    (A) isolated   (B) frustrated   (86、90日大, 67夜大,
    (C) prostrated   (D) hesitated   99學測, 96指考)

18. He _____ a workman to repair the fence.   (87日大, 71夜大, 99學測,
    (A) hired   (B) expired   (C) retired   (D) perspired   101指考)

19. The sun sank below the _____.   (68、82、88日大, 101學測, 109指考補)
    (A) horde   (B) horizon   (C) hornet   (D) horn

20. _____ is the best policy.   (86日大, 75夜大, 104指考)
    (A) Liability   (B) Rigidity   (C) Heredity   (D) Honesty

21. Advances in science help all _____.   (87日大, 75、83夜大, 95、98、100、
    (A) humidity   (B) humility   (C) humanity   (D) heredity   108指考)

22. Summer in Taipei is hot and _____.   (68夜大, 100學測)
    (A) human   (B) humid   (C) humble   (D) humiliating

23. The clash of their onslaught _____ across the field.   (75日大)
    (A) hurtled   (B) hustled   (C) nestled   (D) rustled

24. They _____ as the judge walked in.   (72夜大)
    (A) flashed   (B) smashed   (C) rushed   (D) hushed

25. The travelers lived in a _____ by the river. (71夜大)
 (A) hut (B) rust (C) rut (D) nut

26. Lunar history has not been _____ to that of the earth.
 (A) typical (B) identical (90日大, 73夜大, 95、102、
 (C) topical (D) lyrical 104指考, 93指考補)

27. Each student must be able to _____ himself in the campus.
 (A) vertify (B) ratify (66日大, 93、98~100、102、106學測,
 (C) versify (D) identify 93、100、104、106、108、109指考)

28. The room was _____ by five large lamps. (69、87日大, 107指考)
 (A) invalidated (B) radiated
 (C) illuminated (D) humiliated

29. All that you believe you saw on that day was an _____ .(74夜大)
 (A) implication (B) allusion
 (C) illusion (D) elusion

30. Such an amount of diamonds must value _____ . (107、109學測,
 (A) immensely (B) pretense (C) intensely (D) expanse 97指考)

31. We must not be influenced more by _____ than by reason.
 (A) pulse (B) impulse (C) repulse (D) incense (109指考)

32. He told me a strange _____ during his journey. (104、106學測,
 (A) resident (B) coincident (C) incident (D) ascent 108、109指考)

33. Air, food and water are _____ to life. (72日大, 104學測, 109指考)
 (A) indispensable (B) invincible
 (C) derivable (D) indisputable

34. He _____ in tobacco. (67、87日大, 95學測)
 (A) bulges (B) indulges (C) divulges (D) obliges

35. The _____ revolution was definitely necessary to modernize
 society. (77日大, 73、79夜大, 93、94、96、102、109指考, 93指考補)
 (A) proverbial (B) beneficial (C) industrious (D) industrial

36. He is _____ in his business.　　　　(73日大, 81夜大, 91指考)
(A) industrial　　　　(B) ambiguous
(C) industrious　　　　(D) illustrious

37. His high spirits _____ all his companions.　(104、106、107、109學測,
(A) infected　　(B) afflicted　　(C) inspected　　(D) depicted　　104指考)

38. A lieutenant is _____ to a captain. (71、83、90日大, 108學測, 96、97指考)
(A) interior　　(B) inferior　　(C) superior　　(D) posterior

39. I _____ him that she had married John.(93~95、98、99學測, 93、94、99、101、
(A) formed　　(B) reformed　　(C) deformed　　(D) informed　　109指考)

40. The mousetrap is a(n) _____ device.　　　(70夜大, 103指考)
(A) judicious　　(B) ingenious　　(C) ingenuous　　(D) impetuous

41. Understanding is one of the most important _____ of a
successful marriage.　　　　(89日大, 69夜大, 93、107、109學測)
(A) expedients　　　　(B) inducements
(C) agents　　　　(D) ingredients

42. The widow is going to _____ a great fortune. (95、109學測, 92指考)
(A) inherit　　(B) deposit　　(C) transit　　(D) consist

【解答】

1.(A)	2.(D)	3.(C)	4.(C)	5.(B)	6.(D)	7.(A)	8.(D)	9.(B)	10.(C)
11.(A)	12.(D)	13.(A)	14.(C)	15.(B)	16.(D)	17.(D)	18.(A)	19.(B)	20.(D)
21.(C)	22.(B)	23.(A)	24.(D)	25.(A)	26.(B)	27.(D)	28.(C)	29.(C)	30.(A)
31.(B)	32.(C)	33.(A)	34.(B)	35.(D)	36.(C)	37.(A)	38.(B)	39.(D)	40.(B)
41.(D)	42.(A)								

頻率表 *951 ～ 1000*

請您將認識的單字，
在A欄中作記號。

A B
- [ ] [ ] initiate
- [ ] [ ] injury
- [ ] [ ] innocence
- [ ] [ ] innocent
- [ ] [ ] inspire
- [ ] [ ] inspiration
- [ ] [ ] instruct
- [ ] [ ] instructive
- [ ] [ ] instrument
- [ ] [ ] insurance
- [ ] [ ] intelligent
- [ ] [ ] intense
- [ ] [ ] interfere
- [ ] [ ] interview
- [ ] [ ] intimate
- [ ] [ ] intimidate
- [ ] [ ] intrinsic
- [ ] [ ] introduce
- [ ] [ ] invade
- [ ] [ ] ironical
- [ ] [ ] isolate
- [ ] [ ] jail
- [ ] [ ] justice
- [ ] [ ] kneel
- [ ] [ ] knock

A B
- [ ] [ ] knot
- [ ] [ ] lantern
- [ ] [ ] laugh
- [ ] [ ] laundry
- [ ] [ ] lawyer
- [ ] [ ] layer
- [ ] [ ] leak
- [ ] [ ] legal
- [ ] [ ] legislation
- [ ] [ ] lesson
- [ ] [ ] letter
- [ ] [ ] librarian
- [ ] [ ] likewise
- [ ] [ ] limb
- [ ] [ ] literal
- [ ] [ ] loiter
- [ ] [ ] lottery
- [ ] [ ] loyalty
- [ ] [ ] luggage
- [ ] [ ] lumber
- [ ] [ ] lung
- [ ] [ ] magnet
- [ ] [ ] malicious
- [ ] [ ] maneuver
- [ ] [ ] marry

initiate〔ɪˈnɪʃɪ,et〕
vt. 創始；發起

He *initiated* the new methods.

他創立了新方法。

injury〔ˈɪndʒərɪ〕
n. 傷害；損毀

I take it as a personal *injury*.

我認爲這是對個人的侮辱。

innocence〔ˈɪnəsns〕
n. 天眞；清白

The accused man proved his *innocence* of the crime. 反 *guilt*

被告人證實無罪。

innocent〔ˈɪnəsṇt〕
adj. 無罪的；無邪的

Is he guilty or *innocent* of the crime ? 反 *guilty*

他有沒有罪？

inspire〔ɪnˈspaɪr〕
v. 鼓舞；激發

The speaker *inspired* the crowd. 同 *cause*

演說者感動了群衆。

inspiration *n.* 靈感
〔,ɪnspəˈreʃən〕

Artists often draw *in-spiration* from nature.

藝術家常由自然得到靈感。

instruct〔ɪnˈstrʌkt〕
v. 教授；指導

Have you been *instructed* when to start ?

你已接到何時出發的指示嗎？

instructive
〔ɪnˈstrʌktɪv〕
adj. 有益的

The book is very *instruc-tive*.

這本書很有益處。

instrument *n.* 工具
〔ˈɪnstrəmənt〕

These are stringed *instru-ments*. 同 *device*

這些是弦樂器。

insurance *n.* 保險
〔ɪnˈʃurəns〕

A balanced diet is an *insurance* against malnu-trition.

均衡膳食是防止營養不良的保證。

intelligent
〔ɪnˈtɛlədʒənt〕
adj. 伶俐的；聰明的 同 *sensible*

It is an *intelligent* reply.

這是一個妙答。

intense〔ɪn'tɛns〕 He is **intense** in his 他專心一意於工作。
adj. 強烈的；劇烈的 application. 同 *strong*

interfere〔,ɪntɚ'fɪr〕 You mustn't let pleasure 別讓玩樂妨害事業。
vi. 衝突；妨害 **interfere** with business.

interview〔'ɪntɚ,vju〕 He refuses to give any 他拒絕見新聞記者。
n. 接見；會見 **interviews** to journalists.
vt. 接見；會見 I **interview** the manager 我謁見經理求職。
for a job. 同 *test*

intimate〔'ɪntəmɪt〕 I am on **intimate** terms 我和她很親近。
adj. 親近的 with her. 同 *close*

intimidate *vt.* 恐嚇 The criminal **intimidated** 犯人恐嚇證人。
〔ɪn'tɪmə,det〕 the witness.

intrinsic The **intrinsic** value of a 一元紙幣的實際價值不
〔ɪn'trɪnsɪk〕 dollar bill is only that of 過是一張紙而已。
adj. 實質的；內在的 a piece of paper.

introduce *vt.* 介紹 The chairman **introduced** 主席將演說者介紹給聽
〔,ɪntrə'djus〕 the speaker to the audi- 眾。
ence. 同 *present*

invade〔ɪn'ved〕 Disease **invades** the body. 疾病侵害身體。
v. 侵略；侵犯 同 *attack*

ironical〔aɪ'rɑnɪkḷ〕 He made an **ironical** 他做了譏諷的評論。
adj. 譏諷的；幽默的 remark.

isolate〔'aɪsḷ,et〕 The people with contagious 傳染病患被隔離。
vt. 孤立；隔離 disease were **isolated**.

jail〔dʒel〕 He broke **jail**. 他越獄了。
n. 監牢 同 *prison*

justice〔'dʒʌstɪs〕 All men should be treated 一切人都應受公平待遇。
n. 正義；公理 with **justice**.

kneel〔nil〕 | He **knelt** down to pick up | 他跪下拾取帽子。
vi. 跪下 | his hat.

knock〔nɑk〕 | He **knocked** him on the | 他打他的頭。
v. 敲；擊 | head.
n. 打；擊 | Did you hear a **knock**? | 你聽見敲門聲嗎？

knot〔nɑt〕 | He ties a rope in a **knot**. | 他將繩打一結。
n. 結　*v*. 結；包紮 | My thread has **knotted**. | 我的線打結了。

lantern〔'læntən〕 | **Lantern** Festival | 元宵節
n. 燈籠 | Fishermen **lantern** a | 漁夫給漁船點燈。
vt. 點燈；點火 | fishing boat.

laugh〔læf；lɑf〕 | It's not a matter to | 這不是件好笑的事。
v. 笑 | **laugh** about.
n. 笑 | We all had a good **laugh** | 我們對這個都笑夠了。
| about it.

laundry〔'lɔndrɪ〕 | Send these shirts to the | 將這些襯衫送到洗衣店
n. 洗衣店 | **laundry**. | 去。

lawyer〔'lɔjə〕 | He practices as a **lawyer**. | 他開業做律師。
n. 律師

layer〔'leə〕 | It's a **layer** cake. | 這是個夾心蛋糕。
n. 一層 | Mists **layered** thick about | 霧深深在他四周凝聚。
v. 堆積；凝聚 | him.

leak〔lik〕 | The ship was **leaking** | 這船漏得很厲害。
v. 漏 | badly.　圓 *drip*

legal〔'ligḷ〕 | My father is versed in | 我父親精通法律常識。
adj. 法律的 | **legal** knowledge.

legislation *n*. 立法 | The major function of | 國會的主要權責是立法。
〔,lɛdʒɪs'leʃən〕 | Congress is **legislation**.

lesson〔ˈlɛsn〕
n. 課業；教訓
vt. 教

How long does the *lesson* last? 囫 *teaching*
He *lessoned* us the art of persuasion.

這課要上多久？
他將說服人的技巧教給我們。

letter〔ˈlɛtɚ〕
n. 字母；書信

I have some *letters* to write.

我有幾封信要寫。

librarian 〔laɪˈbrɛrɪən〕
n. 圖書館長

A *librarian* is a person in charge of a library.

圖書館長是負責管圖書館的人。

likewise〔ˈlaɪk,waɪz〕
adv. 同樣地 *conj*. 且
wise. 囫 *similarly*

Watch him and do *like-wise*.

留心看著他並且照樣做。

limb〔lɪm〕
n. 手足；(四)肢

He lost a *limb* in the battle.

他在戰爭中失去一肢。

literal〔ˈlɪtərəl〕
adj. 逐字的;實際的

He has rather a *literal* mind. 囫 *exact*

他具有相當實際的頭腦。

loiter〔ˈlɔɪtɚ〕
vi. 閒蕩 *vt*. 虛度

Don't *loiter* on your way home from school.

在放學回家的路上不可閒蕩。

lottery〔ˈlɑtərɪ〕
n. 彩票或獎券的發行

Is marriage a *lottery*? 囫 *raffle*; *drawing*

婚姻是可遇不可求的嗎？

loyalty〔ˈlɔɪəltɪ〕
n. 忠貞；忠誠

His *loyalty* is beyond doubt. 囵 *disloyalty*

他的忠貞不容置疑。

luggage〔ˈlʌgɪdʒ〕
n. (英)行李

three pieces of *luggage* 囫 *baggage*; *bags*

三件行李

lumber〔ˈlʌmbɚ〕
n. 木材 *vt*. 亂堆

The room was *lumbered* with furniture.

房裡堆滿了傢俱。

lung〔lʌŋ〕
n. 肺

He has good *lungs*.

他的肺部健康。

magnet〔'mægnɪt〕　The ***magnet*** has the　　這磁鐵是馬蹄形的。
　n.磁鐵　*adj*.有磁性的 shape of a horseshoe.

malicious〔mə'lɪʃəs〕　The rumor is only a　　這謠言只是個惡意中傷。
　adj.懷惡意的　　　***malicious*** gossip.

maneuver　　　　The grand ***maneuver***　大演習將於明日舉行。
　〔mə'nuvɚ〕　　will be held tomorrow.
　n.調遣　*v*.演習　　同 *operate*

marry〔'mærɪ〕　They are now ***married***.　他們現在已結婚。
　vt.結婚；娶　　　反 *divorce*

心得筆記欄

聯考試題演練

1. The teacher_____us into the mysteries of judo.(100、107、109學測,
   (A) initiated (B) inhaled (C) inhibited (D) injured 91、109指考)

2. He suffered_____to the head. (95、100、103、105、109學測, 97、107指考,
   (A) injuries (B) treasuries (C) luxuries (D) juries 109指考補)

3. The accused man proved his_____of the crime. (68、87日大, 95、
   (A) confidence (B) attendance (C) innocence (D) appearance 106學測)

4. Is he guilty or_____of the crime ? (67日大, 95、96、105學測, 91、
   (A) percent (B) innocent 93指考, 93指考補)
   (C) magnificent (D) recent

5. The teacher_____courage to study in us. (101、104、107學測, 101、
   (A) conspired (B) respired (C) inspired (D) perspired 102指考)

6. Poets and artists often draw their_____from nature. (72日大,
   (A) moderation (B) cooperation 105學測, 98、106指考, 109指考補)
   (C) generation (D) inspiration

7. Mr. Brown_____our class. (87日大, 75夜大, 95學測, 91、93、109指考)
   (A) constructs (B) obstructs
   (C) reconstructs (D) instructs

8. Those little hints were very_____to me. (73日大)
   (A) defective (B) instructive (C) destructive (D) obstructive

9. Literature is one of the most powerful_____for forming
   character. (68、81、82、87日大, 92、95、98、100、104、105學測, 92、100、106指考)
   (A) instructions (B) instruments (C) instincts (D) insurances

10. When her husband died, she received $2,000_____. (71、77夜大,
    (A) insurance (B) remembrance 98、103、104、109學測, 92指考)
    (C) appearance (D) tolerance

11. All human beings are much more_____than animals. (71日大,
    (A) negligent (B) intelligence 100、103學測, 94、105指考)

(C) negligence   (D) intelligent

12. The old man felt an＿＿＿＿pain in the head. (95、99、100、107學測, 97、
    (A) extent   (B) intentional (C) intense   (D) extend   106、108指考)

13. You mustn't let pleasure＿＿＿＿with business.   (90學測, 93、94、
    (A) interfere   (B) interchange (C) intercept   (D) interfuse   107指考)

14. They asked for a(n)＿＿＿＿with the governor. (101、103、105、108學測,
    (A) review   (B) interview   (C) sew   (D) renew   102指考)

15. The two bodies shared a(n)＿＿＿＿relation. (83、85日大, 95、97、104學測,
    (A) ultimate   (B) intimate   (C) passionate (D) fortunate   96指考)

16. He was＿＿＿＿into silence.   (75日大, 92、95學測, 95、101、104、109指考)
    (A) intimidated   (B) created
    (C) accommodated   (D) educated

17. The＿＿＿＿value of a dollar bill is only that of a piece of
    paper.   (74夜大)
    (A) classic   (B) heroic   (C) dramatic   (D) intrinsic

18. It is a rule of manners to＿＿＿＿inferiors to superiors. (103~
    (A) produce   (B) reduce   (C) introduce   (D) induct   105、107指考)

19. The village was＿＿＿＿by a crowd of tourists this summer.
    (A) invaded   (B) invested   (87日大, 94、97、100學測, 92、95、
    (C) involved   (D) indoctrinated   97、102、105指考, 109指考補)

20. It was＿＿＿＿that the man was run over by his own auto-
    mobile.   (88日大, 72夜大)
    (A) technical   (B) ironical   (C) tyrannical   (D) mechanical

21. He is about to be＿＿＿＿by his comrades.   (99、107學測, 103、106~
    (A) legislated   (B) violated   (C) translated   (D) isolated   108指考)

22. He was sent to＿＿＿＿.   (77日大, 72夜大, 93、103學測, 91、106指考)
    (A) jail   (B) jacket   (C) jam   (D) jar

23. All men should be treated with＿＿＿＿.   (70夜大, 99指考)
    (A) justicial   (B) justiciable (C) justice   (D) justification

24. Everyone in church _____ in prayer. (72夜大)
   (A) felt   (B) spilt   (C) knelt   (D) spelt

25. He _____ him on the head. (72、84夜大, 96學測, 94、95、99、106指考,
   (A) locked   (B) knocked   (C) blockeb   (D) shocked   109指考補)

26. People were standing about in _____ , waiting for news. (72、79、
   (A) knots   (B) knocks   (C) knees   (D) knifes   88日大)

27. He _____ away my fears. (75夜大, 93、100、102、109學測, 95、98、101指考)
   (A) launched   (B) laundered   (C) lauded   (D) laughed

28. Send these shirts to the _____. (86日大, 69、81夜大)
   (A) imagery   (B) surgery   (C) laundry   (D) leathery

29. His parents intend to make a _____ of him. (66日大, 92、98學測,
   (A) lawyer   (B) payer   (C) prayer   (D) employer   93指考補)

30. There is a _____ of clay. (87、90日大, 79夜大, 99、101、105學測, 91、99、101、
   (A) lawer   (B) layer   (C) lawyer   (D) prayer   104、108指考)

31. The secret has _____ out. (68日大, 82台大夜, 102、109學測, 100指考)
   (A) leaked   (B) leaned   (C) led   (D) leaped

32. My father is versed in _____ knowledge. (87日大, 90、96、102學測, 95、
   (A) illegal   (B) prodigal   (C) legal   (D) frugal   100、106指考)

33. The major function of Congress is _____. (69、89日大, 106指考)
   (A) legislation   (B) translation
   (C) isolation   (D) inflation

34. Let this be a _____ to you. (67、90日大, 95、98、99學測, 93指考補)
   (A) letter   (B) learning   (C) lesson   (D) lever

35. How many _____ are there in the word "Wednesday"? (98學測,
   (A) lessons   (B) letters   (C) levers   (D) words   99、106、107指考)

36. Mr. Brown is a _____. (74日大, 95、106指考)
   (A) laboratory   (B) librarian   (C) libration   (D) library

37. He is＿＿＿＿our leader.　(72夜大, 96、108學測, 93、106指考)
　　(A) supervise　(B) clockwise　(C) demise　(D) likewise

38. He lost a＿＿＿＿in the battle.　(71夜大, 106指考)
　　(A) lamb　(B) limb　(C) limber　(D) lamp

39. He has rather a＿＿＿＿mind.　(68日大, 109指考)
　　(A) literal　(B) literary　(C) literature　(D) litter

40. Don't＿＿＿＿on your way home from school.　(66夜大)
　　(A) shatter　(B) flatter　(C) loiter　(D) scatter

41. He is a man of＿＿＿＿.　(67夜大, 94學測, 99指考, 93指考補)
　　(A) loyal　(B) loyalty　(C) loyalist　(D) loyalism

42. This is a room＿＿＿＿up with all sorts of rubbish.　(73日大, 95學測, 102指考)
　　(A) lumbered　(B) lumbering
　　(C) remembered　(D) lumberes

43. He has good＿＿＿＿.　(90日大, 73夜大, 82台大夜, 92、94、100學測)
　　(A) luminants　(B) lumps　(C) lungs　(D) lures

44. Hawaii is a＿＿＿＿for tourists.　(73夜大, 95、105學測)
　　(A) magnetic　(B) magnate
　　(C) magnificent　(D) magnet

45. He is a＿＿＿＿person.　(69日大)
　　(A) delicious　(B) malicious　(C) capacious　(D) spacious

46. He is always＿＿＿＿for some advantage.　(72夜大, 95指考)
　　(A) covering　(B) delivering
　　(C) discovering　(D) maneuvering

47. She is＿＿＿＿to a diplomat.　(86、89、90日大, 74夜大, 95、105學測, 91、95、98指考)
　　(A) marring　(B) marry　(C) married　(D) marriage

┌─【解答】─────────────────────────────
│ 1.(A)　2.(A)　3.(C)　4.(B)　5.(C)　6.(D)　7.(D)　8.(B)　9.(B)　10.(A)

11.(D)	12.(C)	13.(A)	14.(B)	15.(B)	16.(A)	17.(D)	18.(C)	19.(A)	20.(B)
21.(D)	22.(A)	23.(C)	24.(C)	25.(B)	26.(A)	27.(D)	28.(C)	29.(A)	30.(B)
31.(A)	32.(C)	33.(A)	34.(C)	35.(B)	36.(B)	37.(D)	38.(B)	39.(A)	40.(C)
41.(B)	42.(A)	43.(C)	44.(D)	45.(B)	46.(D)	47.(C)			

心得筆記欄

頻率表 *1001 ～ 1050*

請您將認識的單字，
在 A 欄中作記號。

A B

☐☐ mathematical

☐☐ mature

☐☐ medal

☐☐ meddle

☐☐ medium

☐☐ memorize

☐☐ mental

☐☐ merchant

☐☐ missile

☐☐ mission

☐☐ mob

☐☐ model

☐☐ moderation

☐☐ monument

☐☐ morale

☐☐ mostly

☐☐ motive

☐☐ muscle

☐☐ mute

☐☐ nail

☐☐ native

☐☐ navigation

☐☐ nearly

☐☐ neat

☐☐ needle

A B

☐☐ negative

☐☐ neglect

☐☐ negligible

☐☐ network

☐☐ noodle

☐☐ noteworthy

☐☐ nutrition

☐☐ numerous

☐☐ oblige

☐☐ observation

☐☐ obstacle

☐☐ obstinate

☐☐ odious

☐☐ offend

☐☐ offensive

☐☐ official

☐☐ ominous

☐☐ opera

☐☐ operate

☐☐ oppressive

☐☐ optimistic

☐☐ oral

☐☐ oratory

☐☐ ordinary

☐☐ pace

≪頻率順序 1001 ～ 1050 ≫

mathematical
〔,mæθə'mætɪkl〕
adj. 數學的

The birds flew in a *ma-thematical* formation.

那些鳥以精確的隊形飛翔。

mature〔mə'tjʊr〕
vt. 使成熟

These years *matured* his character. 反 *immature*

這幾年使他的性格成熟了。

medal〔'mɛdl〕
n. 獎章

He won a *medal*.
同 *award*

他贏得獎牌。

meddle〔'mɛdl〕
vi. 干預他人的事物

Don't *meddle* in my affairs. 同 *interfere*

不要干預我的事。

medium〔'midɪəm〕
adj. 中等的
n. 媒介物

The air is a *medium* of sound.
反 *extreme*

空氣是傳達聲音的媒介物。

memorize *vt.* 記於心
〔'mɛmə,raɪz〕

He finally *memorized* the poem. 同 *remember*

他終於記住了那首詩。

mental〔'mɛntl〕
adj. 心理的

He has better *mental* powers than I. 反 *physical*

他智力比我高。

merchant *n.* 商人
〔'mɝtʃənt〕
adj. 商業的

He is a *merchant* prince.
同 *trader*

他是位鉅商。

missile〔'mɪsl〕
n. 飛彈；火箭

Spears are still used as *missiles* in some parts of the world. 同 *rocket*

槍矛在世界的某些地方仍被用作投射武器。

mission〔'mɪʃən〕
n. 使命；任務
vt. 對…傳道

He will take up this *mission*.
同 *errand*

他將擔當此任務。

mob〔mɑb〕
n. 民眾；暴民

The *mob* is easily agitated by wild speeches.

民眾易爲激烈的演講所煽動。

model〔＇mɑdḷ〕 Make him your ***model***. 以他做你的模範。
　*n.*模型；模範 　圓 *standard*

moderation *n.*適度 The doctor advised more 醫生勸告在飲食方面應
　〔,mɑdə＇reʃən〕 ***moderation*** in eating and 更加節制。
　　　　　　　drinking. 反 *immoderation*

monument *n.*紀念碑 The ***monument*** was erect- 這石碑爲紀念陣亡將士
　〔＇mɑnjəmənt〕 ed as a memorial to the 而建立。
　　　　　　　dead soldiers. 圓 *memorial*

morale〔mo＇ræl〕 The ***morale*** of the troops 士氣消沉。
　*n.*民心；士氣 is low. 圓 *enthusiasm*

mostly〔＇mostlɪ〕 The work is ***mostly*** done. 工作完成了大半。
　*adv.*主要地 圓 *mainly* ; *chiefly*

motive〔＇motɪv〕 He did it from selfish 他做此事出於自私的動
　*n.*動機；目的 ***motives***. 圓 *reason* ; *cause* 機。

muscle〔＇mʌsḷ〕 Don't move a ***muscle***! 不要動！
　*n.*肌肉 圓 *strength* ; *brawn*

mute〔mjut〕 He kept ***mute***. 他保持沉默。
　*adj.*沉默的；啞的 圓 *silent* ; *dumb*

nail〔nel〕 The ***nail*** has started. 這釘子已鬆動了。
　*n.*釘子 *vt.*用釘釘牢圓 *fasten* ; *hold*

native〔＇netɪv〕 Are you a ***native*** of this 你是本地人嗎？
　*n.*本地人；土人 place ? 圓 *natural* ;*original*
　*adj.*本土的 反 *foreign* ; *alien*

navigation
　〔,nævə＇geʃən〕 There has been an in- 通過巴拿馬運河的船一
　　　　　　　crease in ***navigation*** 直在增加中。
　*n.*航海；水路航行 through the Panama Canal.

nearly 〔 'nɪrlɪ 〕 I *nearly* missed the train. 我幾乎誤了那班火車。
   adv. 幾乎；密切地 This matter concerns you 此事跟你的關係很密切。
                  very *nearly*.

neat 〔 nit 〕 She is always *neat* and 他總是整潔的。
   adj. 整潔的；雅緻的 tidy. 反 *dirty*；*untidy*

needle 〔 'nidl 〕 She made her living by 她靠做針線度日。
   n. 針 her *needle*.
   vt. 嘲弄 We *needled* him about his 我們嘲弄他的大耳朵。
                  big ears.

negative *adj*. 否定的 His answer was *negative*. 他的答覆是否定的。
   〔 'nɛgətɪv 〕 反 *affirmative*

neglect 〔 nɪ'glɛkt 〕 He *neglected* his health. 他疏忽了他的健康。
   vt. 疏忽；遺漏 Don't *neglect* to water 不要忘了澆花木。
                 the plants. 同 *omit*

negligible In buying a suit, a diffe- 買一套衣服，價錢只相
   〔 'nɛglədʒəbl 〕 rence of ten cents in 差一角錢是無所謂的。
   adj. 不關重要的 prices is *negligible*.

network 〔 'nɛt,wɜk 〕 We'll plan a *network* of 我們將策劃一個公路網。
   n. 網；網狀組織 roads.

noodle *n*. 麴條 Do you like *noodles* in 你喜歡雞湯麴嗎？
   〔 'nudl 〕 chicken soup？

noteworthy This is a *noteworthy* 這是一項顯著的成就。
   〔 'not,wɜðɪ 〕 achievement.
   adj. 顯著的

nutrition *n*. 營養 A balanced diet provides 均衡的食物使你的身體
   〔 nju'trɪʃən 〕 *nutrition* for your body. 獲得營養。

numerous He has *numerous* telephone 他每天有很多電話。
   〔 'njumərəs 〕 calls every day.
   adj. 極多的 同 *many*；*several*

oblige〔ə'blaɪdʒ〕
vt. 強制；施於
She *obliged* us with a
song. 反 *release*
她爲我們唱了一首歌。

observation *n.* 觀察
〔͵ɑbzə'veʃən〕
The tramp avoided *obser-*
vation.
這流浪者躲避了別人的
注意。

obstacle *n.* 障礙
〔'ɑbstəkl〕
Courage knows no *obsta-*
cle. 同 *barrier*
有勇氣便無障礙。

obstinate *adj.* 固執的
〔'ɑbstənɪt〕
I don't like *obstinate*
people. 反 *gentle*
我不喜歡頑固的人。

odious 〔'odɪəs〕
adj. 令人討厭的
Conditions in the slums
are *odious.*
貧民區的情形令人討厭。

offend〔ə'fɛnd〕
vt. 觸怒；使不悅
vi. 犯法
He was *offended* at my
remarks.
反 *appease* ; *calm*
他被我的話所觸怒。

offensive
〔ə'fɛnsɪv〕
adj. 令人不快的
He used most *offensive*
language. 同 *insolent*
反 *inoffensive* ; *defensive*
他用了最無禮的言語。

official〔ə'fɪʃəl〕
n. 文官　*adj.* 官方的
An important *official*
called to see us.
一位重要的官員來拜訪
我們。

ominous〔'ɑmənəs〕
adj. 惡兆的；徵兆的
Those clouds look *ominous*
for our picnic.
那些雲看來對我們的野
餐是不利的。

opera〔'ɑpərə〕
n. 歌劇
An *opera* is a play in
which the actors sing in-
stead of speaking.
歌劇是演員以歌代言的
戲劇。

operate〔'ɑpə͵ret〕
vi. 轉動；施手術
vt. 使運轉；操縱
The brake failed to *ope-*
rate.
同 *work*
煞車失靈了。

oppressive *adj.* 嚴苛的
〔ə'prɛsɪv〕
I'll try *oppressive* mea-
sures. 同 *harsh*
我會試用高壓手段。

optimistic
〔͵ɑptə'mɪstɪk〕
adj. 樂觀的

He always looks things in an *optimistic* way.
囮 *pessimistic*

他總是樂觀處事。

oral〔'ɔrəl〕
adj. 口頭的
n. 口試

He passed the *oral* exam.
同 *spoken*
囮 *written*

他通過口試。

oratory *n.* 修辭
〔'ɔrə͵torɪ〕

I dislike his rabble-rousing *oratory*.

我不喜歡他那煽動性的雄辯術。

ordinary *adj.* 普通的
〔'ɔrdnɛrɪ〕

In an *ordinary* way I should refuse but on this occasion I shall agree.

按常理我應拒絕，但在此特殊情形之下我同意。

pace〔pes〕
n. 速度

He went at a good *pace*.
同 *rate*

他快速地行走。

聯考試題演練

1. The birds flew in a_____formation.　(81、87日大, 74、82夜大, 95學測,
   (A) chemical　　　　(B) physical　　　　　　　　91、92指考)
   (C) mathematical　　(D) tropical

2. At times_____men act like children.　(72日大, 100、101、107學測, 91、96、
   (A) future　　(B) nature　　(C) culture　　(D) mature　　100、107指考)

3. He won a_____.　　　(69、82夜大, 99、104、106、107學測, 103指考)
   (A) rival　　(B) medal　　(C) refusal　　(D) trial

4. Don't_____in other people's affairs.　　　　　(67日大)
   (A) meddle　　(B) trickle　　(C) sparkle　　(D) twickle

5. A man of_____size was standing under the tree.　(70日大, 70夜大,
   (A) medial　　(B) mediate　　(C) medium　　(D) mediocre　98、100指考)

6. He finally_____the poem.　　　(75、80夜大, 93、108學測)
   (A) memorized　(B) organized　(C) civilized　(D) specialized

7. Your disease is chiefly_____, not physical.　(95、102、104、108學測,
   (A) mortal　　(B) mental　　(C) regal　　(D) literal　　99指考)

8. "The_____of Venice" is a famous comedy written by
   Shakespeare.　　　　　(75夜大, 100、108指考)
   (A) Inhabitant　(B) Merchant　(C) Assistant　(D) Descendant

9. Spears are still used as_____in some parts of the world.
   (A) missions　　　　(B) dismissal　(70夜大, 92、95學測, 92指考)
   (C) admission　　　　(D) missiles

10. The _____will involve much peril.　(69日大, 95、98、99、108、109學測, 92指考)
    (A) missionary　(B) emission　(C) omission　(D) mission

11. The_____around the court was excited.　　(67日大)
    (A) job　　(B) knob　　(C) snob　　(D) mob

12. The little boy enjoys making _____of aircrafts.　(105學測, 104、106、
    (A) models　　(B) morale　　(C) meddle　　(D) movement　108指考)

13. The _____ of the troops is low. (72夜大, 95學測, 109指考, 109指考補)
(A) mental   (B) metal   (C) morale   (D) moral

14. The _____ for writing autobiographies are various. (70夜大)
(A) motions   (B) motives   (C) motes   (D) motors

15. Women's _____ are not developed like men's. (103、109學測, 108指考,
(A) muse   (B) music   (C) must   (D) muscles   109指考補)

16. He kept _____. (66日大)
(A) cute   (B) brute   (C) acute   (D) mute

17. A _____ pierced the tire of his car. (70日大, 99、107指考, 109指考補)
(A) tail   (B) nail   (C) sail   (D) rail

18. The poet always thought of his _____ country. (99、106學測, 99指考,
(A) native   (B) creative   (C) active   (D) negative   109指考補)

19. All _____ is now stopped on account of the typhoon. (75、87日大,
(A) computation   (B) education   95學測, 94指考)
(C) navigation   (D) exportation

20. He is late for school _____ every day. (104~107、109學測, 104、105、
(A) namely   (B) nearly   (C) closely   (D) lately   107~109指考)

21. He always keeps his room _____ and tidy. (74夜大, 92學測)
(A) fat   (B) great   (C) flat   (D) neat

22. She made her living by her _____. (74、84夜大, 98學測)
(A) middle   (B) puddle   (C) needle   (D) saddle

23. I have a(n) _____ opinion on the effect of this policy. (74夜大,
(A) imitative   (B) formative   95~97、104、105、108學測,
(C) declarative   (D) negative   94、100~102、108指考)

24. Agriculture has been awfully _____ in the fence. (104、105學測, 98、
(A) inspected   (B) neglected   (C) connected   (D) protected   105指考)

25. Do you like _____ in chicken soup? (75日大, 108學測, 109指考補)
(A) noodles   (B) candles   (C) needles   (D) bundles

26. A balanced diet provides_____for your body.(87日大, 98、109學測, 101、
   (A) nutshell   (B) nutrition   (C) nurture   (D) nutation   104、108指考)

27._____dreamers rushed to California in eighteen forty-nine.
   (A)Nutritious   (B) Injurious   (70、79、85~87日大, 103、105、106、
   (C)Nervous   (D)Numerous   108學測, 91、94、96、100、107指考)

28. You will_____us by doing so.   (71夜大, 95學測, 95指考)
   (A) oblige   (B) obsene   (C) object   (D) observe

29. This is an_____made by a foreign journalist who knows
   Japan well.   (67夜大, 92、95、106學測, 104、108、109指考)
   (A) ornamentation   (B) observation
   (C) consultation   (D) importation

30. He put every_____in my way.   (71、87日大, 76夜大, 107學測, 95、100、
   (A) obstinacy   (B) obstacle   (C) observer   (D) obscurity   108指考)

31. The old man is as_____as a mule.   (85日大)
   (A) observant   (B) obscure   (C) obstinate   (D) obsessive

32. Conditions in the slums are_____.   (68日大, 78夜大, 95指考)
   (A) obedient   (B) order   (C) odious   (D) add

33. I hope I haven't_____you in any way.   (85日大, 95、104學測, 95、
   (A) tended   (B) attended   (C) pretended   (D) offended   105指考)

34. He has a very_____manner.   (73日大)
   (A) offensive   (B) excessive   (C) corrosive   (D) defensive

35. The report is not_____.   (94、105、106、109學測, 93、98、100、105、106指考,
   (A) genial   (B) artificial   (C) official   (D) cordial   109指考補)

36. Those clouds look_____for our picnic.   (72夜大)
   (A) studious   (B) ominous   (C) delicious   (D) spacious

37. The old man can_____that car.   (90、96、103學測, 93、101、103、107、
   (A) elevate   (B) decorate   (C) cultivate   (D) operate   109指考)

38. He gave me a(n)_____report.   (72日大, 95、107、108學測, 95指考)

(A) oral   (B) rural   (C) real   (D) moral

39. Anybody with _____ intelligence and no special training can fill the position.   (68、84日大, 90、94、95、103學測, 92、98指考)

(A) stationary   (B) contrary   (C) dictionary   (D) ordinary

40. The trot is a _____ of a horse.   (77日大, 66夜大, 95學測, 91、105指考, 109指考補)

(A) race   (B) pace   (C) face

【解答】

1.(C)	2.(D)	3.(B)	4.(A)	5.(C)	6.(A)	7.(B)	8.(B)	9.(D)	10.(D)
11.(D)	12.(A)	13.(C)	14.(B)	15.(D)	16.(D)	17.(B)	18.(A)	19.(C)	20.(B)
21.(D)	22.(C)	23.(D)	24.(B)	25.(A)	26.(B)	27.(D)	28.(A)	29.(B)	30.(B)
31.(C)	32.(C)	33.(D)	34.(A)	35.(C)	36.(B)	37.(D)	38.(A)	39.(D)	40.(B)

頻率表 *1051 ～ 1100*

請您將認識的單字，
在 A 欄中作記號。

A B

☐☐ pad
☐☐ paradise
☐☐ participate
☐☐ pastime
☐☐ pasture
☐☐ pebble
☐☐ pedestrian
☐☐ peek
☐☐ penetrate
☐☐ peninsula
☐☐ penny
☐☐ precent
☐☐ perfume
☐☐ perish
☐☐ permanent
☐☐ perpetual
☐☐ persevere
☐☐ persist
☐☐ persistent
☐☐ pessimistic
☐☐ phase
☐☐ phenomenon
☐☐ physician
☐☐ picturesque
☐☐ piety

A B

☐☐ pile
☐☐ pistol
☐☐ plague
☐☐ plastic
☐☐ pollute
☐☐ postpone
☐☐ powder
☐☐ practical
☐☐ precise
☐☐ predict
☐☐ preliminary
☐☐ premier
☐☐ presumption
☐☐ pretension
☐☐ prevail
☐☐ prevent
☐☐ priceless
☐☐ primitive
☐☐ principle
☐☐ prior
☐☐ privilege
☐☐ prize
☐☐ profound
☐☐ prominent
☐☐ prone

≪頻率順序 1051 ～ 1100 ≫

pad〔pæd〕*n*. 墊子
v. 裝入；填塞；徒步

The wolf **padded** through the forest.

那隻狼慢慢走過森林。

paradise〔'pærə,daɪs〕*n*. 天堂

Hong Kong is a **paradise** for shoppers.　反 *hell*

香港是購物者的天堂。

participate *vi*. 參加
〔pə'tɪsə,pet〕

The teacher **participated** in the students' games.

老師參加學生們的遊戲。

pastime〔'pæs,taɪm〕*n*. 娛樂；消遣

Baseball is a favorite **pastime** in America.

棒球在美國是受歡迎的消遣。

pasture〔'pæstʃɚ〕
n. 草地；牧場
v. 放牛、羊於草地

These lands afford good **pasture**.　同 *meadow*

這些地方有好的牧草。

pebble〔'pɛbḷ〕
n. 小圓石
vt. 以小圓石投擊

The boys teased the dog by **pebbling** it with acorns.

孩子們用橡實擊狗以捉弄之。

pedestrian *n*. 步行者
〔pə'dɛstrɪən〕
adj. 徒步的

Pedestrians should be careful in crossing the street.　同 *walker*

行人在穿越道路時應該要小心。

peek〔pik〕
vi. 偷看 *n*. 偷看

He had a **peek** through the side window.

他從側窗偷看。

penetrate〔'pɛnə,tret〕
vt. vi. 穿入；透過

We soon **penetrated** his disguise.　同 *enter*

我們很快地看破了他的偽裝。

peninsula *n*. 半島
〔pə'nɪnsələ〕

He is from the Balkan **Peninsula**.

他來自巴爾幹半島。

penny〔'pɛnɪ〕
n. 分；便士

It isn't worth a **penny**.

它一文錢也不值。

precent〔prɪ'sɛnt〕
v. 領唱

A precentor **precents** in a choir.

領唱者在唱詩班領唱。

perfume〔*n.* ˈpɝfjum; Flowers *perfumed* the 空氣中瀰漫著花香。
v. pɚˈfjum〕 air. 反 *stink*
n. 香味 *vt.* 使香

perish〔ˈpɛrɪʃ〕 The city *perished* in an 這城於一次地震中毀滅。
vi. 死；毀滅 earthquake. 同 *decay*

permanent *adj.* 永久的 We all hope for *perma-* 我們大家都希望永久和
〔ˈpɝmənənt〕 *nent* peace. 同 *lasting* 平。

perpetual *adj.* 永久的 Do you believe in *per-* 你相信永生嗎？
〔pɚˈpɛtʃʊəl〕 *petual* life? 同 *eternal*

persevere *vi.* 堅忍 He *persevered* in his 他孜孜不倦。
〔ˌpɝsəˈvɪr〕 studies. 同 *persist*

persist〔pɚˈzɪst〕 He *persists* in doing it. 他堅持要做此事。
vi. 堅持；固執 同 *continue* 反 *desist*

persistent *adj.* 固執的 He is a *persistent* work- 他是個固執的工作者。
〔pɚˈzɪstənt〕 er.

pessimistic take a *pessimistic* view 對…抱著悲觀的想法
〔ˌpɛsəˈmɪstɪk〕 of … 反 *optimistic*
adj. 悲觀的

phase〔fez〕 What *phase* of mathemat- 你正在研究數學的那一
n. 局面；時期；階段 ics are you studying now? 部門？

phenomenon *n.* 現象 Fever and inflammation 發燒和發炎是病的現象。
〔fəˈnɑməˌnɑn〕 are *phenomena* of disease.

physician〔fəˈzɪʃən〕 *Physicians* are usually 內科醫師通常與外科醫
n. 醫生；內科醫生 distinguished from sur- 師分開。
geons. 同 *doctor*

picturesque He used *picturesque* lan- 他使用生動的語言。
〔ˌpɪktʃəˈrɛsk〕 guage.
adj. 如畫的；生動的

piety〔'paɪətɪ〕 Filial *piety* is impor- 中國很重視孝道。
n.虔敬;孝順　tant in China.

pile〔paɪl〕 The snow is *piling* up. 雪正在越堆越高。
n.一堆 *vi*.堆起 同 *heap*

pistol〔'pɪstl̩〕 He threatened to *pistol* 他威脅要用手鎗射擊我。
n.手鎗 me. 同 *gun*
vt.以手鎗射擊

plague〔pleg〕 He was *plagued* to death. 他被折磨得要死。
n.瘟疫 *vt*.折磨 同 *epidemic*

plastic〔'plæstɪk〕 Sculpture is a *plastic* art.雕刻是塑造藝術。
adj.塑造的 *n*.塑膠 同 *variable*

pollute〔pə'lut〕 The water at the bathing 海灘浴水爲工廠所排之
vt.汚染 beach was *polluted* by 垃圾所汚染。
refuse from the factory.

postpone〔post'pon〕 He *postponed* his depar- 他延擱了一小時才離開。
vt.& *vi*.延擱 ture for an hour.

powder〔'paʊdə〕 She *powdered* her nose. 她在鼻子上擦粉。
n.粉 *vt*.擦粉 同 *sprinkle*

practical *adj*.實際的 Earning a living is a 謀生是一實際問題。
〔'præktɪkl̩〕 *practical* matter.

precise〔prɪ'saɪs〕 The *precise* sum was 34 正確的錢數是三角四分。
adj.精確的 cents. 同 *accurate*

predict〔prɪ'dɪkt〕 The weather bureau *pre-* 氣象局預測明天下雨。
vt.& *vi*.預知 *dicts* rain for tomorrow.

preliminary A physical examination is 體格檢查是從軍的初步。
〔prɪ'lɪmə,nɛrɪ〕 a *preliminary* to joining
adj.初步的 the army.
n.開端 同 *preceding*

premier〔*n.*ˈprimɪɚ, The people cheered the 大家向首相歡呼。
prɪˈmɪr; *adj.*ˈprimɪɚ〕 *premier.*
　n. 首相　*adj.* 首要的

presumption *n.*可能 The *presumption* is that 他很可能拒絕。
　〔prɪˈzʌmpʃən〕 he will refuse it.

pretension *n.* 權利 She makes no *pretension* 她並不自命是美人。
　〔prɪˈtɛnʃən〕 to beauty.

prevail〔prɪˈvel〕 Truth will *prevail.* 眞理將獲勝。
　vi. 盛行; 生效

prevent〔prɪˈvɛnt〕 The rain *prevented* his 雨使他不能來。
　vt. 阻礙 coming.　回 *prohibit*

priceless〔ˈpraɪslɪs〕 These are *priceless* 這些是極貴重的寶石。
　adj. 無價的 jewels.　回 *valuable*

primitive *Primitive* people lived 原始人住在洞穴中。
　〔ˈprɪmətɪv〕 in caves.　回 *ancient*
　adj. 原始的　*n.*原始人

principle〔ˈprɪnsəpḷ〕It is against my *prin-* 說謊違背我個人的原則。
　n. 本質; 主義;原則 *ciple* to tell a lie.

prior〔ˈpraɪɚ〕 She traveled in America 她在結婚之前先到美國
　adj. 在前的 *prior* to her marriage. 旅行。

privilege *n.* 特權 Alumni have the *privilege* 校友有買特價足球票的
　〔ˈprɪvḷɪdʒ〕 of buying football tickets 權利。
at special rates.

prize〔praɪz〕 Mother *prizes* her best 母親珍視她最好的瓷器。
　n. 獎品 china.
　vt. 珍視

profound *adj.*極深的 She gave a *profound* 她長嘆了一口氣。
〔prə'faʊnd〕 sigh. 同 *deep* 反 *shallow*

prominent A single tree in a field 在田裏一棵孤樹是顯著
〔'prɑmənənt〕 is *prominent*. 的。
*adj.*顯著的;主要的 同 *distinguished*

prone〔pron〕 We are *prone* to think 我們對於不喜歡的人易
adj. 易於… evil of people we don't 於將他們看做壞人。
like. 同 *inclined*

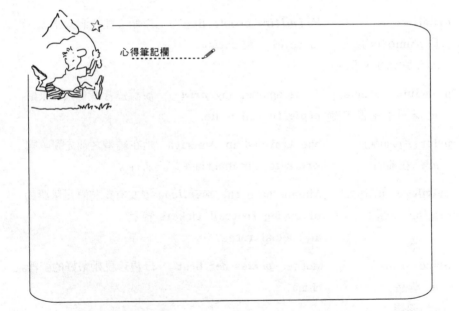

心得筆記欄

聯考試題演練

1. We _____ed the box with soft cloth. (75日大, 95、99學測)
   (A) plead   (B) dread   (C) pad   (D) tread

2. The teacher _____d in the student's games. (66、86日大, 80夜大, 90、
   (A) populate   (B) formalate   98、99、104、108學測, 91、92、96、
   (C) stimulate   (D) participate   98、103、104、109指考, 93指考補)

3. Baseball is a favorite _____ in America. (68、87日大)
   (A) pastime   (B) regime   (C) assume   (D) consume

4. Only about 19 percent is used as _____ for the animals.
   (A) legislature   (B) pasture   (69日大, 94學測)
   (C) stature   (D) adventure

5. The boy teased the dog by _____ing it with acorns. (72日大)
   (A) pickle   (B) maple   (C) pebble   (D) sprinkle

6. The cop signalled the traffic to halt to allow _____s to
   cross the street. (68夜大, 105、107指考)
   (A) pedestrian   (B) comedian   (C) ruffian   (D) politician

7. A _____ inside the laboratory gives you some ideas of the
   future. (72夜大, 99指考)
   (A) peel   (B) peeve   (C) peep   (D) peek

8. Western ideas _____ slowly through the East. (95、108學測, 104、
   (A) concrete   (B) penetrated   (C) completed   (D) elevated   107指考)

9. He never earned an honest _____ in his life. (67日大, 90學測,
   (A) tyranny   (B) destiny   (C) tiny   (D) penny   93指考)

10. Flowers _____(e)d the air. (85、87日大, 71夜大, 95學測, 95指考)
    (A) perfume   (B) perform   (C) perforce   (D) perforate

11. The city _____ed in an earthquake. (70日大, 93學測, 91指考)
    (A) perish   (B) polish   (C) abolish   (D) diminish

12. A _____ revolution was first claimed by Leon Trotsky. (109學測,

(A) indecent　　(B) adjacent　　(C) permanent　(D) truant　　100、102指考)

13. We should＿＿＿＿in our studies.　　　　　　　　(72、82夜大)

(A) adhere　　(B) persevere　(C) beware　　(D) interfere

14. On the tops of very high mountains snow＿＿＿＿throughout
the year.　　　　　(70日大, 94、95、100、109學測, 101、109指考)

(A) consists　　(B) persists　　(C) resists　　(D) assists

15. The patient had a＿＿＿＿headache that lasted for three days.

(A) repent　　　　　　(B) component　(75夜大, 101學測, 104、109指考)

(C) persistent　　　　(D) apparent

16. We should not take a＿＿＿＿view of things.　(68日大, 102、109指考)

(A) socialistic　　　　(B) domestic

(C) majestic　　　　　(D) pessimistic

17. Many factories＿＿＿＿in machinery for increased automation.

(A) phased　　　　　　(B) greased　　　(71日大, 95、96學測)

(C) ceased　　　　　　(D) released

18. A beautiful rainbow is a natural＿＿＿＿.　(108、109學測, 105、106指考,

(A) cannon　　(B) common　　(C) phenomenon (D) baron　109指考補)

19. Although health can be greatly aided by＿＿＿＿s, the business
of being healthy is primarily ours.　　　(70夜大, 92、104學測)

(A) tactician　　(B) physician　(C) masician　　(D) statistician

20. The crowd＿＿＿＿(e)d into the bus in a few seconds. (91、109指考)

(A) pile　　　(B) pill　　　(C) pin　　　(D) pilot

21. He threatened to＿＿＿＿me.　　　　　　　　　(74夜大)

(A) patrol　　(B) pit　　　(C) petrol　　(D) pistol

22. The＿＿＿＿is now prevailing in that city.　　(70夜大, 102指考)

(A) vogue　　(B) plague　(C) physique　　(D) avenue

23. Clay, wax and plaster are＿＿＿＿substances. (105、109學測, 109指考,

(A) plastic　　(B) playable　(C) plausible　(D) plaudit　109指考補)

24. The water at the beach was＿＿＿＿d by refuse from the factory.　(80日大, 72、82夜大, 93、102、104學測, 91、92、109指考)
    (A) dispute　　(B) pollute　　(C) compute　　(D) substitude

25. The ball game was＿＿＿＿(e)d because of rain.(75夜大, 92、97、102學測, 91、92指考)
    (A) expound　　(B) pother　　(C) postpone　　(D) pore

26. The ground was lightly＿＿＿＿ed with snow.(73、87日大, 94學測, 98指考)
    (A) power　　(B) powder　　(C) pour　　(D) pound

27. So many of our soldiers were killed that our victory was a ＿＿＿＿defeat.　(67、84、90日大, 82、84夜大, 92、101、107學測, 91、92、94、95、102、107指考)
    (A) critical　　(B) vertical　　(C) identical　　(D) practical

28. We had＿＿＿＿orders to come back by nine o'clock. (95、99、101學測, 91指考)
    (A) precise　　(B) precocious　　(C) precious　　(D) precipitous

29. The weather bureau＿＿＿＿s rain for tomorrow. (105、108、109學測, 109指考補)
    (A) contradict　(B) afflict　　(C) predict　　(D) verdict

30. A physical examination is a＿＿＿＿to joining the army. (69夜大, 102指考)
    (A) preliminary　　　　(B) parliamentary
    (C) elementary　　　　(D) complementary

31. You know nothing about law, and yet you have the＿＿＿＿to attempt to influence me.　(73日大)
    (A) presupposition　　(B) pretension
    (C) precedent　　　　(D) presumption

32. The young prince has＿＿＿＿s to the throne. (69日大)
    (A) previousness　　(B) pretension
    (C) prevention　　　(D) prevalence

33. A number of curious customs still＿＿＿＿in this place. (68日大, 94指考)
    (A) preserve　　　　(B) prevail
    (C) pretend　　　　(D) preview

34. Rain＿＿＿＿ed me from going to the party.(109學測, 106、108、109指考, 109指考補)
    (A) prevent　　(B) prescribe　　(C) preside　　(D) presage

35. _____customs are on the eye in our age.　(68、77日大, 93、103~105、
　　(A) Primitive　　　　　(B) Perspective　　109學測, 94、104、107指考)
　　(C) Prospective　　　　(D) Protective

36. The_____of democracy is to be equal.　(75日大, 70夜大, 95、107學測,
　　(A) principal　(B) premier　(C) principle　(D) primary　94、97指考)

37. I called on him_____to my departure. (94、104學測, 97、104、109指考,
　　(A) inferior　(B) prior　(C) superior　(D) exterior　93指考補)

38. Alumni have the_____of buying football tickets at special
　　rates.　　　　　　　　　　　(68日大, 97、108學測, 100、107、109指考)
　　(A) privacy　(B) privilege　(C) privity　(D) pristine

39. Good health is an inestimable_____. (77、89日大, 101、103~105學測, 97、
　　(A) blaze　　(B) glaze　　(C) graze　　(D) prize　99、100、106指考)

40. A single tree in a field is_____.　(66日大, 100學測, 93、105、106、
　　(A) prominent　　　　　(B) prolific　　109指考, 109指考補)
　　(C) promiscuous　　　　(D) proleptic

41. We are_____to think evil of people we don't like.(67日大, 95學測,
　　(A) prone　(B) prove　(C) probe　(D) probate　95指考)

【解答】

1.(C)	2.(D)	3.(A)	4.(B)	5.(C)	6.(A)	7.(D)	8.(B)	9.(D)	10.(A)
11.(A)	12.(C)	13.(B)	14.(B)	15.(C)	16.(D)	17.(A)	18.(C)	19.(B)	20.(A)
21.(D)	22.(B)	23.(A)	24.(B)	25.(C)	26.(B)	27.(D)	28.(A)	29.(C)	30.(A)
31.(D)	32.(B)	33.(B)	34.(A)	35.(A)	36.(C)	37.(B)	38.(B)	39.(D)	40.(A)
41.(A)									

頻率表 1101 ～ 1150

請您將認識的單字，
在A欄中作記號。

A B

☐☐ propose

☐☐ proportion

☐☐ proposition

☐☐ prose

☐☐ prosperity

☐☐ proverb

☐☐ psychology

☐☐ pulse

☐☐ pure

☐☐ push

☐☐ puzzle

☐☐ quantity

☐☐ quarter

☐☐ quest

☐☐ quit

☐☐ rage

☐☐ rash

☐☐ razor

☐☐ rear

☐☐ recipient

☐☐ recognize

☐☐ reference

☐☐ relate

☐☐ release

☐☐ remark

A B

☐☐ remote

☐☐ renown

☐☐ repeat

☐☐ repel

☐☐ reputable

☐☐ rescue

☐☐ result

☐☐ reserve

☐☐ resign

☐☐ resist

☐☐ resolve

☐☐ represent

☐☐ resume

☐☐ retire

☐☐ revenge

☐☐ reverse

☐☐ revive

☐☐ roast

☐☐ rotten

☐☐ rubber

☐☐ sacred

☐☐ sailor

☐☐ salvage

☐☐ sarcastic

☐☐ scale

≪頻率順序 1101 ～ 1150 ≫

propose〔prə'poz〕 He *proposed* to her. 他向她求婚。
vt. & *vi.*提議;求婚 园 *deny*

proportion *n.* 比率 His expenditure is out of 他的開支超出了收入。
〔prə'porʃən〕 *proportion* to his income.

proposition *n.* 提議 This is not a money- 這不是個賺錢的建議。
〔,prɑpə'zɪʃən〕 making *proposition*.

prose〔proz〕 He writes beautiful *prose*. 他寫的散文很美。
n. 散文 *adj.* 平凡的 园 *poetry*
vt. & *vi.*以散文說寫

prosperity *n.* 成功 Peace brings *prosperity*. 和平帶來繁榮。
〔prɑs'pɛrətɪ〕

proverb〔'prɑvɚb〕 His ignorance is a 他的無知已成笑柄。
n. 諺語;格言 *proverb*. 同 *saying*

psychology *n.*心理學 Mrs. Chang knows her 張太太懂得他丈夫的心
〔saɪ'kɑlədʒɪ〕 husband's *psychology*. 理。

pulse *vi.* (脈)搏動 The patient has a weak 這病人的脈搏很弱。
〔pʌls〕*n.*脈搏 *pulse*.

pure〔pjʊr〕 She speaks *pure* French. 她操純正的法語。
adj. 純粹的 园 *impure* ; *applied*

push〔pʊʃ〕 *Push* him outdoors. 把他推出門外去。
vt. 推 同 *urge* 园 *pull*

puzzle〔'pʌzl〕 This letter *puzzles* me. 這封信使我迷惑不解。
n. 難題 同 *confuse*
vt. 使迷惑

quantity〔'kwɑntətɪ〕I prefer quality to 我重質不重量。
n. 量 *quantity*. 同 *amount*

quarter〔'kwɔrtɚ〕
n. 四分之一

What's the *quarter* of 96?

96 的四分之一是多少?

quest〔kwɛst〕
n. 探詢;搜尋

They went to Australia in *quest* of gold.

他們到澳洲去找金子。

quit〔kwɪt〕
vt. & *vi*. 停止

The men *quit* work.
回 *stop* 反 *remain*

工人們停工。

rage〔redʒ〕
n. 憤怒 *vi*. 發怒

He flew into a *rage*.
反 *calm*

他勃然大怒。

rash〔ræʃ〕
adj. 輕率的

It is *rash* to cross the street without looking both ways. 回 *careless*

過街而不向兩邊看看,那是太不小心了。

razor〔'rezɚ〕
n. 剃刀 *vt*. 用剃刀刮

He is *razoring* his beard. 他正在刮鬍子。

rear〔rɪr〕
n. 背後　*vt*. 飼養　反 *destroy*

He must *rear* a family.

他必須養育子女。

recipient〔rɪ'sɪpənt〕
n. 接受者　*adj*. 容納的

He has a *recipient* mind. 他能虛心接納。

recognize *vt*. 認識
〔'rɛkəg,naɪz〕

They *recognized* him as the lawful heir.

他們承認他是合法的繼承人。

reference〔'rɛfərəns〕
n. 指示;提及;參考

Do not make any *reference* to his lameness.

不要提及他的跛足。

relate〔rɪ'let〕
vt. 敘述　*vi*. 關於

I am not *related* to him in any way.

我與他絲毫沒有親戚關係。

release〔rɪ'lis〕
n. & *vt*. 解放

The nurse is *released* from duty at seven o'clock. 回 *free*

護士七點鐘就下班了。

remark〔rɪ'mɑrk〕
vt. 評論　*n*. 摘要

We saw nothing worthy of *remark*. 回 *comment*

我們看不到值得注意的事。

remote〔rɪ'mot〕 I haven't the **remotest** 我一點也不知道你的意
  adj. 遙遠的 idea what you mean. 思是什麼。

renown〔rɪ'naʊn〕 He wanted to win his 他想成名。
  n. 名望；聲譽 **renown**.

repeat〔rɪ'pit〕 Please **repeat** that. 請再說一遍。
  vt. 重複 同 *recite*

repel〔rɪ'pɛl〕 His accent **repels** me. 他說話的腔調使我厭惡。
  v. 逐退；使厭惡 同 *rebuff* 反 *attract*

reputable He leads a **reputable** 他過著高尚的生活。
  〔'rɛpjətəbḷ〕 life. 同 *honorable*
  adj. 名譽好的 反 *infamous*

rescue〔'rɛskjʊ〕 He **rescued** a child from 他救出一小孩免於溺斃。
  vt.&*n.* 解救 drowning. 同 *release*

result〔rɪ'zʌlt〕 Nothing **resulted**. 沒有發生什麼。
  n. 結果 *v.* 起於 同 *consequence*

reserve〔rɪ'zɝv〕 The judge **reserved** his 那法官延遲了他的判決。
  vt. 保留；延遲 decision. 同 *keep*

resign〔rɪ'zaɪn〕 I **resign** my children to 我委託你照顧我的孩子。
  v. 辭職；委託 your care. 同 *abandon*

resist〔rɪ'zɪst〕 He could **resist** no longer. 他不能再抵抗。
  v. 抵抗；忍住 同 *oppose* 反 *obey*

resolve〔rɪ'zɑlv〕 He is a man of great 他是有大決心的人。
  vt. 決定 **resolve**.
  n. 決心 同 *decide* 反 *blend*

represent *vt.* 代表 Phonetic signs **represent** 音標表示聲音。
  〔,rɛprɪ'zɛnt〕 sounds.

resume〔rɪ'zum〕 He **resumed** his seat. 他重回原座。
  vt. 再開始；繼續 同 *continue*

retire〔rɪ'taɪr〕
v. 隱居;退休;就寢
We *retire* early.
回 *resign*
我們很早就寢。

revenge〔rɪ'vɛndʒ〕
n. & v. 報仇
I'll *revenge* that insult.
回 *retaliate*
我將報復那侮辱。

reverse〔rɪ'vɝs〕
n. 顛倒 vt. 逆行
adj. 相反的
What you tell us is the *reverse* of polite.
回 *reversion* 反 *obverse*
你說的話很粗魯。

revive〔rɪ'vaɪv〕
vi. 復活 vt. 使復甦
Flowers *revive* in water.
回 *restore*
花在水中復甦。

roast〔rost〕
vt. 烤
The critics *roasted* the elaborately staged work.
劇評家將那用心演出的作品評得一文不值。

rotten〔'rɑtn̩〕
adj. 腐爛的
We paid $50 for *rotten* seats.
我們為那爛座位付了50元。

rubber〔'rʌbɚ〕
n. 橡膠（製品）
adj. 橡膠製的
We wear *rubbers* on our feet when it rains.
下雨時我們穿橡膠套鞋。

sacred〔'sekrɪd〕
adj. 神聖的
In India the cow is a *sacred* animal.
在印度牛是神聖的動物。

sailor〔'selɚ〕
n. 水手
He is a bad *sailor*.
他很容易暈船。

salvage〔'sælvɪdʒ〕
n. 對海上遇險之船員之救護
There is little hope of her *salvage*.
該船獲救之希望甚微。

sarcastic
〔sɑr'kæstɪk〕
adj. 諷刺的
He is a *sarcastic* person.
回 *sneering*
他是個好諷刺的人。

scale〔skel〕
n. 天秤
He tips the *scales* at 150 pounds.
他體重為150磅。

聯考試題演練

1. He_____(e)d to himself to achieve what hitherto he had been
   promised in vain. (78、88日大, 68夜大, 100、101、108、109學測, 98、103、105、109指考,
   (A) prose   (B) prosper   (C) propose   (D) prorate   93指考補)

2. Man is free in_____as his surroundings have a determinate
   nature.   (70、88日大, 84夜大, 93指考)
   (A) personification   (B) provocation
   (C) publication   (D) proportion

3. This is a_____that needs no discussion.   (68夜大)
   (A) propitiation   (B) proposition
   (C) propulsion   (D) propriety

4. His_____writings are excellent in style.   (72日大, 95、103學測,
   (A) prose   (B) pause   (C) profuse   (D) cause   104指考)

5. Peace brings_____.   (69日大, 83夜大, 90學測, 95指考, 93指考補)
   (A) personality   (B) potentiality
   (C) prostration   (D) prosperity

6. I referred him to the_____"A rolling stone gathers no
   moss."   (74夜大, 91、99指考)
   (A) provision   (B) proverb   (C) provoke   (D) province

7. _____tries to explain why people act, think and feel as
   they do.   (75、76、82夜大, 94~96指考)
   (A) Geology   (B) Biology   (C) Psychology   (D) Techology

8. The patient has a weak_____.   (72夜大, 97、105學測)
   (A) pulse   (B) punch   (C) pump   (D) pulp

9. She was_____ed into the water by the crowd. (101學測, 106指考,
   (A) crash   (B) thresh   (C) wash   (D) push   109指考補)

10. I_____d over her words and sought to attach to them some
    intelligent meaning.   (69夜大, 107學測, 100、103、108指考)
    (A) drizzle   (B) puzzle   (C) dazzle   (D) muzzle

11. I prefer quality to_____. (68夜大, 82台大夜, 90、102、105學測, 109指考補)

    (A) quantum   (B) quarenden   (C) guandary   (D) quantity

12. A_____of an hour is fifteen minutes.(85、86日大, 73夜大, 95、96學測, 94、

    (A) quarter   (B) quantity   (C) quality   (D) quarry   95、99指考)

13. They went to Australia in_____of gold. (75、81夜大, 99指考)

    (A) question   (B) quest   (C) query   (D) quarry

14. He has_____drinking. (72、82、84日大, 99、104學測, 101指考)

    (A) quit   (B) quivered   (C)quizzed   (D) quoted

15. Flu_____through the country. (66日大, 92、107學測, 95指考)

    (A) range   (B) rag   (C) rage   (D) raise

16. It is_____to cross the street without looking both ways.

    (A) rary   (B) ratable   (C) rasped   (D) rash (75夜大, 108學測)

17. He_____his face clean of his beard. (71夜大, 97學測, 92指考)

    (A) razored   (B) razzed   (C) razeed   (D) rayed

18. The garden is at the_____of the house.(67日大, 108學測, 98、109指考,

    (A) realm   (B) ream   (C) rear   (D) reap   93指考補)

19. The_____of the prizes had their names printed in the

    paper. (73夜大)

    (A) recipes   (B) recipients   (C) reception   (D) recidivists

20. He had changed so much that one could hardly_____him.

    (A) recline   (B) recollect (93、95~97、101、102、106、108學測, 93、

    (C) recoil   (D) recognize 94、99、104~106、108指考, 93、109指考補)

21. You should make_____to a dictionary. (73夜大, 93學測, 98、101、

    (A) reference   (B) refectory   (C) referee   (D) referral   109指考)

22. The traveler_____his adventures. (100~102、105、107、108學測, 101、103、

    (A) relapsed   (B) relayed   (C) relaxed   (D) related 107、108指考)

23. Lincoln proclaimed the_____of the slaves. (108、109學測, 109指考,

    (A) relay   (B) relaxation   (C) release   (D) relation   109指考補)

24. Did you _____ the similarity between them？ (95學測, 94、95、99指考,
   (A) remand   (B) remark   (C) remain   (D) remind   93、109指考補)

25. I haven't the _____ idea what you mean. (106、107學測, 107、109指考)
   (A) remiss   (B) remotest   (C) remissive   (D) remonstrative

26. I _____ that I can not undertake the task. (108學測, 99、100、104指考,
   (A) repeal   (B) repel   (C) repass   (D) repeat   93指考補)

27. They succeeded in _____ the attack. (66日大, 77夜大, 109學測)
   (A) repeating   (B) repelling   (C) repealing   (D) repenting

28. He _____ the boy from drowning. (69日大, 95、104學測)
   (A) researched   (B) reseated   (C) rescued   (D) rescinded

29. Several people were killed as a _____ of the storm. (109學測、指考、
   (A) restriction   (B) resume   (C) result   (D) restraint   指考補)

30. _____ enough money for your fare home. (104~107、109學測, 108指考,
   (A) Resemble   (B) Reserve   (C) Resent   (D) Reset   109指考補)

31. He _____ from the editorship of the school paper. (96、98、105學測,
   (A) resided   (B) resisted   (C) resiled   (D) resigned   97指考)

32. I was unable to _____ laughing. (71、83、87日大, 92、94、99學測, 101、107指考)
   (A) resist   (B) reside   (C) resign   (D) respite

33. He _____ that nothing should hold him back. (89日大, 65夜大, 105學測,
   (A) resorted   (B) resolved   (C) respected   (D) resounded   95指考)

34. We chose a committee to _____ us. (101、102、104學測, 104、106、107指考,
   (A) reprehend   (B) repress   (C) represent   (D) reprieve   109指考補)

35. _____ reading where we left off. (73日大, 95學測)
   (A) Resume   (B) Restrain   (C) Restrict   (D) Resurge

36. He _____ at the age of sixty. (67日大, 78夜大, 95、96學測, 96、106指考)
   (A) restricted   (B) retorted   (C) retired   (D) retraced

37. He contrived the murder out of _____. (69日大)

(A) revelation　　(B) reverence　　(C) revenue　　(D) revenge

38. Your remarks were the _____ of polite, were impolite.(80日大, 94、
    (A) reverend　　(B) reverse　　(C) reverie　　(D) revert　　102、103指考)

39. The half-drowned swimmer _____ .　　　(70日大, 96學測, 93指考補)
    (A) reviled　　(B) revised　　(C) revived　　(D) reverted

40. He _____ the beans brown.　　　　　　　　　　(73夜大)
    (A) roared　　(B) roamed　　(C) robbed　　(D) roasted

41. The man's morals are _____ to the core.　　　　(72夜大)
    (A) rotten　　(B) robbed　　(C) rough　　(D) rotary

42. We wear _____ on our feet when it rains.　(73夜大, 106、109學測)
    (A) rubbish　　(B) rubbers　　(C) rubbles　　(D) rubies

43. I regard it as a _____ duty.　　　　　　　　(75夜大)
    (A) saccular　　　　(B) saddle
    (C) sacrilegious　　(D) sacred

44. He was such a bad _____ that he always traveled to Europe
    by plane.　　　　　　　　　　　　　　　　(68日大, 98學測)
    (A) saint　　(B) sail　　(C) sailor　　(D) sailer

45. He had little time for the _____ of his effects.　　(73夜大)
    (A) salvage　　(B) salvation　　(C) salute　　(D) salve

46. The teacher's _____ comment about the girl's essay made
    her cry.　　　　　　　　　　　　　(73、84夜大, 101指考)
    (A) sapient　　(B) sarcastic　　(C) sarcogenic　　(D) sassy

47. He tips the _____ at 150 pounds.　(82日大, 73夜大, 95、102、106指考)
    (A) scabs　　(B) scalation　　(C) scales　　(D) scald

┌─【解答】────────────────────────────────
│
│　1.(C)　2.(D)　3.(B)　4.(A)　5.(D)　6.(B)　7.(C)　8.(A)　9.(D)　10.(B)
│　11.(D)　12.(A)　13.(B)　14.(A)　15.(C)　16.(D)　17.(A)　18.(C)　19.(B)　20.(D)

21.(A)　22.(D)　23.(C)　24.(B)　25.(B)　26.(D)　27.(B)　28.(C)　29.(C)　30.(B)
31.(D)　32.(A)　33.(B)　34.(C)　35.(A)　36.(C)　37.(D)　38.(B)　39.(C)　40.(D)
41.(A)　42.(B)　43.(D)　44.(C)　45.(A)　46.(B)　47.(C)

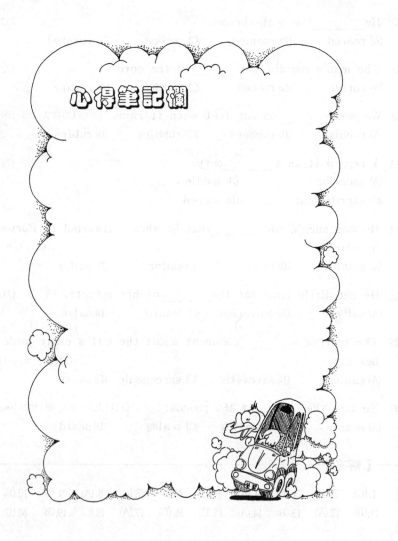

心得筆記欄

頻率表 *1151 ~ 1200*

請您將認識的單字，
在 A 欄中作記號。

A B

☐☐ scold

☐☐ score

☐☐ scream

☐☐ secretary

☐☐ seize

☐☐ select

☐☐ sequence

☐☐ series

☐☐ servant

☐☐ sheer

☐☐ shield

☐☐ shrewd

☐☐ shrink

☐☐ sincere

☐☐ singular

☐☐ sluggish

☐☐ sniff

☐☐ soldier

☐☐ solemn

☐☐ solvable

☐☐ soothe

☐☐ spectacle

☐☐ split

☐☐ spout

☐☐ squash

A B

☐☐ starve

☐☐ status

☐☐ steep

☐☐ steward

☐☐ stimulate

☐☐ sting

☐☐ structure

☐☐ submarine

☐☐ submit

☐☐ subtle

☐☐ suckle

☐☐ sugarcane

☐☐ sulk

☐☐ summit

☐☐ superb

☐☐ supervision

☐☐ suppress

☐☐ surface

☐☐ surgeon

☐☐ surmise

☐☐ surrender

☐☐ suspicious

☐☐ tablet

☐☐ tackle

☐☐ technique

≪ 頻率順序 1151 ～ 1200 ≫

scold 〔skold〕 He was **scolded** for being 他因懶惰而受叱責。
v. 責罵；叱責 lazy. 同 *blame* 反 *encourage*

score 〔skor;skɔr〕 The **score** is 9 to 2 in 我隊以九比二領先。
n. 分數；理由；樂譜 our favor.
v. 記分；作記號 He was appointed to **score** 他奉派替雙方記分。
for both sides. 同 *calculate*

scream 〔skrim〕 The baby **screamed** all 小孩終夜號叫。
v. 尖叫 night.
n. 尖叫聲；有趣之人 He is a **scream** when he 他心情好時是一個風趣
is in a good mood. 的人。

secretary *n.* 秘書 She is my private 她是我的私人秘書。
〔'sɛkrə,tɛrɪ〕 **secretary**.

seize 〔siz〕 The policeman **seized** the 警察捉住那小偷。
v. 握；捉；結 thief. 同 *grasp* 反 *loose*

select 〔sə'lɛkt〕 Father let me **select** my 父親讓我自己選耶誕禮。
vt. 選擇 own Christmas present.

sequence 〔'sikwəns〕 Arrange the names in 依字母順序排列這些姓
n. 繼續；順序；次第 alphabetical **sequence**. 名。

series *n.* 連續；系列 A **series** of rainy days 連續的雨天毀了他們的
〔'sɪriz; 'sɪrɪz〕 spoiled their vacation. 假期。

servant 〔's3vənt〕 She is a good **servant**. 她是個好僕人。
n. 僕人；服務者 反 *master*

sheer 〔ʃɪr〕 You should **sheer** off the 你應該躲開這頑童。
vi. 躲開 wicked urchin.

shield 〔ʃild〕 Return with your **shield** 不成功便成仁。
n. 盾 or upon it.
v. 防禦；保護 He told a lie to **shield** his 他扯謊以庇護他兄弟。
brother. 同 *defend*

shrewd〔ʃrud〕
adj. 精明的；明敏的
He is a ***shrewd*** business-man. 回 *smart* 反 *dull*
他是個精明的商人。

shrink〔ʃrɪŋk〕
v. 收縮；畏縮
A shy man ***shrinks*** from meeting strangers.
羞怯的人怕見生人。

sincere〔sɪn'sɪr〕
adj. 眞摯的；篤實的
He is a ***sincere*** friend. 回 *honest* 反 *false*
他是個誠摯的朋友。

singular〔'sɪŋgjələ〕
adj. 非凡的；卓異的
He always wears ***singular*** clothes.
他總是穿奇裝異服。

sluggish〔'slʌgɪʃ〕
adj. 遲緩的；呆滯的
He has a ***sluggish*** mind. 回 inactive
他生性呆滯。

sniff〔snɪf〕
v. 以鼻吸入；嗤之以鼻
The man who had a cold was ***sniffing***. 回 *smell*
那傷風的人正在呼呼吸氣。

soldier〔'soldʒə〕
n. 軍人；士兵
vi. 作軍人；當兵
Soldiers must obey their officers.
He ***soldiered*** in three wars.
士兵必須服從長官。
他在三次戰爭中當過兵。

solemn〔'saləm〕
adj. 嚴肅的；莊重的
The organ played ***solemn*** music. 回 *serious*
風琴奏出莊嚴的音樂。

solvable〔'salvəbl〕
adj. 可解決的
The problem is ***solvable***.
這困難是可解決的。

soothe〔suð〕
vt. 撫慰；使平靜
The mother ***soothed*** the crying baby. 回 *comfort*
母親撫慰哭叫的孩子。

spectacle〔'spɛktəkl〕
n. 景象；壯觀
(*pl.*)*n.* 眼鏡；見解
A big army parade is a fine ***spectacle***.
He wears a pair of ***spectacles***.
大規模的陸軍閱兵很壯觀。
他戴一副眼鏡。

split〔splɪt〕
v. 裂開；分配
n. 分裂
This kind of wood ***splits*** easily.
There was a ***split*** in the Republican Party.
這種木頭容易劈開。
共和黨曾有分裂。

spout〔 spaʊt 〕 A whale **spouts** water 鯨魚呼吸時噴水。
　v. 噴；湧 when it breathes.
　n. 噴水孔 囘 *expel*

squash〔 skwɑʃ 〕 The boy **squashed** the bug. 那孩子把甲蟲踩爛了。
　v. 壓潰；壓爛 囘 *crush*

starve〔 starv 〕 The poor dog **starved** to 可憐的狗餓死了。
　v.(使)飢餓；渴望 death. 囡 *satiate*

status〔'stetəs 〕 We are interested in the 我們都關心世局。
　n. 狀態；身分 **status** of world affairs.

steep〔 stip 〕 These are the **steepest** 這是我爬過最陡的樓梯。
　adj. 險峭的 stairs I've ever climbed.
　v. 浸；漬 He is **steeped** in liquor. 他沉溺於酒。

steward *n.* 管事人 He is the **steward** of that 他是那筆大財產的管理
　〔'stjuwɚd 〕 great estate. 人。

stimulate *v.* 刺激 Alcohol **stimulates** the 酒刺激心臟的活動。
　〔'stɪmjə,let 〕 action of the heart.

sting〔 stɪŋ 〕 A bee **stung** him. 一隻蜜蜂螫了他。
　v. 刺；螫 The **sting** of a scorpion 蠍的刺在其尾部。
　n. 刺；刺激物 is in its tail.

structure *n.* 構造 The **structure** of the 這校舍建築極好。
　〔'strʌktʃɚ 〕 schoolhouse was excellent.

submarine These are **submarine** 這些是海生植物。
　〔*adj.*,ˌsʌbmə'rin; plants.
　n.,*v.*'sʌbmə,rin〕
　adj. 海中的 *n.*,*v.* 潛水

submit〔 səb'mɪt 〕 We shall never **submit** 我們絕不甘受奴役。
　v. 服從；屈服 to slavery.
　　　　　　　　　囘 *surrender*
　　　　　　　　　囡 *resist*

subtle 〔 'sʌtḷ 〕　It is a **subtle** bit of　這是件精巧的作品。
　adj. 精緻的；靈巧的　work. 回 delicate

suckle 〔 'sʌkḷ 〕　The cat **suckles** her　那貓餵小貓吃奶。
　v. 哺乳；餵奶　kittens.

sugarcane n. 甘蔗　I like **sugarcane**.　我喜歡吃甘蔗。
〔'ʃʊgɚ,ken〕

sulk 〔sʌlk〕 n. 慍怒　He is in a **sulk**. 回 mope　他生氣了。

summit 〔 'sʌmɪt 〕　We reached the **summit**　我們到達那山的頂巔。
　n. 絕頂；高峰　of that mountain.
　adj. 外交元首間的　回 top 反 bottom

superb 〔 sʊ'pɝb 〕　Mountain scenery is　山景是壯麗的。
　adj. 華美的；壯麗的　**superb**. 回 grand

supervision n. 監督　The house was built under　這房子在建築師的監督
〔,supɚ'vɪʒən 〕　the **supervision** of an　下建造。
　　　architect.

suppress 〔sə'prɛs〕　The troops **suppressed**　軍隊鎮壓住叛亂。
　vt. 鎮壓；平定　the rebellion. 回 restrain

surface 〔 'sɝfɪs 〕　Glass has a smooth　玻璃有光滑的表面。
　n. 表面　**surface**. 回 face
　adj. 表面的；膚淺的 反 interior ; submerge

surgeon 〔 'sɝdʒən 〕　Her father is a **surgeon**.　她父親是外科醫生。
　n. 外科醫生　反 physician

surmise 〔sɚ'maɪz 〕　I **surmised** that his　我猜他的業務已停頓。
　v. 臆測；猜度　business had come to a
〔sɝ'maɪz,'sɝmaɪz〕standstill.
　n. 臆測　His guilt was a matter of　他的犯罪完全是一種臆
　　　surmise. 回 guess　測。

surrender *v.* 投降　He *surrendered* himself　他絕望已極。
〔sə'rɛndə〕　　to despair.
n. 投降　　圓 *yield*　　反 *resist*

suspicious *adj.* 可疑的　Our dog is *suspicious* of　我們的狗對陌生人不信
〔sə'spɪʃəs〕　　strangers. 圓 *doubtful*　任。

tablet〔'tæblɪt〕　There is a memorial　那裏有一塊國父的紀念
n. 牌；匾額　　*tablet* for our founding　碑。
　　father. 圓 *notebook*

tackle〔'tækḷ〕　Everyone has his problems　每個人都有自己的問題
v. 處理；解決　　to *tackle*.　　要解決。
n. 用具　　圓 *undertake*

technique *n.* 技術　The musician has perfect　這音樂家有極好的技術。
〔tɛk'nik〕　　*technique*.

聯考試題演練

1. She _____ her son for being out late. (75、88日大, 99、107學測, 95指考)
   (A) scolded   (B) scored   (C) scorned   (D) scrambled

2. The Yankees made a _____ in the last minutes of the game.
   (A) score   (B) scope   (C) scoop   (D) school   (106、109學測)

3. A bank clerk _____ when she saw the pistol. (97、100學測, 94、105指考)
   (A) dreamed   (B) seamed   (C) screamed   (D) creamed

4. My private _____ is very competent.   (80日大, 67夜大)
   (A) commentary (B) secretary   (C) dignitary   (D) military

5. He was so astonished he _____ his mother by the arm.   (68日大,
   (A) apologized   (B) criticized   93、102、109學測, 102指考)
   (C) sympathized   (D) seized

6. It is not easy to _____ the best from many books. (102、106指考,
   (A) comect   (B) select   (C) connect   (D) respect   109指考補)

7. Arrange the names in alphabetical _____.   (67日大, 106學測, 101指考)
   (A) science   (B) conscience   (C) sequence   (D) audience

8. A _____ of murder cases scares people. (103、104、106學測, 102、104～106、
   (A) species   (B) ladies   (C) clothes   (D) series   108、109指考)

9. Good _____ are hard to find nowadays.   (67、81、87日大, 92、94、95學測,
   (A) servants   (B) serves   (C) services   (D) series   103指考)

10. The _____ white dress on display was too expensive for anyo-
    ne.   (67夜大)
    (A) sheep   (B) sheet   (C) sheer   (D) sheen

11. Return with your _____ or upon it.   (71、82日大)
    (A) shift   (B) shield   (C) shilling   (D) shimmer

12. He is a _____ business man.   (70夜大)
    (A) shrewd   (B) shrimpy   (C) shrill   (D) showy

13. The boy_____from the dog.　(73夜大, 95、96學測, 96、107指考, 93指考補)
   (A) shone　　(B) shrank　　(C) showed　　(D) shredded

14. He never hesitates to express a_____admiration of his
   opponent's qualities.　　　(75、86、89日大, 95、101學測)
   (A) severe　　(B) atmosphere　(C) sincere　　(D) mere

15. "Robin Hood" is a story of_____interest to all.　(71日大, 95、
   (A) irregular　　(B) regular　　(C) singular　　(D) muscular　102學測)

16. He has a_____mind and shows little interest in any thing.
   (A) sluggish　　　　(B) bookish　　　　(72日大)
   (C) darkish　　　　(D) foolish

17. She_____at the present to show her contempt.　(71、79夜大)
   (A) snipped　　(B) sniffed　　(C) snatched　　(D) sniped

18. He wants to be a_____when he grows up.(102、109學測, 104、109指考,
   (A) solder　　(B) solid　　(C) soldier　　(D) solecist　109指考補)

19. He gave his_____promise to do better.　　　(73夜大)
   (A) sold　　(B) solid　　(C) solar　　(D) solemn

20. The mother_____the crying child.　　(87日大, 68夜大, 107學測)
   (A) sopped　　(B) sorrowed　　(C) soothed　　(D) sorted

21. The sunrise seen from Tai Shan is a famous_____.　(68夜大,
   (A) spectacled　　　　(B) spectacle　　　　94、96指考)
   (C) spectacular　　　　(D) spectate

22. The two men_____the cost of the dinner between them.
   (A) spoil　　(B) spit　　(C) split　　(D) splay　(97、102指考)

23. The old-fashioned actors used to_____their lines.　(67夜大)
   (A) spout　　(B) spot　　(C) sprawl　　(D) sprain

24. The police_____a revolt.　　　　(75日大, 95指考)
   (A) squared　　(B) squeezed　　(C) spied　　(D) squashed

25. The lonely student is_____for friendship.　(90、95學測, 95、97、
   (A) starting　　(B) staring　　(C) stating　　(D) starving　107指考)

26. We are all interested in the_____of world affairs. (107、109指考,
    (A) status　(B) statue　(C) stature　(D) statute　　109指考補)

27. These are the_____stairs I've ever climbed. (75、84日大, 92學測,
    (A) sheerest　(B) steepest　(C) shrillest　(D) shrewdest　99指考)

28. He is the_____of that great estate. (69夜大, 95指考)
    (A) award　(B) coward　(C) steward　(D) reward

29. Praise_____her to work hard. (88日大, 67、82夜大, 95、107學測,
    (A) stimulated　(B) stung　(C) stank　(D) stifled　97指考)

30. Put mud on the_____to take away the pain. (71夜大, 94學測)
    (A) stink　(B) stick　(C) stint　(D) sting

31. Doctors study the_____of the human body. (106、109學測, 104、
    (A) picture　(B) lecture　(C) structure　(D) manufacture　106指考)

32. We shall never_____to slavery. (66、77夜大, 95、107學測, 95指考)
    (A) sublime　(B) submit　(C) subject　(D) subscribe

33. There appeared a_____misunderstanding among them. (66日大,
    (A) subtle　(B) little　　107學測)
    (C) gentle　(D) mantle

34. The cat_____her kittens. (72日大)
    (A) trickles　(B) tickles　(C) suckles　(D) sprinkles

35. The_____of her ambition is to become an actress. (87日大,
    (A) commit　(B) admit　72夜大, 95、103學測, 99指考)
    (C) permit　(D) summit

36. Mountain scenery is_____. (73、90日大, 95學測, 99、105指考)
    (A) adverb　(B) superb　(C) suburb　(D) proverb

37. The house was built under the careful_____of an architect.
    (A) division　(B) supervision　(72夜大, 105、108指考)
    (C) television　(D) provision

38. Each nation_____news that was not favorable to it. (73日大)

(A) compressed　　　　(B) expressed

(C) oppressed　　　　(D) suppressed

39. His cleverness is only on the_____.(93、94、96、98、108學測, 93、95、100、
(A) surface　　(B) efface　　　(C) preface　　　(D) palace　　108、109指考)

40. We_____that the delay was caused by some accident.　(72夜大)
(A) compromised　　　　(B) promised

(C) surmised　　　　(D) premised

41. He_____himself to despair.　　　　　　(72日大, 102學測)
(A) wandered　　　　(B) plundered

(C) surrendered　　　　(D) tendered

42. A man was hanging about the house in a_____manner.　(89日大,
(A) suspicious　　　　(B) gracious　　95、100、104、107學測, 94、102指考)

(C) precious　　　　(D) delicious

43. The hall of fame is a building that has many_____in
memory of famous people.　　　　　　(69夜大, 102、104指考)
(A) tables　　(B) tablets　　(C) tabs　　　(D) tackles

44. Everyone has his own problems to_____.　　　(70日大, 101指考)
(A) tickle　　(B) tackle　　(C) sprinkle　　(D) sparkle

45. This musician has perfect_____but little expression.　(90日大,
(A) unique　　　　(B) antique　　99、101、106、107、109學測, 93、97、
(C) physique　　　　(D) technique　　101~103、106、108指考, 93指考補)

【解答】

1.(A)	2.(A)	3.(C)	4.(B)	5.(D)	6.(B)	7.(C)	8.(D)	9.(A)	10.(C)
11.(B)	12.(A)	13.(B)	14.(C)	15.(C)	16.(A)	17.(B)	18.(C)	19.(D)	20.(C)
21.(B)	22.(C)	23.(A)	24.(D)	25.(D)	26.(A)	27.(B)	28.(C)	29.(A)	30.(D)
31.(C)	32.(B)	33.(A)	34.(C)	35.(D)	36.(B)	37.(B)	38.(D)	39.(A)	40.(C)
41.(C)	42.(A)	43.(B)	44.(B)	45.(D)					

頻率表 *1201 ～ 1250*

請您將認識的單字，
在A欄中作記號。

A B

- [ ] [ ] telegram
- [ ] [ ] tremendous
- [ ] [ ] threat
- [ ] [ ] thrill
- [ ] [ ] tidy
- [ ] [ ] tomb
- [ ] [ ] trace
- [ ] [ ] tradition
- [ ] [ ] transform
- [ ] [ ] transit
- [ ] [ ] transition
- [ ] [ ] treat
- [ ] [ ] tribe
- [ ] [ ] tributary
- [ ] [ ] trivial
- [ ] [ ] tropical
- [ ] [ ] tumble
- [ ] [ ] turbulent
- [ ] [ ] turnip
- [ ] [ ] tyranny
- [ ] [ ] unique
- [ ] [ ] urge
- [ ] [ ] usage
- [ ] [ ] utility
- [ ] [ ] vacancy

A B

- [ ] [ ] vacuum
- [ ] [ ] vain
- [ ] [ ] valiant
- [ ] [ ] valor
- [ ] [ ] valuable
- [ ] [ ] vanish
- [ ] [ ] variety
- [ ] [ ] vehicle
- [ ] [ ] vessel
- [ ] [ ] viable
- [ ] [ ] village
- [ ] [ ] vine
- [ ] [ ] violent
- [ ] [ ] virtuous
- [ ] [ ] virtue
- [ ] [ ] visibility
- [ ] [ ] vocation
- [ ] [ ] voluntary
- [ ] [ ] volunteer
- [ ] [ ] wallet
- [ ] [ ] wary
- [ ] [ ] whereas
- [ ] [ ] wind
- [ ] [ ] worship
- [ ] [ ] yield

《頻率順序 1201 ～ 1250》

telegram *n.* 電報
〔'tɛlə,græm〕

Mother sent a *telegram* to us.

母親拍了一封電報給我們。

tremendous
〔trɪ'mɛndəs〕
adj. 可怕的
adv. 非常地

There is a *tremendous* difference between the two.

這兩個中有巨大的區別。

It's a *tremendous* long way. 同 *enormous*

這是段非常遠的路程。

threat〔θrɛt〕
n. 恐嚇；威脅

Good teachers seldom use *threats*.

好教師鮮用恐嚇。

thrill〔θrɪl〕
n. 激動；震顫
v. 抖動；激動

I felt a *thrill* of horror.

我感到一陣恐怖。

Her voice *thrilled* with terror. 同 *excite*

她的聲音因恐怖而顫抖。

tidy〔'taɪdɪ〕
*adj.*整潔的 *v.*使整齊 同 *neat* 反 *untidy*

She *tidied* the room.

她整理房間。

tomb〔tum〕
n. 墳墓

He set up a tombstone over the *tomb*.

他在墳上架了一個墓碑。

trace〔tres〕
n. 足跡；痕跡
v. 追蹤；回溯

We saw *traces* of rabbits on the snow.

我們在雪地上看見兔子的足跡。

Her family *traces* back to Confucius. 同 *track*

她的家族可追溯自孔夫子。

tradition *n.* 傳說；
傳統〔trə'dɪʃən〕

This story is founded on *traditions*. 同 *custom*

這小說以傳說為根據。

transform *v.* 改觀
〔træns'fɔrm〕

The witch *transformed* men into pigs. 同 *change*

巫婆把人變成了豬。

transit〔'trænsɪt〕
n. 通行；經過

The goods were damaged in *transit*.

貨物在運送中被破壞了。

transition
〔træn'zɪʃən〕
n. 轉移；變化

Adolescence is the *tran-sition* period between childhood and adulthood.

青春期是童年與成年之間的過渡時期。

treat〔trit〕
v. 對待　*n.* 款待

Don't *treat* me as a child.
This is my *treat*.

別把我當小孩看。
這次我請客。

tribe〔traɪb〕
n. 種族；部落

There are many Indian *tribes* here.

這裏有許多印第安部落。

tributary
〔'trɪbjə,tɛrɪ〕
adj. 支流的；納貢的

Several rivers are *tribu-tary* to the Yangtze River.

好多河是長江的支流。

trivial〔'trɪvɪəl〕
adj. 瑣屑的

These are only *trivial* matters.　回 *unimportant*

這些只是無關緊要的事。

tropical〔'trɑpɪkḷ〕
adj. 熱帶的

It's a *tropical* fish.

這是一條熱帶魚。

tumble〔'tʌmbḷ〕
v. 跌落；紊亂
n. 跌倒

The child *tumbled* down the stairs.
The *tumble* hurt him badly.

小孩從樓梯上跌下來。
這一跌使他受重傷。

turbulent *adj.* 騷動的
〔'tɝbjələnt〕

I met a *turbulent* mob.
回 *violent*

我遇到一群暴徒。

turnip〔'tɝnɪp〕
n. 蘿蔔；蕪菁

We plant *turnips* in our backyard.

我們在後院種蘿蔔。

tyranny〔'tɪrənɪ〕
n. 暴虐；暴行

The colonists rebelled against the king's *tyrannies*.

殖民者反抗國王的暴政。

unique〔ju'nik〕
adj. 唯一的
n. 獨一無二之物

The picture is thought to be *unique*.

這幅畫公認是無與倫比的。

urge〔ɝdʒ〕
v. 力勸；驅策

He *urged* her to study English.　回 *push*

他力勸她研習英文。

usage〔'jusɪdʒ〕 He met with hard ***usage***. 他受虐待。
   n. 用法；慣例 圖 *practice*

utility〔ju'tɪlətɪ〕 It is of no ***utility***. 那是沒用的。
   n. 利益；效用

vacancy〔'vekənsɪ〕 There is still ***vacancy*** 街上還有空地可再造一
   n. 空位；空處 for another house on the 所房子。
   street.

vacuum〔'vækjʊəm〕 Remember to ***vacuum*** 別忘了用吸塵器吸地毯。
   v. 以吸塵器打掃 the rugs. 圖 *void*
   n. 空間；真空吸塵器

vain〔ven〕 All our efforts were ***vain***. 我們的一切努力都無效。
   adj. 徒然的 圖 *unsuccessful* 反 *effectual*

valiant〔'væljənt〕 He is a ***valiant*** soldier. 他是個勇敢的士兵。
   adj. 勇敢的 圖 *brave*

valor〔'vælɚ〕 He showed great ***valor*** in 他在戰役中表現出無比
   n. 勇氣 the battle. 圖 *bravery* 的英勇。

valuable〔'væljʊəbl̩〕These are ***valuable*** pic- 這些是貴重的畫。
   adj. 貴重的 tures. 反 *valueless*

vanish〔'vænɪʃ〕 They had ***vanished*** in the 他們已消失在人群中。
   v. 消散；消失 crowd. 反 *appear*

variety〔və'raɪətɪ〕 This shop has a ***variety*** 這家商店有各種玩具。
   n. 變化；種種 of toys. 反 *monotony*

vehicle〔'viəkl̩〕 Language is the ***vehicle*** 語言是傳達思想的工具。
   n. 交通工具 of thought.

vessel〔'vɛsl̩〕 Empty ***vessels*** make the 空瓶最響；無知者最會
   n. 船；管；容器 most sound. 叫嚷。

viable〔'vaɪəbl̩〕 The plan is ***viable***. 這計劃可實行。
   adj. 可實行的

village〔'vɪlɪdʒ〕
n. 鄉村；村莊

He lives in a *fishing village*.

他住在漁村。

vine〔vaɪn〕n.
葡萄樣；蔓；藤

Melons grow on *vines*.

瓜生蔓上。

violent〔'vaɪələnt〕
adj. 劇烈的

You shouldn't resort to *violent* means.

你不該訴諸暴力。

virtue〔'vɜtʃʊ〕
n. 美德；優點

He praised the *virtues* of his car.

他稱讚他車子的優點。

virtuous〔'vɜtʃʊəs〕
adj. 有品德的

You must lead a *virtuous* life.

你必須過著清高的生活。

visibility n. 可見性
〔ˌvɪzə'bɪlətɪ〕

In a fog the *visibility* is very poor.

在霧中能見度很低。

vocation〔vo'keʃən〕
n. 職業

She chose teaching as her *vocation*. 圓 *occupation*

她選擇教書作職業。

voluntary adj. 自願的
〔'vɑlənˌtɛrɪ〕

Man is a *voluntary* agent. 反 *involuntary*

人是自由意志行動者。

volunteer〔ˌvɑlən'tɪr〕
n. 志願者 adj. 自願的

One *volunteer* is worth two pressed men.

一個志願者相當兩個被迫者。

wallet〔'wɑlɪt〕n. 皮夾

I lost a *wallet*.

我遺失了一個皮夾。

wary〔'wɛrɪ；'wærɪ〕
adj. 機警的

He is *wary* of telling secrets. 反 *foolhardy*

他謹防洩漏秘密。

whereas〔hwɛr'æz〕
conj. 然而；雖然

I hate John, *whereas* you merely dislike him.

我恨約翰，而你只是不喜歡他而已。

wind〔wɪnd〕n. 風
〔waɪnd〕v. 彎曲

The *wind* blew my hat off.

風吹落了我的帽子。

worship〔'wɜʃəp〕
n. 崇拜；禮拜
v. 崇拜

the *worship* of beauty
People go to church to *worship* God. 圓 *respect*

對美的崇拜
人們到教堂禮拜上帝。

yield〔jild〕v. 生產；
放棄；屈服

They *yielded* to the enemy. 圓 *surrender*

他們向敵人投降。

聯考試題演練

1. Mother sent a_____telling us what train to take. (67、80日大)
   (A) telephone　(B) telegram　(C) telefilm　(D) telelens

2. There is a_____loss of young lives during wartime. (88日大, 93、
   (A) tremulous　(B) trembly　(C) trenchant　(D) tremendous　108指考)

3. The_____to strike was carried out. (104、108學測, 105、107、109指考)
   (A) throat　(B) threat　(C) throng　(D) thread　109指考補)

4. Ann felt a_____of joy on seeing the queen. (81日大, 96學測, 94指考,
   (A) thrill　(B) throne　(C) thrall　(D) throe　109指考補)

5. I will_____the room. (72日大)
   (A) tidy　(B) tinny　(C) tiny　(D) tippy

6. The police were unable to find any_____of the thief. (107學測,
   (A) tract　(B) track　(C) trace　(D) tracer　108指考)

7. We cannot get rid of_____, good or bad. (108、109學測, 107指考,
   (A) tradition　(B) traction　(C) trade　(D) trace　109指考補)

8. It is necessary to_____the equation to get the answer.
   (A) transmit　　　(B) translate　(69夜大, 96、105、106、
   (C) transmute　　(D) transform　109學測, 93、99、100指考)

9. The goods were damaged in_____. (87日大, 68夜大, 95學測, 109指考補)
   (A) translation　(B) transit　(C) translator　(D) transportation

10. It made the_____from the old conception to the new. (87日大,
    (A) transmission　　(B) transition　68夜大, 105指考)
    (C) transmigration　(D) transformation

11. You should_____the valuable vase carefully. (101、105~108學測, 98、
    (A) tread　(B) treasure　(C) treat　(D) treadle　107、109指考)

12. Among the primitive_____there is no notion of "an
    individual." (74日大, 100學測, 95指考)
    (A) globes　(B) robes　(C) scribes　(D) tribes

13. Several rivers are_____to the Ganges. (75日大)
   (A) tribunal (B) tricennial
   (C) triangulate (D) tributaries

14. He is worrying about_____matters. (90日大, 70夜大, 96、106學測)
   (A) trivalve (B) triplex (C) trivial (D) triplicate

15. The aquarium keeps various_____fishes. (98、100、107、108學測, 96、
   (A) tropical (B) trophied (C) trophical (D) trophogenic 108指考)

16. She tripped over a stone and_____. (75日大, 99學測, 101、105指考)
   (A) tumbled (B) twinkled (C) trundled (D) trembled

17. Rebellion is the last remedy against_____. (69日大)
   (A) tyrant (B) tyranny (C) typology (D) typist

18. He has a_____way of memorizing English words. (90、94、101、103、
   (A) antique (B) unique 108、109學測, 93、94、98、99、
   (C) picturesque (D) grotesque 101、103~106指考, 93指考補)

19. My uncle_____me to go into business. (87、88日大, 94、106學測, 91、95、
   (A) imaged (B) enraged (C) urged (D) enlarged 98、106指考)

20. A machine lasts a long time if it gets good_____. (94學測, 94、
   (A) voyage (B) stage (C) usage (D) courage 95、103指考)

21. It will be of great_____to its users. (68日大, 95指考)
   (A) ability (B) stability (C) quality (D) utility

22. There is still a(n)_____for another house on the street. (82日大, 94學測,
   (A) accuracy (B) infancy (C) vacancy (D) vagrancy 97指考)

23. Nature abhors a_____. (68日大, 95學測, 95、99、102、109指考)
   (A) vaccine (B) vacuity (C) vacuum (D) vacation

24. Many people have made a_____attempt to live forever.
   (A) vain (B) valet (C) vale (D) valve (90、94學測)

25. He sometimes gives me_____information for my business.
   (A) valorous (B) valiant (86、90日大, 97、100、101學測,

(C) valvular (D) valuable 95、97、104、105、109指考, 93、109指考補)

26. Rare types of animals may_____from this planet one day.
(A) banish (B) finish (81日大, 66、79夜大, 103、107、109學測)
(C) vanish (D) punish

27. I was surprised to know the_____of his hobbies. (107、109指考,
(A) society (B) satiety (C) anxiety (D) variety 109指考補)

28. The streets were crowded with_____. (95、99、103學測, 107、109指考,
(A) vehicles (B) uncles (C) articles (D) circles 109指考補)

29. The captain ordered his crew to throw valuable merchandise
overboard to save the_____in the storm. (70夜大, 109學測)
(A) vesper (B) vessel (C) vestige (D) vest

30. He is a_____blacksmith. (90、93、99、103、104、106、108學測, 104、109指考,
(A) village (B) villa (C) villain (D) villainy 93指考補)

31. Delicious-looking clusters of grapes were hanging on the_____.
(A) view (B) vice (C) vine (D) vial (77日大, 95指考)

32. Masao gave me a_____blow on the shoulder. (90、94、108學測, 91、
(A) silent (B) repellent (C) excellent (D) violent 95、109指考)

33. You can trust him; he is a man of the highest_____.
(A) virtue (B) stature (C) statue (D) visage (67、88日大)

34. In a fog the_____is very poor. (75夜大, 90學測, 109指考補)
(A) probability (B) flexibility
(C) reliability (D) visibility

35. He chose a_____during the summer vacation. (82日大, 75夜大,
(A) vocation (B) location (C) vacation (D) avocation 95學測)

36. The work he did was entirely_____. (72日大, 99學測)
(A) voluntary (B) voluminous (C) voluptuous (D) volucrine

37. Is there any_____to do the job？ (72日大, 84夜大, 97、98學測, 98、
(A) mountaineer (B) volunteer 109指考, 109指考補)

(C) pioneer   (D) auctioneer

38. He gave _____ answers to all of the stranger's questions.

    (A) wany   (B) wavy   (C) wary   (D) weary   (72日大)

39. Islam forbids the _____ of idols.   (75日大, 101、104指考)

    (A) kinship   (B) hardship

    (C) scholarship   (D) worship

40. The enemy _____ to us.   (72日大, 96、98、99學測, 95指考)

    (A) yielded   (B) wielded   (C) builded   (D) welded

【解答】

1.(B)	2.(D)	3.(B)	4.(A)	5.(A)	6.(C)	7.(A)	8.(D)	9.(B)	10.(B)
11.(C)	12.(D)	13.(D)	14.(C)	15.(A)	16.(A)	17.(B)	18.(B)	19.(C)	20.(C)
21.(D)	22.(C)	23.(C)	24.(A)	25.(D)	26.(C)	27.(D)	28.(A)	29.(B)	30.(A)
31.(C)	32.(D)	33.(A)	34.(D)	35.(A)	36.(A)	37.(B)	38.(C)	39.(D)	40.(A)

單字索引

心得筆記欄

聯考高頻率單字
Words of High Frequency

售價：180 元

修　　編 / 劉　毅
發　行　所 / 學習出版有限公司　　☎ (02) 2704-5525
郵 撥 帳 號 / 05127272 學習出版社帳戶
登　記　證 / 局版台業 2179 號
印　刷　所 / 裕強彩色印刷有限公司
台 北 門 市 / 台北市許昌街 17 號 6F　☎ (02) 2331-4060
台灣總經銷 / 紅螞蟻圖書有限公司　　☎ (02) 2795-3656
本公司網址 / www.learnbook.com.tw
電 子 郵 件 / learnbook@learnbook.com.tw

2020 年 11 月 1 日新修訂

ISBN 978-957-519-069-9

高三同學要如何準備「升大學考試」

考前該如何準備「學測」呢？「劉毅英文」的同學很簡單，只要熟讀每次的模考試題就行了。每一份試題都在7000字範圍內，就不必再背7000字了，從後面往前複習，越後面越重要，一定要把最後10份試題唸得滾瓜爛熟。根據以往的經驗，詞彙題絕對不會超出7000字範圍。每年題型變化不大，只要針對下面幾個大題準備即可。

準備「詞彙題」最佳資料：

背了再背，背到滾瓜爛熟，讓背單字變成樂趣。

考前不斷地做模擬試題就對了！

你做的題目愈多，分數就愈高。不要忘記，每次參加模考前，都要背單字、背自己所喜歡的作文。考壞不難過，勇往直前，必可得高分！

練習「模擬試題」，可參考「學習出版公司」最新出版的「7000字學測試題詳解」。我們試題的特色是：
①以「高中常用7000字」為範圍。 ②經過外籍專家多次校對，不會學錯。③每份試題都有詳細解答，對錯答案均有明確交待。

「克漏字」如何答題

第二大題綜合測驗（即「克漏字」），不是考句意，就是考簡單的文法。當四個選項都不相同時，就是考句意，就沒有文法的問題；當四個選項單字相同、字群排列不同時，就是考文法，此時就要注意到文法的分析，大多是考連接詞、分詞構句、時態等。「克漏字」是考生最弱的一環，你難，別人也難，只要考前利用這種答題技巧，勤加練習，就容易勝過別人。

準備「綜合測驗」（克漏字）可參考「學習出版公司」最新出版的「7000字克漏字詳解」。

本書特色：

1. 取材自大規模考試，英雄所見略同。
2. 不超出7000字範圍，不會做白工。
3. 每個句子都有文法分析。一目了然。
4. 對錯答案都有明確交待，列出生字，不用查字典。
5. 經過「劉毅英文」同學實際考過，效果極佳。

「文意選填」答題技巧

在做「文意選填」的時候，一定要冷靜。你要記住，一個空格一個答案，如果你不知道該選哪個才好，不妨先把詞性正確的選項挑出來，如介詞後面一定是名詞，選項裡面只有兩個名詞，再用刪去法，把不可能的選項刪掉。也要特別注意時間的掌控，已經用過的選項就劃掉，以免重複考慮，浪費時間。

準備「文意選填」，可參考「學習出版公司」最新出版的「7000字文意選填詳解」。

特色與「7000字克漏字詳解」相同，不超出7000字的範圍，有詳細解答。

「閱讀測驗」的答題祕訣

① 尋找關鍵字——整篇文章中，最重要就是第一句和最後一句，第一句稱為主題句，最後一句稱為結尾句。每段的第一句和最後一句，第二重要，是該段落的主題句和結尾句。從「主題句」和「結尾句」中，找出相同的關鍵字，就是文章的重點。因為美國人從小被訓練，寫作文要注重主題句，他們給學生一個題目後，要求主題句和結尾句都必須有關鍵字。

② 先看題目、劃線、找出答案、標題號——考試的時候，先把閱讀測驗題目瀏覽一遍，在文章中掃瞄和題幹中相同的關鍵字，把和題目相關的句子，用線畫起來，便可一目了然。通常一句話只會考一題，你畫了線以後，再標上題號，接下來，你找其他題目的答案，就會更快了。

③ 碰到難的單字不要害怕，往往在文章的其他地方，會出現同義字，因為寫文章的人不喜歡重覆，所以才會有難的單字。

④ 如果閱測內容已經知道，像時事等，你就可以直接做答了。

準備「閱讀測驗」，可參考「學習出版公司」最新出版的「7000字閱讀測驗詳解」，本書不超出7000字範圍，每個句子都有文法分析，對錯答案都有明確交待，單字註明級數，不需要再查字典。

「中翻英」如何準備

可參考劉毅老師的「英文翻譯句型講座實況DVD」，以及「文法句型180」和「翻譯句型800」。考前不停地練習中翻英，翻完之後，要給外籍老師改。翻譯題做得越多，越熟練。

「英文作文」怎樣寫才能得高分？

① 字體要寫整齊，最好是印刷體，工工整整，不要塗改。

② 文章不可離題，尤其是每段的第一句和最後一句，最好要有題目所說的關鍵字。

③ 不要全部用簡單句，句子最好要有各種變化，單句、複句、合句、形容詞片語、分詞構句等，混合使用。

④ 不要忘記多使用轉承語，像 *at present*（現在），*generally speaking*（一般說來），*in other words*（換句話說），*in particular*（特別地），*all in all*（總而言之）等。

⑤ 拿到考題，最好先寫作文，很多同學考試時，作文來不及寫，吃虧很大。但是，如果看到作文題目不會寫，就先寫測驗題，這個時候，可將題目中作文可使用的單字、成語圈起來，寫作文時就有東西寫了。但千萬記住，絕對不可以抄考卷中的句子，一旦被發現，就會以零分計算。

⑥ 試卷有規定標題，就要寫標題。記住，每段一開始，要內縮5或7個字母。

⑦ 可多引用諺語或名言，並注意標點符號的使用。文章中有各種標點符號，會使文章變得更美。

⑧ 整體的美觀也很重要，段落的最後一行字數不能太少，也不能太多。段落的字數要平均分配，不能第一段只有一、兩句，第二段一大堆。第一段可以比第二段少一點。

準備「英文作文」，可參考「學習出版公司」出版的：